Melville · Israel Potter

Herman Melville

Israel Potter

Seine fünfzig Jahre im Exil

Verlag
Sammlung Dieterich

SAMMLUNG DIETERICH BAND 213

Originaltitel: Israel Potter
His Fifty Years of Exile

Aus dem Amerikanischen von
Uwe Johnson
Nachwort von Karl-Heinz Wirzberger

ISBN 3-7350-0144-0

Verlag Sammlung Dieterich, Leipzig

Vierte Auflage
Schutzumschlag und Einband: Dietmar Kunz
Schrift: Baskerville
Satz: INTERDRUCK Leipzig GmbH
Druck und Bindearbeiten:
Leipziger Verlags- und Druckereigesellschaft mbH
Printed in Germany

SEINER HOHEIT
DEM DENKMAL BUNKER HILL
GEWIDMET

Die Biographie in ihrer gediegeneren Form, die sich auf das abgeschlossene Leben der Treuen und Tapferen beschränkt, darf wohl als der schönste Lohn für menschliche Tugend gelten, der ganz uneigennützig gegeben und empfangen wird: denn weder kann der Biograph auf den Dank seines Helden hoffen, noch vermag dieser selbst aus der ihm erwiesenen Auszeichnung Nutzen zu ziehen.

Israel Potter verdient diese Ehrung durchaus. Dieser namenlose Kämpfer von Bunker Hill wurde vor vielen Jahren für seine treuen Dienste zu einer noch stilleren Namenlosigkeit unter den Rasen befördert, und den nachträglichen Ehrensold, da einer zu Lebzeiten ihm versagt war, entrichtet ihm alljährlich der Frühling mit neugesprossenen Moosen und Gräsern.

Ich lege Eurer Hoheit diesen Bericht um so zuversichtlicher zu Füßen, als er, von einer Änderung der grammatischen Person abgesehen, die autobiographische Geschichte Israel Potters fast wie ein Nachdruck aufbewahrt. Bald nach seiner Rückkehr in die Heimat als gebrechlicher alter Mann tauchte eine kleine Erzählung seiner Abenteuer, unansehnlich auf dünnes graues Papier gedruckt, bei den Händlern auf, wahrscheinlich nicht von ihm selbst verfaßt, sondern von einem anderen nach seinen Worten aufgeschrieben. Aber wie die Krückenmale des Lahmen am Himmelstor, so ist auch diese schäbige Auflage längst verschwunden. Nach einem zerfledderten Exemplar, das ein bloßer Zufall vor den Lumpensammlern bewahrte, entstand der vorliegende Bericht, der, will man von einigen Erweiterungen, der Hinzufügung historischer und persönlicher Einzelheiten und ein oder zwei Ortsveränderungen absehen, nicht unbillig mit einem alten, eingesunkenen Grabstein, der nun neu hergerichtet ist, verglichen werden darf.

Da mir durchaus bewußt war, daß Eure Hoheit das Verdienst meiner Arbeit in einer grundsätzlichen Treue gegen die Hauptzüge der ursprünglichen Erzählung sehen werden, habe ich es durchgehend vermieden, die harten Schicksale meines Helden abzuschwächen. Besonders gegen das Ende hin habe ich es allen Versuchungen zum Trotz nicht gewagt, das ihm von der Vorsehung bestimmte Los künstlerisch zu verklären. Niemand wird also die Düsternis meiner Schlußkapitel tiefer bedauern können als ich selbst.

So sind das Werk und der Mann beschaffen, die Eurer Hoheit vorzustellen ich die Ehre habe. Daß der hier überlieferte Name nicht in den Bänden eines Sparks erscheint, mag verwunderlich sein oder auch nicht; jedoch scheint Israel eigens gewartet zu haben, bis er unter Ihrem erhabenen Schutz öffentlich auftreten konnte. Denn nach der oben gegebenen Erklärung dürfen Eure Hoheit wohl als ›großer Biograph‹ im vornehmsten Sinne gelten, da Sie das Andenken all jener namenlosen Soldaten des 17. Juni 1775 bewahren, die vielleicht niemals einen anderen Lohn empfingen als den dauerhaften Ihres Granits.

Eure Hoheit wollen mir die Freiheit gestatten, bei dieser bedeutenden Gelegenheit auch meine wärmsten und herzlichen Glückwünsche zur Wiederkehr des Jahrestages, den wir begehen, darzubringen. Ich wünsche, Eure Hoheit möge diesen Tag noch recht oft erleben (obwohl Eure Hoheit ja ein wenig vor der Zeit ergrauen), und mögen alle Sommersonnen so heiter Eurer Hoheit Haupt bescheinen, wie aller Winterschnee leicht auf dem Grabe Israel Potters liege.

Eurer Hoheit
alleruntertänigster Diener

Der Herausgeber

17. Juni 1854

I

Israels Geburtsort

Ein Reisender, der heutzutage zum guten alten asiatischen Reisestil neigt, der weder in der Eisenbahn dahinrasen noch sich von einer Postkutsche schleppen lassen mag, der sich die Gastfreundschaft entlegener Bauernhäuser behagen läßt, statt in einem Gasthof seine Rechnung zu bezahlen, der sich durch keinen Grad von Weltabgeschiedenheit entmutigen läßt und von den schlimmsten Wegen oder den höchsten Bergen nicht abschrecken – ein solcher Reisender wird im östlichen Teil von Berkshire, Massachusetts, in reichem Maße Gelegenheit zu poetischen Betrachtungen finden: in der einmaligen Szenerie eines Landes, das wegen seiner Herbheit und seiner Entfernung von allen geläufigen Verkehrswegen dem durchschnittlichen Reisenden so unbekannt ist wie ein böhmisches Dorf.

Die Straße, die von der Stadt Otis aus zwanzig bis dreißig Meilen nördlich auf Windsor zugeht, hält sich der Länge nach auf jener langen durchbrochenen Bergkette, mit der das Grüne Gebirge von Vermont in Massachusetts ausläuft. Auf der ganzen Strecke hat man fast beständig die Empfindung, in einer Mondlandschaft zu sein. Man fühlt sich nicht wie in der Ebene oder im Tal, kaum wie auf der Erde. Wenn man nicht an einem jähen Abfall des Weges in irgendeine Schlucht hinunterstürzt, zieht man weiter und weiter und weiter auf den Kuppen und Abhängen eines urtümlichen Gebirges, während das Housatonictal endlos in seiner Schönheit ausgebreitet tief unter einem liegt. Oftmals, wenn das Pferd einen ebenen himmelstrebenden Trakt, flach wie ein Tisch, erreicht hat und fröhlich über die nahezu menschenleer, ausgewaschene Straße dahintrabt, kommt man sich vor wie Böotes, der am Himmel entlangzieht. Von Kartoffelfeldern hier und da, in großen Abständen, abgesehen, besteht die ganze Gegend aus Wald und Wiesen. Die eigentlichen Bewohner dieses Gebirges sind Pferde, Rinder und Schafe. Aber das ganze Jahr hindurch künden träge Rauchwolken, die aus dem Inneren der Wälder aufsteigen, von der Anwesenheit jenes halb Gesetzlosen, des Köhlers; und im Frühjahr verrät das zusätzliche Dampfgekräusel, daß der Kessel mit Ahornzucker auch in Betrieb ist. Als regelrechter Beruf jedoch ist die Landwirtschaft hier nicht viel zu finden. Jedenfalls kann sich niemand mit ihr ein Vermögen erwerben auf diesem dürren, steinigen Boden, dessen urbare Flächen seit langem nahezu erschöpft sind.

Dennoch war das Gebiet während der ersten Besiedlung nicht unergiebig. In diese Gegend kamen die ältesten Siedler, nach jenem Grundsatz, der bekanntlich die Wahl ihrer Niederlassung bestimmt hat, indem sie nämlich dem hohen Lande den Vorzug vor dem niederen gaben, weil es den verderblichen Miasmen weniger ausgesetzt war, die durch das Eindringen in die üppigen Täler und Schwemmgründe urzeitlicher Regionen entstanden. Nach und nach verließen sie jedoch die Sicherheit dieser unfruchtbaren Höhen, um den Gefahren ergiebigerer, wiewohl tieferer Böden zu trotzen. So bieten einige dieser Gebirgssiedlungen heute einen Anblick ungewöhnlicher Verlassenheit. Obwohl sie nie etwas anderes gekannt haben als Frieden und Wohlfahrt, sehen sie doch halbwegs aus wie durch Pest und Krieg entvölkerte Gegenden. Alle ein bis zwei Meilen kommt man an einem unbewohnten Haus vorbei. Das starke Zimmerwerk dieser Gebäude läßt sie den Angriffen des Verfalls lange widerstehen. Grau und grün vom Wetter gefleckt, scheinen die Balken in ihr ursprüngliches Walddasein zurückgesunken und sind nun ein Teil der malerischen Naturszenerie. Im Vergleich mit modernen Bauernhäusern sind sie von außergewöhnlicher Größe. Ein besonderes Merkmal ist der übergroße Schornstein aus hellgrauen Steinen, der das Dach mitten durchbohrt wie ein Turm.

Allenthalben sind die Zeichen vergangenen Fleißes zu sehen. Da Stein in diesen Bergen im Überfluß vorkommt, war er als Material für Zäune so reichlich zur Hand wie Holz und übrigens viel dauerhafter. Darum ist die Landschaft in allen Richtungen von ungewöhnlich gutgebauten starken Mauern durchzogen. Nicht weniger erstaunlich als die Anzahl und die Länge dieser Mauern ist die Größe mancher Blöcke, aus denen sie zusammengesetzt sind. Hier scheinen die Titanen selbst am Werk gewesen zu sein. Daß eine so kleine Schar, wie die ersten Siedler es gewesen sein müssen, solche ungeheuren Anstrengungen für die Einfriedung eines so undankbaren Bodens auf sich genommen hat; daß sie dermaßen herkulische Arbeiten mit so geringer Aussicht auf Erfolg vollbrachten: das ist eine Vorstellung, die uns ausdrücklich hinweist auf den Schlag der Männer aus der Revolutionszeit.

Eine gemäßere Landschaft für den Geburtsort des begeisterten Patrioten Israel Potter hätte sich nicht finden lassen. Noch heute kommen die geschicktesten Erbauer von Steinmauern wie die besten Holzfäller aus diesen abgelegenen Gebirgsstädten; es ist eine hochwüchsige, athletische und derbe Rasse, die mit der Axt so sicher ist wie der Indianer mit dem Tomahawk, beim Steinewälzen so geduldig wie Sisyphus und so kraftvoll wie Simson.

An schönen klaren Junitagen ist die Blütenpracht dieser Berge unbeschreiblich entzückend. Der Frühling, der wie die untergehende Sonne diese Höhen zuletzt besucht, wirft ihnen seinen schönsten Zauber zu. Jedes Grasbüschel im Hochland duftet wie ein Blumenstrauß. Der balsamische Wind schwingt hin und her wie Weihrauch. Auf der einen Seite folgt das Auge, so weit ein Adler fliegt, den gewundenen Bergketten: südwärts vom großen purpurnen Dom Taconic an, dem Petersdom dieses Gebirges, und nordwärts bis zu den Zwillingsgipfeln des Sattelrückens, der zweitürmigen natürlichen Kirche von Berkshire; und tief unten im Westen windet sich der Housatonic durch sein wasserreiches Labyrinth, zwischen herrlichen Wiesen, die sich sonnen in den vom Gebirge reflektierten Strahlen. Die Schönheit aller Dinge in dieser Jahreszeit beseelt die Einsamkeit des Weges. Man würde sich das Land nicht bevölkerter wünschen, selbst wenn man es könnte. Das Herz ist zufrieden, diese Lieblichkeit mit allen Sinnen einzusaugen, und begehrt keine Gesellschaft als die Natur.

Mit Entzücken sieht man einen stolzen Adler über einer riesigen Schlucht kreisen oder in unermeßlicher Höhe über dem weiten tiefen Tal des Housatonic langsam dahintreiben, der in einzigartiger Erhabenheit auf Berg und Ebene gleichermaßen niederblickt. Oder man sieht einen Habicht von einer Felsspitze ausfallen wie einen rheinischen Ritter von einst aus seiner spitztürmigen Burg und zum Fluß niederstürzen seiner Beute nach. Oder dieser mörderische Vogel, der träge durch den Zenit gleitet, wird vielleicht plötzlich von einer Krähe bedrängt, die mit ausdauernder Verwegenheit nach ihm hackt und ihn schließlich, trotz all seiner Tapferkeit, bis zu seinem Horst verfolgt. Der sonst so unerschrockene Räuber, der in höchster Höhe schwebt, muß diesem düsteren Abbild des Todes unausweichlich erliegen. Es fehlt auch nicht an kleineren und weniger berühmten Vögeln, die, wenn auch nicht zu der Großartigkeit, so doch zur Schönheit der Szenerie in hohem Grade beitragen. Die Goldamsel saust wie eine geflügelte Narzisse hierhin und dorthin; die Blaufinken zeigen sich in Scharen auf dem Gras wie Veilchenbüschel; und das Rotkehlchen, das zwischen Wiese und Wald hin und her flitzt, scheint ein Brandstifter, der die Fackel an die Bäume legt. Gleichzeitig tönt die Luft von ihren Liedern, und die Seele nimmt teil an der allgemeinen Freude. Man ist ein Fremder in diesem Konzert und kann doch nicht anders als mitsingen, wenn allumher solche Hosiannas aufsteigen.

Aber im Herbst kehren diese heiteren Nordländer, die Vögel, zu ihren südlichen Heimstätten zurück. Das Gebirge wird kahl und öde. Einsamkeit läßt sich in tröpfelnden Nebeln auf ihm nieder. Dichte Massen von Dunst setzen dem Reisenden an gefahrvollen Wegkehren zu. Für einen Augenblick entrinnt er in klarere Luft, kommt an grauen verlassenen Häusern vorbei und sieht deutlich die feinen Nebel um die traurigen Türen wirbeln, wie man es in der Ebene an den Spitzen ferner, einsamer Gipfel kräuseln sehen kann. Oder er steigt von seinem verängstigten Pferd und führt es eine finster bewölkte Enge hinunter, wo die Straße jäh zwischen düsteren Felsen absinkt und gleich darauf ebenso unvermittelt wieder ansteigt; und während er vorsichtig seinen Weg sucht, voller Unbehagen in der unheimlichen Umgebung, sieht er etwas Geisterähnliches im Nebel am Straßenrand aufragen; er wendet sich ihm zu und erkennt einen groben weißen Stein, der mit einer ungefügen Inschrift die Stelle anzeigt, wo vor fünfzig oder sechzig Jahren ein Bauer mit seinem Holzschlitten umgeworfen wurde und unter der Last umkam.

Im Winter ist diese Gegend mit Schnee versperrt. Die wilden einsamen Straßen, die im August hohes Gras überwächst, sind im Dezember bis in Schulterhöhe mit den weißen Flocken des Himmels verweht, unzugänglich und unwegsam. Der Verkehr ist oft für Wochen und Wochen unterbrochen, als ob ein Ozean zwischen die Menschen geflutet wäre.

So sieht heute das Land aus, in dem unser Held geboren wurde: den die guten Puritaner, seine Eltern, prophetisch Israel nannten. Denn der arme Potter wanderte mehr als vierzig Jahre durch die schlimme Wildnis der äußersten Mühen und Bosheiten der Welt.

Wie wenig konnte er als Junge, wenn er in diesen neuenglischen Bergen nach den verlaufenen Kühen seines Vaters suchte, sich vorstellen, daß er selbst wie ein Tier gejagt werden sollte durch halb England, als der davongelaufene Rebell. Oder wie hätte ihm jemals, eingeschlossen in den herbstlichen Dunst dieser Berge, träumen können, daß ihn dreitausend Meilen jenseits des Meeres schlimmere Wirrsale erwarteten, wo er verlassen durch den rußigen Nebel Londons wanderte. Aber so war es vorbestimmt. Dieser kleine Junge aus den Bergen, im Anblick des glitzernden Housatonic geboren, sollte die beste Zeit seines Lebens als Gefangener oder Armer an den finsteren Ufern der Themse vertun.

2

Israels Jugendabenteuer

Mit etwas Phantasie wird man sich Israels ländliche Jugendzeit leicht ausmalen können. Wir wollen darum gleich zu seinen reiferen Jahren übergehen.

Es zeigt sich, daß er seine Wanderungen sehr früh begonnen hat. Bevor er nämlich das Joch seines Königs abwarf, sagte er sich aus ebenso gerechtfertigten Gründen von seinem Vater los. Er erfreute sich der steten Liebe seiner Eltern, bis er in seinem achtzehnten Lebensjahr eine Neigung zu der Tochter eines Nachbarn faßte, die sein Vater aus irgendeinem Grunde nicht für ebenbürtig hielt. Er erteilte Israel einen strengen Verweis, ermahnte ihn, diese Besuche nicht fortzusetzen, und drohte, ihn hart zu bestrafen, wenn er nicht nachgeben wolle. Da das Mädchen nicht nur schön war, sondern auch liebenswürdig – allerdings, wie wir sehen werden, recht unzuverlässig –, und ihre Familie zwar arm, aber so ehrenwert wie jede andere, kam Israel das Benehmen seines Vaters unvernünftig und grausam vor, besonders als sich erwies, daß er heimlich versucht hatte, die Angehörigen, wenn nicht sogar das Mädchen selbst, gegen Israel aufzubringen, um einer nachmaligen Eheschließung unüberwindliche Hindernisse entgegenzustellen. Denn Israel hatte nicht gleich heiraten wollen, sondern erst, wenn ein solcher Schritt der vernünftigen Überlegung würde standgehalten haben. Von seinem Vater tyrannisiert, in seiner Liebe bitter enttäuscht, faßte der verzweifelte Junge den Entschluß, sie beide zu verlassen, eine neue Heimat und andere Freunde zu suchen.

Eines Sonntags, als die Familie in ein benachbartes

Bauernhaus zum Gottesdienst gegangen war, packte er soviel von seiner Kleidung zusammen, wie in ein Halstuch ging, und versteckte sie mit einem kleinen Mundvorrat in einem Wäldchen hinter dem Gehöft. Dann kam er zurück und blieb im Hause, bis er gegen neun Uhr abends vorgab, zu Bett zu gehen, aus der Hintertür schlich und in den Wald zu seinem Bündel lief.

Es war eine schwüle Julinacht, und um für seinen Marsch am nächsten Tage besser ausgeruht zu sein, legte er sich am Fuß einer Tanne schlafen. Als er eine Stunde vor der Dämmerung erwachte, hörte er das sanfte prophetische Seufzen der Tanne, die der erste Morgenwind anrührte. Wie die Nadeln dieses immergrünen Baumes bebten alle Fasern seines Herzens, und die Tränen kamen ihm. Aber er dachte an die Härte seines Vaters und an die vermeintliche Treulosigkeit seiner Liebsten; er erhob sich, nahm sein Bündel auf die Schulter und ging davon.

Er hatte vor, die neuen Länder im Norden und Westen aufzusuchen, die zwischen den holländischen Siedlungen am Hudson und denen der Yankees am Housatonic lagen. Dies sollte vor allen Dingen die Nachforschung vereiteln. Aus demselben Grunde vermied er während der ersten zehn oder zwölf Meilen die Straßen und hielt sich in den Wäldern, denn er wußte, daß man ihn bald vermissen und verfolgen würde.

Er erreichte unangefochten sein Ziel, verdingte sich für einen Monat bei einem Farmer zur Ernte und wechselte dann vom Hudson zum Connecticut hinüber. Hier traf er einen Abenteurer, der nach den unbekannten Gebieten an den Quellgewässern dieses Flusses unterwegs war, und ruderte mit diesem Mann in einem Kanu viele Meilen aufwärts. Hier nahm er wieder für drei Monate Arbeit, um am Ende dieser Zeit zweihundert

Acker Land in New Hampshire als Lohn zu bekommen. Der Boden war nicht nur so billig, weil die Gegend unerschlossen war, sondern auch wegen der Gefahren, die dort herrschten. Es war eine Wildnis, in der es von wilden Tieren wimmelte, und außerdem mußten die spärlich angesiedelten Bewohner beständig fürchten, beim geringsten Nachlassen der Aufmerksamkeit von den kanadischen Wilden getötet oder gefangengenommen zu werden; denn seit dem französischen Krieg nutzten diese jede Gelegenheit für Raubzüge über die unbefestigte Grenze aus.

Da sein Arbeitgeber ihn mit dem Land nur getäuscht hatte und es hier kein Gesetz gab, das ihn zur Erfüllung des Vertrages zwingen konnte, mußte Israel – der doch tapfer war und es im Notfall mit dem Teufel aufnahm, zu vielen Zeiten seines Lebens aber dennoch eine außergewöhnliche Geduld und Sanftmut an den Tag gelegt hat – sich nach anderen Unterhaltsmitteln umsehen, statt sich eine Farm in der Wildnis aufzubauen. Zu dieser Zeit nahm gerade eine Gruppe königlicher Feldmesser die unbesiedelten Gebiete längs des Connecticut bis zu seiner Quelle auf. Für fünfzehn Schilling im Monat schloß er sich dieser Gruppe als zusätzlicher Kettenträger an, ohne zu ahnen, daß er eines Tages mit den Ketten des Königs in einem Kerker so klirren sollte, wie er sie jetzt als freier Waldläufer trug. Es war mitten im Winter; sie vermaßen das Land auf Schneeschuhen. Am Abend machten sie ein Feuer aus trockenen Schierlingstannenzweigen, errichteten eine Schutzhütte, aßen und legten sich schlafen.

Als er endlich seinen Lohn bekommen hatte, kaufte Israel eine Flinte mit Munition und wurde Jäger. Hirsche, Biber und andere Tiere gab es genug. Nach zwei bis drei Monaten hatte er Häute in Mengen. Wahrscheinlich dachte er nie, daß er sich so zum Menschenjäger ausbildete. Aber dies war die Lehre jener erstaunlichen Schützen, die eine wahre Exekution bei Bunker Hill durchführten, jener Jägersoldaten, die Putnam zurückhielt, bis das Weiße im Auge des Feindes zu sehen war.

Mit dem Ertrag seiner Jägerei erwarb Israel hundert Acker Land weiter flußabwärts, in der Nähe der besiedelteren Gebiete, baute sich ein Blockhaus und machte mit seinen eigenen Händen dreißig Acker in zwei Sommern urbar. Im Winter ging er auf die Jagd und stellte Fallen. Als die zwei Jahre um waren, verkaufte er das um ein Vielfaches verbesserte Land wieder an den früheren Eigentümer und erzielte dabei einen Gewinn von fünfzig Pfund. Das Geld und seine Felle schaffte er nach Charleston am Connecticut (manchmal Charleston IV genannt), wo er indianische Decken, Farben und andere auffällige Waren, wie sie für den Handel mit Wilden geeignet sind, dafür eintauschte. Es war wieder Winter geworden. Er lud seine Sachen auf einen Handschlitten und machte sich auf den Weg nach Kanada, ein Hausierer der Wildnis, der statt vor Hütten vor Wigwams anhielt. Man kann sich vorstellen, daß Israel, wäre es Sommer gewesen, seine Waren auf einem Schubkarren ebenso gleichgültig durch die Wälder gefahren hätte, wie die Dienstmänner ihre Karren über das Straßenpflaster rollen. So wurde die unerschrokkene Selbstsicherheit und Unabhängigkeit herangezogen, die unsere Vorfahren zur nationalen Freiheit führte.

Diese Reise nach Kanada war sehr erfolgreich. Israel verkaufte seinen glitzernden Kram mit erheblichem Aufschlag und bekam dafür wertvolles Pelzwerk zu einem entsprechend verringerten Preis. In Charleston strich er abermals eine recht hohe Summe für die mitgebrachte Ladung ein. Und nun, leichten Herzens, mit einem schweren Geldbeutel in der Tasche, entschloß er sich, sein Mädchen und die Eltern zu besuchen, von denen er drei Jahre lang nichts gehört hatte.

Sie waren kaum weniger erstaunt als erfreut, ihn wiederzusehen; er war für tot gehalten worden. Aber seine Liebste schien immer noch sonderbar spröde und bei aller Freundlichkeit rätselhaft zurückhaltend. Die alten Ränke waren noch lebendig. Israel bemerkte bald, daß sein Vater, obwohl er sich über die Rückkehr des verlorenen Sohnes, wie man ihn nannte, gewiß freute, dennoch weiterhin starrsinnig die Verbindung ablehnte und die Werbung aus unerklärlichen Gründen hintertrieb. Bekümmert und geduldig ergab Israel sich dem, was sein Schicksal schien; er war verwegener, wenn ihm selbst Gefahr drohte, als wenn er andere durch Behauptung seines Rechtes bedrängen sollte (denn er war jetzt einundzwanzig Jahre alt), und so entschloß er sich abermals zum Rückzug und ging von den blauen Bergen auf die noch blaueren Wogen des Meeres.

Die Einsiedelei im Wald ist die Zuflucht des engherzigen Menschenhassers; die Hängematte auf dem Ozean ist das Asyl für die Betrübten großmütigen Geistes. Der Ozean läuft über von natürlichen Tragödien und Unglück, und der Kummer eines Menschen ist nur ein einziger Tropfen in dieser Wasserunendlichkeit des Schreckens.

Israel zog zu Fuß nach Providence, Rhode Island, und ging an Bord einer Schaluppe, die Kalk mit Kurs nach den Westindischen Inseln geladen hatte. Am zehnten Tage kam der Kalk in Berührung mit Wasser und das Schiff geriet in Brand. Es war nicht möglich, das Feuer zu ersticken. Das Rettungsboot wurde ausgesetzt, aber weil es zu lange an der Sonne gelegen hatte, mußte man unablässig schöpfen, um es flottzuhalten. Sie hatten gerade Zeit gehabt, ein Fäßchen Butter und eine Wassertonne von zehn Gallonen mitzunehmen. Die Mannschaft, acht an der Zahl, vertraute sich den Wellen an, in einer löcherigen Nußschale und viele Meilen von Land entfernt. Als das Boot unter dem brennenden Bugspriet hindurchglitt, griff Israel nach einem Ende des Klüversegels, das vom Stag gefallen war, weil das Feuer das Haltetau in der Nähe des Decks durchgesengt hatte. Vom Rauch angekohlt und geschwärzt, half ihnen dieser Fetzen Segeltuch doch gut vorwärts. Dank der gütigen Vorsehung wurden sie am zweiten Tag von einem holländischen Schiff aufgenommen, das von St. Eustatia nach Holland fuhr. Die Schiffbrüchigen wurden freundlich behandelt und mit allem Nötigen versehen. Nach einer Woche, als der arglose Israel gerade auf dem Großmars saß und sann, was ihm wohl in Holland widerfahren werde, und sich fragte, was für eine wilde, unbesiedelte Art von Land das sein mochte und ob es dort überhaupt Rotwildjagd oder Biberfang gebe, sieh! da kommt eine amerikanische Brigg, mit Kurs von Piscataqua nach Antigua, in Sicht. Der Amerikaner übernahm sie und brachte sie wohlbehalten in seinen Bestimmungshafen. Dort schiffte sich Israel nach Porto Rico ein, und von da segelte er nach St. Eustatia.

Andere Fahrten folgten, bis er endlich an Bord eines Schiffes aus Nantucket ging, das sechzehn Monate lang auf der Höhe der Hebriden an der afrikanischen Küste Jagd auf Wale machte. Endlich kehrten sie, bis an den Rand beladen, nach Nantucket zurück. Von dieser Insel aus ging er wieder auf eine Walfangreise, die diesmal in die große Südsee führte. Dort wurde er zum Harpunier befördert, und so bereitete sich Israel, dessen Auge und Arm schon durch den Umgang mit der Flinte in der Wildnis so sicher geworden waren, weiterhin auf seine Bestimmung vor, indem er die Harpune schleuderte und sich damit, ohne es zu wissen, zum Schützen von Bunker Hill ausbildete.

Auf dieser letzten langen Reise in ferne, fremde Länder erfuhr unser Held die Mühen und Entbehrungen des Walfängerlebens bis zum äußersten – Anstrengungen, die man heute nicht mehr kennt, da die Wissenschaft in so mannigfacher Weise dazu beigetragen hat, die Leiden der Seeleute zu vermindern und ihren Beruf zu erleichtern. Israel war des Ozeans von Herzen müde und voller Sehnsucht nach seinen Wäldern, als er endlich in Nantucket entlassen wurde, und so eilte er geradenwegs nach Hause.

Aber wenn Hoffnungen auf die Liebste seine Rückkehr beflügelt hatten, so sollten sie sich nicht erfüllen. Das geliebte, treulose Mädchen gehörte einem anderen.

3

Israel geht in den Krieg, kommt rechtzeitig nach Bunker Hill, um dort von Nutzen zu sein, und muß seine Reisen bald über das Meer in Feindesland ausdehnen

Nun hätte Israel sich in nutzlosen Klagen ergehen und tiefe Falten auf der Stirn tragen können. Aber er unterdrückte seinen Schmerz. Er wollte lieber selbst Furchen ziehen als sich zerfurchen lassen. Die Landarbeit macht den Menschen seine Sorgen vergessen. Diese gelassene Beschäftigung läßt nur gelassene Betrachtungen zu. Auch kann man im Schoß der Mutter Erde säen und ernten, anderswo sät man und muß sehen, wie die Pflanzen mit den Wurzeln herausgerissen werden. Und wenn die Reisen in der Wildnis und auf dem Meer, wenn Holzfällerei und Jagd und Schiffbruch und der Kampf mit Walen und all seine anderen gefährlichen Abenteuer den armen Israel noch nicht von seiner hoffnungslosen Liebe geheilt hatten, so traten nun Ereignisse auf den Plan, die sie für immer zurückdrängten.

Es war das Jahr 1774. Die Spannungen, die lange zwischen den Kolonien und England geherrscht hatten, waren auf ihrem Höhepunkt. Feindseligkeiten waren vorauszusehen. Die Amerikaner rüsteten sich. In den meisten neuenglischen Städten wurden Kompanien zusammengestellt, deren Mitglieder den Namen ›Minuten-Männer‹ bekamen, weil sie in jeder Minute marschbereit waren. Israel, der während der letzten acht Monate auf einer Farm in Windsor arbeitete, schrieb sich in die Regimentsliste von Hauptmann John Patterson von Lenox ein, dem nachmaligen General Patterson.

Die Schlacht von Lexington wurde am 18. April 1775 geschlagen; die Nachricht kam am 20. gegen Nachmittag nach Berkshire. Am nächsten Morgen, als die Sonne aufging, schwang Israel seinen Tornister auf den Rükken, schulterte die Muskete und zog mit Pattersons Regiment in schnellem Marsch nach Boston.

Wie Putnam erfuhr auch Israel die aufrüttelnden Neuigkeiten am Pflug. Aber obwohl er nicht weniger als Putnam bereit war, sich augenblicklich in die Schlacht zu stürzen, trieb er doch sein Gespann an und pflügte den halben Acker zu Ende, der noch übrig war. Wenn er seiner neuen Pflicht zueilte, mochte er die alte nicht halbgetan zurücklassen; und bevor er half, die Briten zu peitschen, peitschte er, der kleinen Vorübung halber, seine Ochsen. Vom Feld des Landmanns stürmte er auf das des Soldaten und vermischte sein Blut mit seinem Schweiß. Wenn wir es uns im feinen schwarzen Rock wohlsein lassen, wollen wir nicht vergessen, was wir dem Baumwollkittel verdanken.

Mit anderen Abteilungen aus verschiedenen Standorten blieb Israels Regiment mehrere Tage lang nahe Charlestown im Lager. Am siebzehnten Juni wurden tausend Amerikaner, einschließlich des Pattersonschen Regimentes, zur Befestigung von Bunker Hill eingesetzt. Sie arbeiteten die ganze Nacht hindurch, bis am Morgen des nächsten Tages die Schanze aufgeworfen war. Aber die Einzelheiten der Schlacht sind ja jedermann bekannt. Es genügt zu sagen, daß Israel einer von den Schützen war, denen Putnam die Ansprache über die Augen der Feinde hielt. Jenem Israel, der sich gegen seinen herrschsüchtigen Vater und sein untreues Mädchen langmütig verhalten hatte, glich er bei Bunker Hill nicht. Putnam hatte den Männern eingeschärft, auf die Offiziere zu zielen; so hielt Israel nun zwischen die goldenen Epauletten, wie er im Wald zwischen die Enden des Geweihs gezielt hatte. Die englischen Grenadiere kamen mit so trotziger Langsamkeit und störrischer Geringschätzung auf den Hügel marschiert, daß sie für die Musketen, von denen die Schanze starrte, nur desto deutlichere Ziele abgaben. Der bescheidene Israel pflegte zu behaupten, daß er nach seiner Waldläuferei kaum als unerfahrener Schütze gelten könne, und er deutete an, daß jeder Schuß auf die Epauletten ihm bei anderer Gelegenheit eine Hirschhaut eingebracht hätte; und die allzu tapferen Engländer flohen wie angeschossenes Wild, als das Feuer eröffnet wurde. Aber die Munition war knapp, ein Nahkampf schloß sich an. Von zwanzig amerikanischen Gewehren war nicht ein einziges mit einem Bajonett versehen. So schwangen die furchterregenden Bauern, die Hut und Rock abgeworfen hatten, ihre Gewehrschäfte nach rechts und links und kämpften sich vorwärts zwischen den pelzmützigen Grenadieren, schlugen von allen Seiten auf sie ein, wie die Robbenjäger die Seehunde am Strand mit ihren Keulen niederhauen. Israel, dessen Gewehr eingeklemmt war, bemerkte in dem dichten wirren Gedränge eine Klinge, die von unten her seine Füße bedrohte. Er dachte, ein gefallener Gegner wolle ihm noch mit letzter Kraft einen Schlag beibringen; er ließ das Gewehr fahren und zerrte an dem Degen, aber die tapfere Hand, die ihn geführt hatte, war kraftlos. Es war der betreßte rechte Arm eines britischen Offiziers, der im Kampf von seinem Rumpf getrennt worden war und nun den Degen nicht mehr loslassen wollte. In diesem Augenblick holte ein Degen in der Hand eines lebenden Offiziers nach Israels Kopf aus. Verwandter Stahl parierte den Schlag unverzüglich, und der Angreifer fiel durch die Waffe eines Kameraden, die von feindlicher Hand geführt war. Aber Israel kam nicht ohne Wunden davon. Ein Schnitt am rechten Ellenbogen, den er bekommen hatte, als er den Schlag des Offiziers abwies, eine lange Schmarre über der Brust, eine Gewehrkugel in der Hüfte und eine andere, die ihm dasselbe Bein am Knöchel zerschmettert hatte, das waren die Zeichen der Tapferkeit, die unser Sicinius Dentatus von diesem denkwürdigen Schlachtfeld mitnahm. Trotzdem gelang es ihm und seinen Kameraden, Prospect Hill zu erreichen, und von dort wurde er nach Cambridge ins Lazarett gebracht. Die Kugel wurde entfernt, die kleineren Wunden verbunden, und nachdem ihm das gebrochene Bein, aus dem der Arzt mehrere Knochensplitter herausschnitt, viele Schmerzen bereitet hatte, kam er in kurzer Zeit, dank seiner kräftigen Gesundheit und seinem reinen Bauernblut, zu seinem Regiment zurück, als es gerade Schützengräben auf dem Prospect Hill anlegte. Bunker Hill war nun in den Händen des Feindes, der ihn seinerseits befestigt hatte.

Am dritten Juli kam Washington aus dem Süden, um den Befehl zu übernehmen. Israel war dabei, als die Kompanien ihn mit begeisterten Hurrarufen empfingen.

Die britischen Truppen, die nun in Boston lagen, litten erheblich unter der Knappheit ihres Proviants. Washington traf alle Vorkehrungen, um ihnen den Nachschub abzuschneiden. Im Inland konnte jede Hilfeleistung leicht aufgehalten werden. Damit nun nicht Konservative oder andere Mißgünstige Unterstützung von See heranbrachten, rüstete der General drei Fahrzeuge aus, um alle verräterischen Kreuzer abzufangen. Darunter war die Brigantine ›Washington‹ mit zehn Kanonen, die Kapitän Martindale befehligte. Seeleute waren kaum aufzutreiben. Die Soldaten wurden aufgerufen, sich freiwillig auf diese Schiffe zu melden. Israel dachte, als erfahrener Seemann dürfe er in einem so kritischen Moment nicht zurückstehen, und trat den Dienst an, obwohl er ihm weniger gefiel.

Drei Tage nach der Ausfahrt aus dem Hafen von Boston brachte das feindliche Schiff ›Foy‹, das mit zwanzig Kanonen bestückt war, die Brigantine auf. Israel wurde mit der übrigen Mannschaft gefangengenommen und dann an Bord der Fregatte ›Tartar‹ gebracht, die sofort nach England absegeln sollte. Auf diesem Schiff befanden sich zweiundsiebzig Gefangene. Unter der Führung Israels machten sie, mitten auf dem Meer, einen Plan, sich des Schiffes zu bemächtigen, wurden aber durch einen abtrünnigen Engländer verraten. Israel als der

Rädelsführer wurde in Eisen gelegt, bis die Fregatte in Portsmouth Anker warf. Dort brachte man ihn an Deck, und er hätte gewiß ein schlimmes Ende erlebt, wenn in der Untersuchung nicht herausgekommen wäre, daß der Engländer aus der britischen Armee desertiert war, bevor er seine neue Heimat verriet. Israel wurde von den Ketten befreit und in ein Marinelazarett an Land gebracht. Dort erkrankte die Hälfte aller Gefangenen an den Blattern, die jeden dritten Mann hinwegrafften. Aber was bedeutete das schon?

Aus dem Lazarett wurden sie nach Spithead überführt und in ein Gefängnisschiff geworfen. In den dunklen Räumen des alten, abgetakelten Schiffes, das tief im sonnenlosen Wasser lag, war Israel einen Monat lang gefangen wie Jona im Bauch des Wals.

Aber eines strahlenden Morgens ruft man ihn an Deck. Ein Ruderer vom Boot des Kommandanten ist erkrankt. Da man Israel als Seemann kennt, soll er vorübergehend den Dienst des fehlenden Ruderers übernehmen.

Als die Offiziere an Land gesetzt sind, machen einige aus der Mannschaft als die lustigen Engländer, die sie nun einmal sind, den Vorschlag, eine Kneipe in der Nähe aufzusuchen und eine oder zwei freundliche Kannen miteinander zu leeren. Einverstanden. Sie brechen auf, und Israel geht mit. Als sie in die Tür treten, fällt unserem Gefangenen ein, daß er viel dringlichere Bedürfnisse hat. Da niemand Verdacht schöpft, darf er die Gesellschaft für einen Augenblick verlassen. Kaum sieht Israel die Tür hinter seinen Kumpanen zugehen, als er alle seine Flügel wachsen läßt und davonrennt wie ein Hirsch. Wie er später selbst bekräftigte, ist er vier Meilen gelaufen ohne anzuhalten. Er wollte nach London, in der klugen Voraussicht, daß man ihn in diesem

Menschengewimmel unmöglich werde auffinden können.

Etwa zehn Meilen, wie er schätzte, von den zurückgelassenen Ruderknechten entfernt, geht er langsam am Wirtshaus eines kleinen Dorfes vorüber und glaubt sich jetzt schon ziemlich sicher – da! Was hört er?

»Ahoi!«

»Kein Schiff«, sagt Israel und sputet sich.

»Halt!«

»Wenn Sie sich um Ihre Angelegenheiten kümmern, will ich meine schon erledigen«, antwortet er kühl, setzt unverzüglich seine Schwingen in Bewegung und fliegt, wie man wohl mindestens sagen kann, mit einer Stundengeschwindigkeit von etwa dreißig Meilen dahin.

»Haltet den Dieb!« wird nun geschrien. Die Leute strömen aus den Häusern auf die Straße. Sie jagen ihn eine Meile lang, dann ist das arme keuchende Wild gefangen.

Da Israel Ausflüchte nun für sinnlos hält, gesteht er mutig, er sei ein Kriegsgefangener. Der Offizier, der sich als anständiger Kerl erweist, läßt ihn in die Gastwirtschaft zurückbringen; dort sagt er dem Wirt, dies müsse ein reinblütiger Yankee sein, und bestellt Branntwein, um Israel nach seinem Lauf zu erfrischen. Dann werden ihm zwei Soldaten zur vorläufigen Wache bestimmt. Das war gegen Abend, und spät in der Nacht drängten sich die Gäste in der Wirtschaft, die den Yankeerebellen sehen wollten, wie sie ihn höflich nannten. Diese biederen Landleute schienen zu denken, die Yankees wären eine Art wilder Tiere, wie Opossums oder Känguruhs. Aber Israel zeigte sich sehr umgänglich. Vielleicht hat der Branntwein aus der Hand des Feindes sein Herz für den Rest seiner Gegner erwärmt. Immerhin, das mag nicht ganz zutreffen. Wir werden sehen.

Jedenfalls hält er seine Augen für das Wichtigste offen: für die Flucht. Er läßt sich weder durch die Witze noch durch die Grobheiten des Pöbels aus der Ruhe bringen. Insgeheim denkt er sich einen kleinen Plan aus.

Offenbar hatte der freundliche Offizier – der seinem Herrn und König nicht weniger ergeben war als nachsichtig gegen den Gefangenen, und beides aus derselben Redlichkeit – Weisung hinterlassen, man möge Israel an diesem Abend Branntwein ausschenken, soviel er irgend haben wolle. So fordert Israel, der immer wieder nach mehr ruft, die beiden Soldaten auf, zu trinken und fröhlich zu sein. Schließlich bittet ihn ein Spaßvogel, die Gesellschaft mit einem Tanz zu unterhalten, denn er (der Spaßvogel) habe gehört, die Yankees seien ganz außergewöhnliche Tänzer. Eine Fiedel wird herbeigeholt, und der arme Israel schwingt sich auf die Dielen. Nicht wenig betroffen durch die Erkenntnis, daß diese Leute so fühllos waren, sich auf Kosten eines unglücklichen Gefangenen belustigen zu wollen, beschäftigt sich Israel, während er seine Sprünge tut, weiter mit seinem Vorhaben und beschließt, den Leuten nächstens eine gewisse Art von Yankeeschritten beizubringen, die ihre Einfalt sich nicht wird haben träumen lassen. Sie lassen ihn erst aufhören, als er sich ganz in Schweiß getanzt hat und die blanken Tropfen aus seinen dünnen blonden Haaren fallen. Aber Israel, der soviel von der Sanftheit der Taube hat, ermangelt nicht gänzlich der Schlangenschläue. Er freut sich, die schäumenden Becher zu sehen, und ist froh, daß der Alkohol ihm in seinem Schweiß nichts anhaben kann.

Spät in der Nacht geht die Gesellschaft auseinander. Mit Handschellen versehen, wird der Gefangene mit einer Decke auf den Fußboden gelegt, neben das Bett, in dem seine beiden Wächter schlafen. Israel bedankt sich für die Decke und streckt mit offenbarer Seelenruhe seine Beine aus. Ein bis zwei Stunden vergehen. Draußen ist alles still.

Nun war der wichtige Augenblick gekommen. Es war sicher, daß sich eine andere Gelegenheit kaum bieten würde, wenn diese ungenutzt hinging. Denn früh am Morgen würden die beiden Soldaten ihn zweifellos in das schwimmende Gefängnis zurückbringen, wo er dann bis zum Ende des Krieges eingeschlossen sein würde, also vielleicht für Jahre. Als er sich an dies scheußliche alte Wrack erinnerte, drängte es ihn mit allem Nachdruck zur Flucht. Aber so verwegen er sie auch anfangen mußte, Vorsicht war doch nicht weniger am Platze. Seine Wächter waren ganz hübsch betrunken zu Bett gegangen. Ein günstiger Umstand. Allerdings waren sie große starke Männer, und Israel trug Handschellen. So entschied er sich zunächst für strategisches Verhalten, und wenn das fehlschlug, konnte er immer noch Gewalt anwenden. Er horchte angespannt. Einer der betrunkenen Soldaten murmelte im Schlaf, anfangs leise, dann lauter und lauter: »Fangt sie! Greift sie! Packt sie! Ha – lange Messer! Hier, du Ausreißer!«

»Was ist denn mit dir los, Phil?« fragte aufstoßend der andere, der noch wach war. »Sei still, ja? Du bist hier nicht bei Fontenoy.«

»Er ist ein entflohener Gefangener, sag ich dir. Fangt ihn, fangt ihn!«

»Ach hör auf mit deinen besoffenen Träumen«, sagte sein Kamerad, wieder rülpsend, und stieß ihn heftig in die Seite. »Das kommt vom Saufen.«

Kurz darauf fiel der Träumer mit lautem Schnarchen wieder in tiefen Schlaf. Aber Israel merkte am Atem des anderen Soldaten, daß er wach lag. Er überlegte einen Augenblick, was am ratsamsten war. Schließlich entschloß er sich, seinen alten Trick zu versuchen. Er rief die Soldaten an und teilte ihnen mit, er müsse wegen eines dringenden Bedürfnisses sofort hinters Haus.

»Du, Phil, wach auf«, rief der Soldat, der nicht geschlafen hatte, »dieser Bursche hier sagt, er muß nach draußen; diese verfluchten Yankees; ist 'ne schlechte Erziehung, mitten in der Nacht wegen natürlicher Bedürfnisse aufstehen. Das ist nicht natürlich; unnatürlich ist das. Du verdammter Yankee, fällt dir nichts Besseres ein?«

Die beiden taumelten fluchend auf ihre Füße, packten Israel und führten ihn die Treppe hinunter, dann durch einen langen, engen und dunklen Gang nach hinten, bis sie an eine Tür kamen. Kaum hat der Vorderste sie aufgeriegelt, als der gefesselte Israel den Griff des anderen blitzschnell abschüttelt und ihn längelang in den Gang zurückstößt; er wirft sich vorwärts und schleudert den andern kopfüber in den Garten, alles ohne die Hände zu gebrauchen, er springt über ihn hinweg und stürmt blindlings in die Nacht hinaus. Im nächsten Moment stand er an der Mauer. Ein Ausgang war in der Finsternis nicht zu erkennen. Aber dicht an der Mauer wuchs ein Obstbaum. Gefesselt wie er ist, springt er verzweifelt hinein, klettert auf die Mauer, und ohne sich umzusehen, läßt er sich fallen. Auf dem Boden wachsen ihm wieder Flügel. Die beiden überlisteten Säufer tappen und schreien wie irr im Garten umher.

Israel rennt zwei bis drei Meilen, und als er keine Verfolger hinter sich hört, hält er an, um sich der Handschellen zu entledigen, die ihm hinderlich sind. Mit großer Anstrengung und Schmerzen gelingt es ihm. Während er aus Leibeskräften weiterläuft, bricht der Tag an und zeigt ihm eine gepflegte, von Hecken durchzogene

Landschaft, schön und heiter getönt in den ersten frischen Farben des Frühlings 1776.

Gnade mir Gott, dachte Israel, am ganzen Leibe zitternd, jetzt kriegen sie mich gewiß. Ich bin in den Park eines Adligen geraten.

Aber im Weitereilen kam er an eine Chaussee, und da begriff er, daß diese anmutige ebene Gegend nichts weiter war als die offene englische Landschaft: ein großer strahlender Park, eingeschlossen vom weißen Schaum des Meeres. An dem Gebüsch, das die Straße säumte, brachen gerade die Knospen auf. Die Blätter schlüpften aus ihrem Gefängnis und entrollten sich. Israel betrachtete die sprießenden Blätter, das sprießende Gras und den sprießenden Tag in der Dämmerung. Er war so traurig, und dieser Anblick war so heiter, daß er weinte wie ein Kind, und die Erinnerung an seine Berge stürmte auf ihn ein. Aber er bezwang diese Anwandlung und marschierte weiter. Bald kam er an einem Feld vorbei, auf dem zwei Gestalten arbeiteten. Sie waren rotbackig, klein von Wuchs, mit kräftigen Beinen, an denen die blauen Strümpfe bis zum Knie zu sehen waren, und trugen grobe weiße Kittel und plumpe breitrandige Strohhüte. Ihre Gesichter waren halb abgewandt.

»Bitte, meine Damen«, sagt Israel halb schalkhaft und nimmt seinen Hut ab, »geht diese Straße nach London?«

Bei dieser Anrede drehten die Gestalten sich einfältig erstaunt um und verursachten in Israel ein nahezu ähnliches Gefühl, denn nun merkte er, daß es nicht Frauen waren, sondern Männer. Er hatte sie verwechselt, weil sie Kittel und statt der langen Hosen Breeches trugen, die der Rock aber verdeckte.

»Entschuldigen Sie, meine Damen, aber ich habe Sie verwechselt«, sagte Israel.

Sie starrten ihn weiter an. Ihre Verwunderung wuchs.

»Führt diese Straße nach London, meine Herren?«

»Herren! Meiner Treu!« rief der eine aus.

»Meiner Treu!« wiederholte der andere.

Die beiden bekittelten Landleute stellten ihre Hakken vor sich auf, kratzten sich am Kopf unter ihren geflochtenen Strohhüten und betrachteten Israel eingehend.

»Ja, meine Herren? Geht sie nach London? Seien Sie doch nett zu einem armen Kerl, sagen Sie es mir doch.«

»Sie wolln nach London, nich? Jaja – stimmt schon. Gehn Sie nur weiter.«

Und ohne ein weiteres Wort beugten diese beiden menschlichen Stiere in ihrer erstaunlichen Gemütsruhe sich wieder über ihre Hacken, als sie ihre bäurische Neugier befriedigt hatten. Ohne Zweifel glaubten sie, sie hätten alle erforderliche Auskunft gegeben.

Wenig später kam Israel an einer düsteren, alten Kapelle vorbei, deren bemoostes Dach ganz bedeckt war von den feuchten gelben Blättern des vorigen Herbstes, die eine dichte Gruppe ehrwürdiger Bäume mit mächtigen Stämmen und weitgewölbten Ästen darüber ausgestreut hatte. Gleich darauf trat er in ein Dorf, in dem noch die Stille des frühen Morgens herrschte. Nur wenige Leute waren schon auf. Durch das Fenster der jetzt menschenleeren Dorfschenke sah Israel einen Tisch, den leere Flaschen, Tabaksasche und lange Pfeifen, zum Teil zerbrochen, in wüster Unordnung bedeckten.

Als er sich hier einen Augenblick ausgeruht hatte und seinen Weg fortsetzte, sah er auf der anderen Straßenseite einen Mann stehen, der ihn beobachtete. Sofort fiel ihm ein, daß er die Kleidung eines englischen Seemanns trug und daß dies vielleicht die Aufmerksamkeit des Fremden angezogen hatte. Da er wußte, wie sehr seine eigentümliche Tracht ihn gefährdete, beeilte er sich, aus dem Dorf herauszukommen, und beschloß, bei nächster Gelegenheit seine Sachen zu wechseln. Es dauerte nicht lange, und er sah an einer abgelegenen Stelle, etwa eine Meile vom Dorf entfernt, einen alten Grabenzieher, der unter dem Gewicht von Picke, Hacke und Spaten wankte, an die Arbeit gehen: ein Bild der Armut, der Plage und des Elends. Seine Kleider waren Lumpen.

An diesen alten Mann machte Israel sich heran und schlug ihm nach ein paar Grußworten vor, die Kleider mit ihm zu tauschen. Da sein Aufzug im Vergleich mit dem des anderen fürstlich war, dachte Israel, sein Angebot könne zwar das Mißtrauen des Alten wecken, aber der Eigennutz werde ihn wohl vom Weitererzählen abhalten. Kurz, sie verschwanden hinter einer Hecke, und bald kam Israel hervor in dem erbärmlichsten Aufzug, der sich denken läßt, während der alte Arbeiter in der anderen Richtung davonhumpelte und sein Aussehen entsprechend verbessert hatte, obwohl es eher lächerlich war, wie die weiten Matrosenhosen um seine mageren Schenkel schlotterten, von der überflüssigen Brustweite der Bluse zu schweigen. Aber Israel – wie beklagenswert, wie traurig sah er aus! Er ahnte nicht, daß die jämmerlichen Lumpen, die er jetzt am Leibe hatte, gerade angemessen waren für die lange Laufbahn des Elends, die ihm bevorstand: eine kurze Zeit abenteuerlicher Wanderungen und danach vierzig stumpfe Jahre der Armut. Die Jacke bestand nur aus Flicken, aber keiner glich dem anderen, und nicht einer hatte die Farbe des ursprünglichen Stoffes. Die ungeschnürten Reithosen klafften am Knie weit offen, und die langen wollenen Strümpfe sahen aus, als hätten sie eine Zeitlang als Zielscheibe gedient. Israel schien plötzlich gealtert, seine Erscheinung war die eines achtzigjährigen Greises. Und es war wirklich so, düsteres und drückendes Mißgeschick wartete auf ihn, und Mißgeschick, mag es den Jüngling oder den Achtzigjährigen treffen, bedeutet immer das Greisenalter des Menschen. Die Kleidung schickte sich für ein solches Schicksal.

Der freundliche alte Grabenzieher hatte ihm auch den Weg nach London beschrieben; es waren jetzt noch siebzig bis achtzig Meilen. Außerdem erfuhr er von seinem ehrwürdigen Freund, daß das Land von Soldaten wimmelte, die unablässig nach Fahnenflüchtigen aus der Armee oder aus der Flotte fahndeten, denn für ihre Festnahme war eine Belohnung ausgesetzt, wie damals in Massachusetts für streunende Bären. Unser Abenteurer hatte dem Alten feierlich eingeschärft, er solle nichts sagen, falls jemand sich nach einer solchen Person erkundigte, und so zog er mit leichterem Herzen weiter, denn in seiner Verkleidung fühlte er sich etwas sicherer.

An diesem Tag kam er dreißig Meilen voran. Abends schlich er sich in eine Scheune, wo er Stroh oder Heu für eine Lagerstatt zu finden hoffte, aber jetzt im Frühling war nichts mehr da. Nachdem er lange im Dunkeln umhergetappt war, gab er sich schließlich mit einem ungegerbten Schaffell zufrieden. Er war erschöpft und hungrig, er fror, und die Füße taten ihm weh; so dämmerte er im Halbschlaf dahin und wartete ungeduldig auf die Dämmerung.

Als der erste Schimmer des Tages sich durch die Ritzen der Scheunenwand stahl, war er schon auf und unterwegs. Bald befand er sich in den Ausbauten eines ansehnlichen Dorfes, und um sich besser vor einer Entdeckung zu schützen, versah er sich mit einer plumpen Krücke und humpelte geradenwegs hindurch, den Krüppel spielend, verfolgt von einem niederträchtigen

Köter, der gehässig und mißtrauisch hinter ihm herkläffte. Israel war versucht, ihm einen tüchtigen Hieb mit der Krücke zu versetzen, aber ihm fiel ein, daß Rachsucht einem armen alten Krüppel schlecht anstehen würde.

Nach ein paar Meilen kam er in ein anderes Dorf. Als er wie vorhin auf der Hauptstraße hindurchhumpelte, hielt ihn plötzlich ein echter Krüppel an, auch völlig zerlumpt, der ihn in einer Art Mitgefühl nach der Ursache seiner Lahmheit fragte.

»Weiße Geschwulst«, sagte Israel.

»Wie bei mir«, ächzte der andere. »Aber du bist lahmer als ich«, setzte er mit traurigem Stolz hinzu und beäugte kritisch Israels Humpeln. Denn der machte sich schon wieder auf den Weg, er wollte sich nicht aufhalten.

»Aber sag mal, mein Freund, warum haste's denn so eilig?« fragte er, als er Israel gelassen abgehen sah, »wohin willste denn?«

»Nach London«, sagt Israel halb umgewandt und wünscht den alten Burschen von Herzen zum Teufel.

»Willst nach London humpeln, was? Na, viel Glück.«

»Ich mein's auch so«, sagte Israel höflich.

Am entgegengesetzten Dorfausgang wollte es das Glück, daß ein leerer Lastwagen, der zur Hauptstadt fuhr, aus einer Seitengasse in die Hauptstraße einbog. Sofort hinkt Israel ganz erbärmlich und bittet den Kutscher, einen armen Krüppel mitfahren zu lassen. So klettert er hinauf. Aber nach einer Weile scheint ihm die Gangart der schweren trägen Pferde unerträglich langsam, und er läßt sich wieder absetzen. Sehr zum Erstaunen des biederen Kutschers wirft er seine Krücke weg und macht sich flink auf die Beine. Der einzige Vorteil dieser kurzen Fahrt war allenfalls, daß er sich im

Wagen hingelegt hatte, als sie wieder durch ein Dorf gekommen waren, und so hatte ihn niemand gesehen.

Die Dörfer erstaunten ihn durch ihre Menge und ihre enge Nachbarschaft. In seiner Heimat gab es nichts dergleichen. Da er genau wußte, daß er in diesen Dörfern viel eher entdeckt werden konnte als im offenen Land, umging er sie von nun an tunlichst in großem Bogen, sobald sie in Sicht kamen. Allerdings verlängerte diese Marschweise seinen Weg, und zudem überraschte sie ihn mit unvorhergesehenen Hindernissen, nämlich mit Mauern, Gräben und Wasserläufen.

Kaum eine halbe Stunde, nachdem er seine Krücke weggeworfen hatte, mußte er einen zehn Fuß breiten Graben überspringen, dessen schlammige Tiefe gar nicht abzuschätzen war. Ich möchte nur wissen, ob der alte Krüppel mich immer noch für den Lahmeren halten würde, dachte er bei sich, als er auf dem anderen Ufer ankam.

4

Weitere Wanderungen des Flüchtlings, nebst einigen Nachrichten über einen guten Ritter von Brentford, der als Freund gegen ihn handelt

Gegen Abend des dritten Tages war Israel sechzehn Meilen von der Hauptstadt entfernt. Er suchte wieder in einer Scheune Unterkunft, und diesmal fand er ein wenig Heu. Er warf sich darauf nieder und hatte so eine erträgliche Nachtruhe.

Am frühen Morgen erhob er sich munter und ausgeruht in der erfreulichen Voraussicht, sein Ziel noch vor Mittag zu erreichen. Daß er jetzt einen so großen Abstand zwischen sich und seine Verfolger gelegt hatte, machte ihn kühn, seine Wachsamkeit ließ nach, und gegen zehn Uhr, als er durch die Stadt Staines kam, sah er sich plötzlich drei Soldaten gegenüber. Unglücklicherweise hatte er sich bei dem Kleidertausch mit dem Grabenzieher nicht entschließen können, sein Hemd mit in den Handel zu geben, aber dieses Hemd war eine britische Matrosenbluse, die Bluse eines Ruderknechtes, und obwohl er bisher den blauen Kragen umgeschlagen hatte, erwies sich jetzt, daß er nicht ganz verdeckt war. Die Soldaten jedenfalls, die scharf nach Deserteuren aus waren und von der Hoffnung auf die ausgesetzte Belohnung angestachelt, erspähten den verhängnisvollen Kragen und fielen sofort ungestüm über den Flüchtling her.

»He, Bursche!« sagte der Vorderste, ein Korporal, »du bist einer von Seiner Majestät Matrosen! Komm mit.«

Er konnte keine zufriedenstellende Auskunft über sich geben und wurde also vom Fleck weg verhaftet. Kurz darauf fand er sich mit gefesselten Händen in der ›Rotunde‹ des Ortes eingesperrt, wie das Gefängnis genannt wurde, das für Fahnenflüchtige und kleinere Gesetzessünder bestimmt war. Ohne Essen und Trinken ging der Tag in diesem traurigen Aufenthaltsort vorüber, bis die Nacht hereinbrach.

Israel hatte nun seit drei Tagen außer einer Zweipennysemmel nichts gegessen. Der Hunger quälte ihn, und sein Mut, der ihn bisher aufrecht gehalten hatte, drohte ihn jetzt zu verlassen. So kurz vor dem Ziel war er zum zweitenmal in Gefangenschaft geraten, und er war nahe daran, in hoffnungslose Verzweiflung zu versinken. Aber er nahm sich zusammen. Er erkannte, daß nutzlose Klagen sein Elend nur vergrößern würden, und suchte sich mit Geduld in sein Unglück zu schicken, aber nicht zu verzagen. Er ermunterte sich und begann zu überlegen, wie er aus diesem Labyrinth herauskommen konnte.

Er sägte zwei Stunden über das Fenstergitter hin und befreite sich von den Handschellen. Dann kam die Tür an die Reihe, die glücklicherweise nur mit einem Vorhängeschloß gesichert war. Mit dem Bolzen seiner Schellen stieß er ein kleines Fenster in der Tür auf, konnte die Krampe herausziehen und hatte gegen drei Uhr morgens seine Freiheit wieder.

Nicht lange nach Sonnenaufgang kam er in der Nähe von Brentford vorbei, das etwa sechs bis sieben Meilen von der Hauptstadt lag. Sein Hunger war so groß, daß der Tod ihm nun nahe schien. Bei seiner ersten Flucht aus dem Gefängnisschiff hatte er nicht mehr als sechs Pennies besessen. Für zwei davon hatte er sich am Tag nach dem Ausbruch aus der Gastwirtschaft ein Brötchen gekauft. Die restlichen vier staken noch in seiner Tasche, denn er hatte inzwischen nicht Gelegenheit gehabt, sich dafür Essen zu verschaffen.

Nachdem er seinen Hemdkragen abgerissen und in eine Hecke geworfen hatte, getraute er sich, etwa eine Meile jenseits von Brentford einen ehrenwerten Zimmermann über den Zaun hinweg anzureden und um Arbeit zu bitten, um seiner verzweifelten Lage zu entkommen. Der Mann wollte ihn nicht selbst in Dienst nehmen, aber er sagte, wenn er (Israel) etwas von Garten- und Feldarbeit verstehe, so könne er vielleicht bei Sir John Millet Arbeit bekommen, dessen Wohnsitz hier in der Nähe sei. Er fügte hinzu, daß der Ritter in dieser Jahreszeit immer viele Arbeiter einstelle, die Aussichten für Israel also nicht schlecht seien.

Die Hoffnung auf Geborgenheit ermutigte Israel wieder ein wenig, und er machte sich in der angegebenen Richtung auf die Suche nach dem Sitz des Edelmanns. Aber er verirrte sich, kam auf einen kiesbestreuten und geschmückten Weg und schrak zusammen vor dem Anblick vieler Soldaten, die sich in einem Garten drängten. Er zog sich schleunigst zurück, bevor er wieder entdeckt werden konnte. Kein Tier der amerikanischen Wildnis konnte entsetzter vor einem brennenden Holzscheit fliehen als Israel in dieser Zeit vor einem roten Rock. Später erfuhr er, daß er im Garten der Prinzessin Amelia gewesen war.

Er schlug einen anderen Weg ein und kam bald zu einer Gruppe von Arbeitern, die Kies schaufelten. Das waren Leute, die bei Sir John in Dienst standen. Sie wiesen ihn zum Haus und bezeichneten ihm auch den Ritter, als er im Garten barhäuptig mit einigen Gästen spazierenging. Israel hatte schon gehört, daß die Reichen in England sich mit viel herrschaftlichen Prunk umgaben, und er war nicht wenig besorgt, daß er einen so achtunggebietenden Mann mit einer Bitte angehen sollte. Aber er nahm seinen ganzen Mut zusammen und ging weiter. Die feinen Herren sahen ihn in seinen Fetzen und Lumpen herankommen und fragten sich ziemlich erstaunt, was eine so ungewöhnliche Erscheinung wohl erbitten würde.

»Mr. Millet«, sagte Israel, und verbeugte sich vor dem bloßköpfigen Herrn.

»Hm. Wer sind Sie?«

»Ein armer Kerl, Sir. Ich suche Arbeit.«

»Einen Anzug wohl auch, sollte ich meinen«, sagte einer der Gäste, ein sehr junger Herr von wohlhabendem und stutzerhaftem Aussehen.

»Wo ist Ihre Hacke?« fragte Sir John.

»Ich habe keine, Sir.«

»Auch kein Geld, eine zu kaufen?«

»Nur vier englische Pennies, Sir.«

»*Englische* Pennies. Was für welche sollten Sie sonst haben?«

»Gewiß chinesische Pennies«, sagte der jugendliche Herr lachend. »Sehen Sie sein langes gelbes Haar an, sieht er nicht aus wie ein Chinese? Ein heruntergekommener Mandarin. Schade, daß sein alter Hut durchlöchert ist, sonst könnte er ihn herumreichen und aus seinen vier Pennies acht machen.«

»Wollen Sie mich anstellen, Mr. Millet?« fragte Israel.

»Hm! Das ist wieder so merkwürdig!« rief der Ritter aus.

»Hör mal, Bursche«, sagte ein flotter Diener, der sich vom Hause her näherte. »Du sprichst mit Sir John Millet.«

Den guten Ritter mochten Israels offenkundige Unwissenheit und Armut zu Mitleid rühren, und er sagte ihm, er werde ihm am nächsten Morgen eine Hacke aushändigen lassen und ihn überdies in seine Dienste nehmen.

Die Befriedigung des Wanderers über diese ermutigende Antwort ist kaum zu beschreiben. Kühn geht er nun zu einem Bäcker, den er vorher entdeckt hat, tritt furchtlos ein, wirft all seine vier Pennies hin und verlangt Brot. Da er sich sagte, daß dies seine ganze Nahrung bis zum nächsten Morgen war, entschloß er sich, nur eins von den beiden Brötchen zu essen. Aber als er es vertilgt hatte, war seine Gier so gereizt, daß er der unwiderstehlichen Versuchung nachgab und das zweite hinunterschlang, damit sie sich Gesellschaft leisteten.

Nach einer Rast unter einer Hecke sah er die Sonne schon tief am Himmel und bereitete sich auf eine weitere harte Nacht vor. Er wartete bis zur Dunkelheit und kroch dann in einen alten Wagenschuppen, in dem er aber nichts als eine abgebaute Kutsche vorfand. Er kletterte hinein, rollte sich zusammen wie ein Karrenhund und versuchte zu schlafen. Er konnte die Enge eines solchen Bettes jedoch nicht lange aushalten, kletterte wieder hinunter und streckte sich auf den blanken Dielenbrettern aus.

Im Osten war es kaum hell, als er schon den Befehlen des Mannes entgegeneilte, von dem sein Gefühl ihm sagte, daß er zu seinem Wohltäter bestimmt sei. Auf der Farm seines Vaters war er gewohnt gewesen, mit dem ersten Lerchenschlag aufzustehen, und als er sich nun dem Hause näherte, sah er verwundert, daß sich noch keine Seele regte. Es war vier Uhr. Er ging lange Zeit vor dem Portal auf und ab, bevor sich jemand zeigte. Der erste war ein Hausdiener, der Israel erklärte, daß die Leute erst um sieben Uhr an die Arbeit gingen. Bald danach traf er einen Stallknecht, der ihm erlaubte, sich in einem Nebengebäude auf Stroh hinzulegen. Dort versank er in ungestörten Schlaf, bis ihn um sieben Uhr die Geräusche der Tätigkeit ringsum weckten.

Der Aufseher der Leute versah ihn mit einer großen eisernen Forke und einer Hacke, und er ging mit den Arbeitern aufs Feld. Er war so schwach, daß er sein Werkzeug kaum halten konnte. Er mochte seine Verfassung nicht zeigen, aber es gelang ihm nicht, sie zu verbergen. Schließlich, um schlimmeren Vermutungen vorzubeugen, gestand er den Grund ein. Seine Kameraden behandelten ihn mitfühlend und entbanden ihn von der schwereren Arbeit.

Gegen Mittag besuchte der Ritter seine Arbeiter. Er bemerkte, daß Israel wenig vorankam, und sagte zu ihm, er habe zwar lange Arme und breite Schultern, aber entweder täusche er seine Schwäche vor, oder er habe wirklich keine Kraft.

Hierauf erklärte einer der umstehenden Arbeiter dem Herrn, wie es mit Israel stand. Sofort drückte der Edelmann ihm einen Schilling in die Hand und schickte ihn in eine kleine Schenke an der Straße, die näher als das Herrenhaus lag, damit er sich Brot und eine Kanne Bier kaufte. Neugestärkt kam er zu seinen Kameraden zurück und arbeitete mit ihnen, bis um vier Uhr nachmittags Feierabend gemacht wurde.

Am Herrenhaus begegnete er von neuem seinem Brotherrn, der ihn schweigend musterte, ohne ein Wort zu sagen, und ihm dann eine Mahlzeit herrichten ließ. Das Mädchen, das weniger brachte, als der gütige Edelmann für angemessen hielt, wurde weggeschickt und mußte die ganze Schüssel holen. Aber Israel wußte, wie gefährlich es war, wenn jemand in seiner Verfassung zu rasch schwere Speisen zu sich nahm, und aß nur mäßig, da das bescheidene Mahl in der Schenke ihn ja schon gekräftigt hatte. Der Imbiß wurde ihm auf dem Rasen hergerichtet, und als er fertig war, betrachtete der gute Ritter ihn abermals prüfend und ließ ihm ein bequemes Bett in der Scheune aufstellen, und hier verbrachte Israel eine großartige Nacht.

Als er am nächsten Morgen nach dem Frühstück mit den Leuten zur Arbeit gehen wollte, kam sein Brotherr mit wohlwollender Miene heran und schickte ihn auf sein Lager zurück, damit er sich ausschlief und seine Arbeit mit besseren Kräften aufnehmen konnte. Kurz nach Mittag kam er wieder hervor und sah Sir John allein im Garten spazieren. Er fürchtete zu stören und wollte sich zurückziehen, aber der Ritter winkte ihn heran, und als Israel vor ihm stand, betrachtete er ihn so eindringlich, daß unser armer Held bis ins Mark erbebte. Es minderte seine Furcht vor einer Entlarvung nicht, daß der Ritter nun mit lauter Stimme nach jemand aus dem Hause rief. Israel wollte schon davonlaufen, aber alle Angst verging, als er den Herrn zu dem herankommenden Diener sagen hörte: »Bring Wein hierher!«

Der Wein kam unverzüglich, der Ritter ließ das Tablett auf einer Bank absetzen, der Diener verschwand wieder.

»Mein armer Junge«, sagte Sir John, der ein Glas Wein einschenkte und es Israel übergab, »ich habe gemerkt, daß Sie Amerikaner sind, und wenn ich nicht irre, ein entflohener Kriegsgefangener. Aber fürchten Sie nichts. Trinken Sie.«

»Mr. Millet«, rief Israel bestürzt, und der Wein, den er unberührt gelassen hatte, zitterte in seiner Hand, »Mr. Millet, ich –«

»*Mister* Millet – da ist es wieder. Warum sagen Sie nicht *Sir John* wie jedermann?«

»Ach, Sir – entschuldigen Sie, ich bringe es irgendwie nicht fertig. Ich hab's versucht, aber es geht nicht. Sie werden mich doch deswegen nicht verraten?«

»Verraten! Armer Kerl. Hören Sie: Ihr Schicksal ist gewiß ein Geheimnis, das Sie einem Fremden nicht mitteilen möchten. Aber was Ihnen auch zustoßen wird, ich verspreche Ihnen bei meiner Ehre, daß ich Sie niemals verraten werde.«

»Gott segne Sie dafür, Mr. Millet.«

»Nun, nun … reden Sie mich mit meinem richtigen Namen an. Ich bin nicht Mr. Millet. Sie *haben* mich schon *›Sir‹* genannt, und zweifellos haben Sie tausendmal zu anderen Leuten *›John‹* gesagt. Können Sie die beiden nicht zusammenbringen? Versuchen Sie es. Nur *Sir*, und dann *John* –: *Sir John*. Das ist alles.«

»John – ich kann nicht, Sir. Verzeihung, Sir! Ich habe es nicht so gemeint.«

»Mein lieber Junge«, sagte der Ritter und sah Israel scharf an, »sagen Sie mir, sind alle Ihre Landsleute wie Sie? Dann ist es sinnlos, gegen sie zu kämpfen. Ich selbst werde Seiner Majestät das vorstellen. Gut, ich schenke Ihnen diese Anrede. Aber sagen Sie die Wahrheit: Sind Sie nicht ein Seemann und seit kurzem Kriegsgefangener?«

Israel gestand es freimütig ein und erzählte seine ganze Geschichte. Der Ritter hörte ihm sehr interessiert zu. Am Ende warnte er ihn vor den Soldaten. Denn in der Nachbarschaft befanden sich die Landsitze von einigen Angehörigen der königlichen Familie, und deswegen wimmelte es hier von Rotröcken. »Ich möchte meine eigenen Landsleute nicht unnötig herabsetzen«, fügte er hinzu, »aber ich spreche offen mit Ihnen, weil ich es gut mit Ihnen meine. Die Soldaten, die sich auf den Straßen herumtreiben, sind keine Zierde unserer Armee. Das ist eine Bande von feigen Schurken, die für Geld ihre besten Freunde verraten würden. Noch einmal, ich warne Sie vor denen. Aber genug davon. Kommen Sie nun mit mir ins Haus. Wie Sie erzählen, haben Sie schon einmal die Kleider gewechselt. Dann können Sie es jetzt wieder tun, was meinen Sie? Ich werde Ihnen eine Jacke und ein Paar Hosen für Ihre Lumpen geben.«

So versah der Ritter ihn großzügig mit Kleidung und anderen Annehmlichkeiten, und da Israel dem Ehrenwort eines so freundlichen Mannes unbedingt vertraute, heiterte seine Stimmung sich auf. Im Lauf von zwei oder drei Wochen hatte er so viel um die Lenden angesetzt, daß er Sir Johns alte Wildlederhosen, die anfangs nur lose um ihn herumschlenkerten, gänzlich ausfüllte.

Ihm wurde eine Beschäftigung zugewiesen, die ihn von den anderen Arbeitern fernhielt. Er hatte das Erdbeerbeet unter seiner alleinigen Pflege. An warmen, sonnigen Nachmittagen kam der Ritter oft, heiter und gutgelaunt nach dem Essen, bloßen Hauptes, an das prächtige Beet geschlendert und ließ sich in kleine vertrauliche Unterhaltungen mit Israel ein; und Israel, begeistert von der patriarchalischen Würde dieses Abraham unter den Edelleuten, bot ihm lächelnd, mit Tränen der Dankbarkeit in den Augen, von Zeit zu Zeit die reifsten Früchte an. Als die Erdbeerzeit vorüber war, wurden ihm andere Teile der Anlagen anvertraut. So vergingen sechs Monate. Dann bekam Israel durch die Empfehlung von Sir John eine gute Stelle im Garten der Prinzessin Amelia.

Die jüngsten Ereignisse hatten sein Äußeres so vollständig gewandelt, daß nur wenige auf den Verdacht kamen, er könne kein Engländer sein. Aber im Garten der Prinzessin, wo er zusammen mit vielen Leuten arbeiten mußte, war der Krieg ein häufiger Gesprächsgegenstand, und die ›verd … Yankeerebellen‹ waren nicht selten die Zielscheibe höhnischer Bemerkungen. Nur mühsam konnte der Verbannte die Beleidigungen eines Landes, für das er sein Blut gegeben hatte und für dessen Ehre er hier litt, schweigend hinnehmen. Mehr als einmal war seine Empörung nahe daran, ihn zur Unvorsichtigkeit hinzureißen. Er wünschte das Ende des Krieges herbei, damit er sich doch wenigstens in Worten etwas Luft machen konnte.

Nun war aber der Oberaufseher des Gartens ein barscher, herrschsüchtiger Mensch. Die Arbeiter ertrugen seine schlimmsten Schimpfworte unterwürfig und dienstfertig. Aber Israel, der zwischen Bergen großgeworden war, konnte nicht ruhig Blut bewahren, wenn er unverdient zum Anlaß unbarmherzigen Spottes gemacht wurde. Bevor noch zwei Monate vergangen waren, gab er den Dienst bei der Prinzessin auf und verdingte sich bei einem Bauern in einem kleinen Dorf nicht weit von Brentford. Jedoch, kaum war er drei Wochen dort, als schon wieder das Gerücht aufkam, er sei ein amerikanischer Kriegsgefangener. Er fand niemals heraus, wie dieser Verdacht entstanden war. Er kam den Soldaten zu Ohren, da waren sie auch schon auf dem Posten. Glücklicherweise erfuhr Israel rechtzeitig von ihren Absichten. Leicht wurde es ihm nicht gemacht. Sie machten Jagd auf ihn mit einer Hartnäckigkeit, die einer besseren Sache würdig gewesen wäre. Mehrmals kam er nur um Haaresbreite davon. Sie hätten ihn ganz gewiß wieder eingefangen, wären nicht die heimlichen Gefälligkeiten einiger Leute gewesen, die der amerikanischen Sache nicht unfreundlich gesinnt waren, wenn sie es auch nicht laut zu sagen wagten.

Eines Nachts spürten die Soldaten ihm nach bis zum Haus eines dieser Freunde, wo er sich auf dem Dachboden versteckt gehalten hatte. Er mußte die Luke aufstoßen und über die Dächer von zehn bis zwölf anstoßenden Häusern laufen, bevor ihm die Flucht endlich gelang.

5

Israel in der Höhle des Löwen

Tag und Nacht verfolgt, aus dem Schlaf und vom Essen aufgejagt, wie ein Fuchs im Wald von Loch zu Loch getrieben, ohne je einen Stundenlohn verdienen zu können, bekam Israel schließlich von einer Person, an deren Aufrichtigkeit er nicht zweifeln konnte, den Rat, in den Gärten des Königs in Kew um Arbeit zu bitten und sich auf Sir John Millet zu berufen. Dort sei er, so wurde ihm gesagt, völlig ungefährdet, denn kein Soldat dürfe diese Grundstücke betreten und irgend jemand von den dort Angestellten belästigen. Es berührte den armen Verbannten sonderbar, daß einem Flüchtling gerade die Höhle des britischen Löwen, der persönliche Besitz des Königs, als sicherster Zufluchtsort empfohlen wurde.

Er ließ sich dem Obergärtner von einem guten Bekannten persönlich vorstellen, wobei seine Herkunft sorgfältig verschwiegen blieb; er konnte auch eine Empfehlung von Sir John vorweisen, und sein Fürsprecher rühmte ihn als ungewöhnlich erfahren im Gartenbau. So wurde ihm bald die Aufsicht über einige Pflanzungen und Wege im äußeren Bezirk anvertraut.

Hier, auf einem seiner nahen Landsitze, pflegte Georg III., wenn er seine schwierigen Staatsgeschäfte und die schmutzigen alten Backsteine von St. James hinter sich ließ, auf und nieder zu schreiten in den langen Laubengängen, zu denen sich die hohen Bäume verflochten hatten.

Mehr als einmal konnte Israel, wenn er den Kies harkte, durch das abschirmende Gesträuch auf einem einsamen Parallelweg die einsame Gestalt erblicken, die von überhängenden Blättern und vom Ernst königlicher Betrachtungen überschattet war.

Unerlaubte und abscheuliche Gedanken schleichen sich mitunter selbst in das beste Menschenherz. Wenn er den Monarchen unbewacht vor sich sah und sich erinnerte, daß der Krieg mehr dem Eigensinn des Königs als dem Willen des Parlaments oder der Nation zugeschrieben werden mußte, und wenn er sich seine eigenen Leiden und das Unglück seines Landes ins Gedächtnis rief, dann regten sich in der Seele des Verbannten solche dunklen Gedanken wie die, denen der Königsmörder Ravaillac nachgab. Aber Israel stieß Satan hinter sich und überwand alle Versuchungen. Und nach seinem einzigen zufälligen Gespräch mit dem König ließen sie ihn auch für immer in Ruhe.

Als er eines Tages in Gedanken versunken einen kleinen Nebenweg mit Kies bestreute, bog plötzlich der König um ein Gebüsch und streifte an ihm vorüber.

Israel hob unverzüglich die Hand an den Hut, nahm ihn aber nicht ab – verbeugte sich und trat zurück; da erregte irgend etwas an seinem Haar die Aufmerksamkeit des Königs.

»Er ist kein Engländer. Kein Engländer, nein. Nein.«

Der totenbleiche Israel versuchte zu antworten, aber ihm fiel nichts ein, und er stand wie erstarrt.

»Er ist ein Yankee. Ein Yankee«, sagte der König in seiner überstürzten, halb stotternden Sprechweise.

Abermals versuchte Israel vergeblich eine Antwort. Was sollte er sagen? Konnte er einen König belügen?

»Ja. Ja. Er ist einer von dieser widerspenstigen Rasse. Dieser äußerst widerspenstigen Rasse. Was hat Ihn hierhergebracht?«

»Die Kriegsumstände, Sir.«

»Halten zu Gnaden, Euer Majestät«, sagte in diesem Augenblick eine leise, unterwürfige Stimme im Näherkommen, »dieser Mensch ist gegen die Vorschrift auf diesem Weg. Es ist ein Versehen, halten zu Gnaden, Majestät. – Mach dich aus dem Staub, du Trottel!« zischte er Israel an. Es war einer der Untergärtner. Es scheint, daß Israel an diesem Morgen seine Anweisungen mißverstanden hatte. »Weg, du Hund«, zischelte er abermals; laut zum König sagte er: »Ein Irrtum des Menschen, versichere ich Eurer Majestät.«

»Geh Er fort – fort mit Ihm, und laß Er diesen Mann mit mir allein«, sagte der König. Er wartete einen Augenblick, bis der Gärtner außer Hörweite war, und wandte sich Israel wieder zu.

»War Er bei Bunker Hill, beim Blutbad von Bunker Hill – eh? Eh?«

»Jawohl, Sir.«

»Hat gekämpft wie ein Teufel, wie ein richtiger Teufel, ja?«

»Jawohl, Sir.«

»Half meine Soldaten dreschen? Dreschen?

»Jawohl, Sir. Aber zu meinem großen Leidwesen.«

»Wie? Was? Was soll das heißen?

»Ich hielt es für meine traurige Pflicht, Sir.«

»Ganz falsch. Wirklich ganz falsch. Warum sagt Er ›Sir‹ zu mir? Ich bin Sein König! Sein König!«

»Sir«, sagt Israel fest, wenn auch in aller Ehrerbietung: »Ich habe keinen König.«

Der Blick des Königs blitzte erzürnt auf, aber nun, da alles gesagt war, stand Israel unerschrocken, in stummem Respekt vor ihm. Der König wandte sich plötzlich um und tat ein paar hastige Schritte von Israel weg, kam aber in langsamerem Gang zurück und sagte: »Man sagt, Er sei ein Spion! Ein Spion – oder irgend so etwas, versteht Er? Aber ich weiß. Er ist keiner. Gewiß nicht. Er ist ein entflohener Kriegsgefangener, eh? Er hat sich diesen Ort gesucht, um vor Verfolgung sicher zu sein, eh? Wie? ist das wahr? Eh?«

»Es ist wahr, Sir.«

»Gut. Er ist ein aufrichtiger Rebell. Rebell – jawohl, ein Rebell. Hör Er jetzt her, hör Er. Schweige Er gegen jeden über dies Gespräch. Harke Er weiter. Und merke Er sich auch dies: Solange Er hier in Kew ist, soll Er sicher sein. Sicher.«

»Gott segne Eure Majestät!«

»Wie?«

»Gott segne Eure Edle Majestät!«

»Sachte, sachte«, sagte der König, erfreut lächelnd. »Ich dachte mir, ich würde Ihn gewinnen ... gewinnen.«

»Der König nicht, aber die Freundlichkeit des Königs, Euer Majestät.«

»Komm Er in meine Armee. Armee.«

Israel sah traurig zu Boden und schüttelte schweigend den Kopf.

»Er will nicht? Gut, streu Er weiter Kies. Streu Er weiter. Sehr widerspenstige Rasse, das – äußerst widerspenstig. Äußerst. Äußerst!«

Und der großmütige Löwe schritt unter beständigem Murmeln davon.

Wie ein so unbedeutender Flüchtling zur Kenntnis des Monarchen gekommen sein mochte – ob es das blitzschnelle Durchschauen der Menschen war, das eine der Gaben sein woll, die mit der Krone übertragen werden, ober ob ihm irgendwelche Gerüchte von außerhalb des Gartens zu Ohren gekommen waren – das wußte Israel sich niemals zu erklären. Sehr wahrscheinlich traf das letztere zu, denn dunkle Andeutungen, Israel sei kein Engländer, waren kurz vor seinem Gespräch mit dem König bis zu mehreren Untergärtnern vorgedrungen. Es soll nicht Israels Treue gegen sein Land in Zweifel ziehen, aber es muß doch gesagt werden, daß er seit seiner vertraulichen Audienz mit Georg III. eine sehr günstige Meinung von diesem Herrscher hatte. Er dachte nunmehr, nicht das warme Herz des Königs, sondern der kalte Verstand seiner Lords im Staatsrat sei es, was ihn Amerika so tyrannisch verfolgen lasse. Bis jetzt war aber das genaue Gegenteil seine Ansicht gewesen, wie es dem allgemeinen Urteil in ganz Neuengland entsprach.

Das zeigt uns die seltsame und mächtige Magie einer Krone, und wie tückisch diese billige, nichtssagende Großmut ist, die den meisten Königen im privaten Umgang eigen ist, auf eine gutwillige und unglückliche Seele wirken kann. Wäre die patriotische Treue unseres Abenteurers nicht so besonders unbeirrbar gewesen, hätte er bald den roten Rock getragen und wäre vielleicht unter der persönlichen Protektion seines königlichen Freundes zu keinem unbedeutenden Rang in der britischen Armee aufgestiegen. Aber dann müßten wir ihn auch nicht durch die langen, langen Jahre des Umherirrens in Dunkelheit und Armut begleiten, wie es uns jetzt bevorsteht.

Israel arbeitete in Kew unter den Gärtnern des Königs, bis eine Zeit kam, in der zur Unterhaltung des Gartens weniger Leute erforderlich waren und er mit mehreren anderen entlassen wurde. Am nächsten Tag verdingte er sich für einige Monate bei einem Bauern in der Nachbarschaft, bei dem er schon vorher gearbeitet hatte. Aber nach kaum einer Woche wurde die alte Geschichte, er sei ein Rebell oder ein entflohener Gefangener, ein Spion, ein Yankee! mit noch schärferer Bosheit in die Welt gesetzt. Die Soldaten waren ihm wie Bluthunde auf der Fährte. Die Häuser, in denen er Unterkunft fand, wurden wieder und wieder durchsucht, aber dank der Zuverlässigkeit einiger weniger Gutgesinnter und dank seiner steten kämpferischen Gewandtheit entkam der gejagte Fuchs doch immer der Gefangenschaft. Die unablässige Verfolgung zermürbte ihn aber so sehr, daß er in einer verzweifelten Anwandlung nahe daran war, sich zu ergeben und seinem Schicksal zu beugen, als die Vorsehung im rechten Augenblick zu seinen Gunsten dazwischentrat.

6

Israel macht die Bekanntschaft gewisser heimlicher Freunde Amerikas, zu denen der berühmte Verfasser von ›Purleys Unterhaltungen‹ gehört. Sie schicken ihn in geheimem Auftrag über den Kanal

Zu dieser Zeit entbehrten die Kolonien, obwohl sie tatsächlich die Opfer der britischen Unterdrückung waren, doch nicht gänzlich aller Freunde in Britannien. Wenn selbst im Parlament vaterlandsliebende und begabte Männer saßen, die nicht nur zur Versöhnung rieten, sondern auch den Krieg ungeheuerlich nannten, so war es nur natürlich, daß es über das ganze Land hin Privatpersonen gab, die ähnlich fühlten, und einige, die sich kein Gewissen daraus machten, insgeheim in diesem Sinne zu handeln.

Eines Nachts, als er sich in der Kornkammer eines Bauern verborgen hatte, sah Israel einen Mann mit einer Laterne herankommen. Er wollte schon fliehen, als der Mann ihn mit wohlbekannter Stimme anrief und bat, er möge keine Furcht haben. Es war der Bauer selbst. Er richtete Israel von einem Edelmann in Brentford eine Botschaft aus, die den Flüchtling dringend ersuchte, sich am nächsten Abend im Hause des Edelmanns einzufinden.

Zuerst argwöhnte Israel, daß entweder der Bauer ihn täuschen wolle, oder seine biedere Leichtgläubigkeit sei von böswilligen Menschen ausgenutzt worden. Jedenfalls hielt er die Einladung für eine Falle und weigerte sich eine halbe Stunde lang, ihr Vertrauen zu schenken. Endlich sah er sich doch bestimmt, etwas besser davon zu denken. Der Edelmann, der ihn einlud, war ein Squire Woodcock aus Brentford, dessen Königstreue in Zweifel gezogen worden war: wenigstens behauptete der Bauer das. Diese letzte Erklärung verfehlte ihre Wirkung nicht.

Am nächsten Abend beim Dunkelwerden machte Israel sich mit Kleidern des Bauern unkenntlich und schlich aus seinem Versteck. Nach einem Fußmarsch von wenigen Stunden erreichte er das alte Backsteinhaus des Squire. Dieser öffnete die Tür in eigener Person, und als er hörte, wer vor ihm stand, versicherte er Israel sofort auf das feierlichste seiner redlichen Absichten. Darauf entschloß sich der Wanderer zum Eintreten und ließ sich in ein Hinterzimmer des Hauses führen, wo zwei andere Herren saßen, die nach der Mode der Zeit in lange spitzenbesetzte Röcke, Kniehosen und Schuhe mit silbernen Schnallen gekleidet waren.

»Ich bin John Woodcock«, sagte der Gastgeber, und diese Herren sind Horne Tooke und James Bridges. Wir alle sind Freunde Amerikas. Wir haben vor einigen Wochen von Ihnen gehört und aus Ihrem Benehmen geschlossen, daß Sie ein Yankee von reinstem Schrot und Korn sein müssen. Darum haben wir uns entschlossen, Ihnen einen Vorschlag zu machen, dem Sie gewiß gern zustimmen werden. Denn sicherlich sind Sie, obschon ein Flüchtling, noch immer bereit, Ihrem Lande zu dienen; wenn nicht als Seemann oder Soldat, so doch wenigstens als Reisender?«

»Sagen Sie mir, was ich tun soll«, bat Israel, dem nicht ganz geheuer war.

»Alles zu seiner Zeit«, sagte der Squire lächelnd. »Die wichtigste Frage ist zunächst ... vertrauen Sie uns?«

Israel betrachtete prüfend den Squire und dann seine Freunde, und als er die lautere Begeisterung in Horne Tookes ausdrucksvollem Gesicht wahrnahm (der damals im ersten ehrlichen Eifer seiner politischen Laufbahn stand), wandte er sich dem Squire zu und sagte: »Sir, ich glaube Ihnen, was Sie gesagt haben. Sagen Sie mir nun, was ich tun soll.«

»Oh, heute abend ist gar nichts zu tun«, sagte der Squire, »und wahrscheinlich in den nächsten Tagen auch nichts. Wir wollten Sie nur vorbereiten.«

Hierauf deutete er seinem Gaste sehr ungefähr seine Absichten an, und als das erledigt war, bat er ihn, er möge sie doch mit einem Bericht seiner Abenteuer unterhalten, von da an, wo er zum erstenmal für seine Heimat zu den Waffen gegriffen hatte. Israel hatte nicht das geringste einzuwenden, denn jedermann erzählt gern von den Leiden, die er für eine gerechte Sache erlitten hat. Bevor er jedoch mit seiner Geschichte begann, setzte der Squire ihm auf einer schneeweißen Serviette kaltes Rindfleisch vor, dazu ein Glas Perry-Wein, und nötigte ihn während des Erzählens noch dreimal, sein Glas nachzufüllen.

Aber nach dem zweiten Glas dankte Israel, so mild das Getränk auch war. Denn er bemerkte, daß die Herren ihn nicht nur mit größtem Interesse zuhörten, sondern ihn auch auf das beharrlichste mit Kreuz- und Zwischenfragen unterbrachen. Das ließ ihn auf seiner Hut sein, denn noch war er nicht völlig sicher, wer sie in Wirklichkeit waren und was sie eigentlich vorhatten. Es erwies sich aber, daß Squire Woodcock und seine Freunde vor einer endgültigen Eröffnung sich gründlich vergewissern wollten, daß man uneingeschränktes Vertrauen in den Flüchtling setzen könne.

Und schließlich kamen sie auch zu dieser gewünschten Folgerung. Denn nachdem sie Israel am Ende seiner Geschichte ihr Mitgefühl für seine Leiden ausgesprochen hatten, seine in so geduldig ertragenem Unglück bewiesene Vaterlandsliebe rühmten und ein Loblied auf seine tapferen Mitkämpfer von Bunker Hill sangen, eröffneten sie ihm rückhaltlos ihren Plan. Sie fragten ihn, ob er bereit sei, nach Paris zu fahren und eine Botschaft, die sie bald zur Weiterbeförderung erhalten würden, an Dr. Franklin, der sich damals in jener Hauptstadt aufhielt, zu überbringen.

»Alle Ihre Auslagen werden ersetzt, von einer besonderen Entschädigung nicht zu reden«, sagte der Squire. »Wollen Sie fahren?«

»Ich muß es mir überlegen«, sagte Israel, der immer noch nicht ganz überzeugt war. Aber da fiel sein Blick wieder auf Horne Tooke, und seine Unschlüssigkeit schwand.

Nun teilte der Squire ihm mit, er müsse bis zu seiner Abreise an einen anderen Ort übersiedeln, um jeden Verdacht zu vermeiden. Sie schärften ihm gründlichste Geheimhaltung ein, übergaben ihm eine Guinee mit einem Brief an einen Edelmann in White Waltham, einer von Brentford ein paar Meilen entfernten Stadt, und baten ihn, sich so bald als möglich dahin zu begeben und dort auf weitere Anweisungen zu warten.

Nachdem sie ihn soweit in Kenntnis gesetzt hatten, forderte Squire Woodcock ihn auf, den rechten Fuß auszustrecken.

»Wozu?« fragte Israel.

»Möchten Sie nicht gern ein Paar neue Stiefel haben, wenn Sie wiederkommen?« fragte Horne Tooke lächelnd.

»Oh doch; dagegen habe ich gar nichts«, antwortete Israel.

»Nun, dann lassen Sie den Schuhmacher Maß nehmen«, sagte Horne Tooke lächelnd.

»Tun *Sie* es, Mr. Tooke«, sagte der Squire. »Sie messen besser ab als ich.«

»Strecken Sie Ihren Fuß aus, guter Freund«, sagte Horne Tooke, »so. Und und – nun wollen wir Ihr Herz messen.«

»Da nehmen Sie einfach den Brustumfang«, sagte Israel.

»Das ist genau der Mann, den wir brauchen«, sagte Mr. Bridges triumphierend.

»Geben Sie ihm noch ein Glas Wein, Squire«, sagte Horne Tooke.

Israel tauschte die Kleider des Bauern wieder gegen eine andere Verkleidung, ließ sich den Weg genau beschreiben und machte sich unverzüglich auf den Marsch zu seinem Ziel. Als er am anderen Morgen in White Waltham ankam, empfing ihn der Edelmann, für den der Brief bestimmt war, sehr freundlich. Dieser Herr, ebenfalls ein Freund Amerikas, war über die letzten Ereignisse in diesem Land recht gut unterrichtet; ihm verdankte Israel viele erfreuliche Neuigkeiten. Als er sich hier zehn Tage aufgehalten hatte, kam Bescheid von Squire Woodcock, der Israel zu sofortiger Rückkehr aufforderte und auch die Stunde seiner Ankunft festsetzte, nämlich zwei Uhr morgens. Nach einem abermaligen einsamen Nachtmarsch wurde der Wanderer von denselben drei Edelleuten, die in dem gleichen Zimmer saßen, begrüßt.

»Nun ist es soweit«, sagte Squire Woodcock.

»Heute morgen müssen Sie nach Paris abfahren. Ziehen Sie Ihre Schuhe aus.«

»Soll ich auf Strümpfen von hier nach Paris schleichen?« fragte Israel. Das gute Leben letzthin in White Waltham hatte ihm seinen Humor zurückgebracht, so wie seine früheren Erfahrungen meist das Gegenteil bewirkt hatten.

»O nein«, sagte lächelnd Horne Tooke, der immer

guter Laune war. »Wir haben Siebenmeilenstiefel für Sie. Erinnern Sie sich nicht, daß ich Ihnen Maß genommen habe?«

Der Squire ging an einen Wandschrank und brachte ein Paar neue Stiefel zum Vorschein. Sie hatten hohle Absätze. Der Squire schraubte sie ab und zeigte Israel die Papiere, die darin verborgen waren. Es war feines Seidenpapier und enthielt sehr viel Geschriebenes auf engstem Raum. Es braucht kaum gesagt zu werden, daß die Stiefel eigens für diese Gelegenheit angefertigt worden waren.

»Gehen Sie einmal auf und ab damit, sagte der Squire, als Israel sie angezogen hatte.

»Er wird gewiß erwischt werden«, sagte Horne Tooke lächelnd. »Hören Sie nur, wie sie knarren.«

»Ruhig, ruhig, die Sache ist zu ernst für Späße«, sagte der Squire. »Und nun, bester Freund, seien Sie vorsichtig und kaltblütig, seien Sie auf der Hut, und vor allen Dingen beeilen Sie sich.«

Israel wurde nun mit allen erforderlichen Hinweisen und einem Geldbetrag versehen, verabschiedete sich von Mr. Tooke und Mr. Bridges, ließ sich durch den Squire heimlich die Treppe hinunterführen und war fünf Minuten später auf dem Weg nach Charing Cross in London, wo er die Postkutsche nach Dover nahm. Von dort fuhr er mit einem Paketboot nach Calais, und fünfzehn Minuten nach der Landung rollte er über französischen Boden nach Paris. Er kam wohlbehalten dort an und bekannte sich offen als Amerikaner, und da das Verhältnis der beiden Länder damals besonders freundlich war, wurden ihm sogar von Fremden freundliche Aufmerksamkeiten erwiesen.

7

Nach einem sonderbaren Abenteuer auf dem Pont Neuf kommt Israel zu dem berühmten Weisen Dr. Franklin. Er erscheint ihm gelehrt und vielbeschäftigt

Israel folgte der Richtung, die man ihm an der Haltestelle der Postkutsche gewiesen hatte, und überquerte auf seiner Suche nach Dr. Franklin den Pont Neuf, als er plötzlich von einem Mann angerufen wurde, der auf der anderen Seite der Brücke stand, gerade unter dem Reiterstandbild Heinrichs des Vierten.

Der Mann hatte einen kleinen, armseligen Kasten vor sich stehen, eine Dose Schuhwichse auf der einen Seite und mehrere Bürsten auf der anderen. Mit einer Bürste, die er in der Hand hielt und zierlich durch die Luft schwang, begleitete er höflich seine mündliche Einladung.

»Was wollen Sie von mir, Landsmann?« fragte Israel und blieb unangenehm berührt stehen.

»Ah, Monsieur«, rief der Mann aus und haspelte mit liebenswürdiger Zungenfertigkeit einen langen Faden ab, in einem Französisch, das für den armen Israel natürlich auch hätte Böhmisch sein dürfen. Was seine Sprache jedoch nicht erklären konnte, machten die Gesten des Mannes bald deutlich. Er wies auf die nasse, schmutzige Brücke, die eben der Regen übersprüht hatte, dann auf die Füße des Reisenden und schließlich auf die Bürste in seiner Hand, und indem er tief zu bedauern schien, daß ein Herr von Israels sonst so vornehmem Aussehen mit ungeputzten Schuhen einhergehen sollte, erbot er sich gleichzeitig, den Makel zu beseitigen.

»Ah, Monsieur, Monsieur«, rief der Mann und

schließlich lief er auf Israel zu. Er nötigte ihn mit sanfter Gewalt zu seinem Kasten, hob den rechten Fuß seines widerstrebenden Kunden hinauf und wollte rüstig ans Werk gehen, als Israel plötzlich ein ungeheurer Verdacht aufging. Er gab dem Kasten einen heftigen Tritt, machte sich auf seine falschen Absätze und lief wie wild über die Brücke davon.

Erzürnt über die Undankbarkeit gegen sein höfliches Angebot, rannte der Mann ihm nach, aber das bestärkte Israel nur in seinem Verdacht, so daß er um so schneller lief und dank seiner guten Beine dem Verfolger rasch entkam.

Als er endlich die Straße und das Haus erreichte, wohin man ihn auf seine Fragen gewiesen hatte, sprang das Tor seltsamerweise von selbst auf, und Israel, der auf eine solche Zauberei nicht gefaßt gewesen war, betrat mit einigem Erstaunen einen breiten, gewölbten Gang, der auf einen offenen Innenhof führte. Er wunderte sich noch darüber, daß keine Menschenseele sich blicken ließ, als er plötzlich aus einem kleinen dunklen Fenster angerufen wurde, an dem ein alter Mann Schuhe flickte. Neben ihm streckte eine Alte ihren Kopf in den Gang hinaus und musterte den Fremden eindringlich. Es erwies sich, daß sie die Pförtnersleute waren. Als Israel um Einlaß rief, hatten sie ihm vermittels einer Feder, die mit der kleinen Wohnung verbunden war, das Tor geöffnet.

Die Frau hörte nur den Namen Dr. Franklins, und schon kam sie höchst bereitwillig aus ihrer Höhle hervor. Mit großer Höflichkeit führte sie Israel über den Hof und drei Treppen hinauf bis zu einer Tür auf der Rückseite des weitläufigen Gebäudes. Dort ließ sie ihn allein, und Israel klopfte an.

»Herein«, sagte eine Stimme. Und sogleich stand Israel vor dem ehrwürdigen Doktor Franklin.

Der würdige Mann, in einem kostbaren Schlafrock gehüllt – das wunderliche Geschenk einer fürstlichen Verehrerin –, der wie die Robe eines Verschwörers mit krausen algebraischen Zeichen bestickt war, ein schwarzes Käppchen auf dem bienenkorbförmigen Kopf, saß an einem mächtigen klauenfüßigen Tisch, der so rund war wie der Tierkreis und bedeckt mit bedrucktem Papier, Dokumentenbündeln, Manuskriptrollen, Bruchstücken sonderbarer Modelle aus Holz und Metall, seltsam aussehenden Pamphleten in verschiedenen Sprachen und allen möglichen Büchern, darunter vielen Widmungsexemplaren, über Geschichte, Mechanik, Diplomatie, Landwirtschaft, Nationalökonomie, Metaphysik, Meteorologie und Geometrie. Die Wände sahen aus wie bei einem Geisterbschwörer: allenthalben waren sie behängt mit Barometern unterschiedlicher Ausführung, Zeichnungen erstaunlicher Erfindungen, großen Karten ferner Länder in der Neuen Welt mit riesigen Flächen inmitten, über die das Wort WÜSTE in auseinandergezogenen Buchstaben gedruckt war, als sollten nur zwei Silben fündundzwanzig Längengrade umspannen – aber durch dies Wort hatte die Feder des Doktors einen kräftigen Strich gezogen, als wollte er es rundweg abstreiten; dort hingen dicht an dicht topographische und trigonometrische Landkarten verschiedener Teile Europas, geometrische Zeichnungen und viele andere merkwürdige Dinge verschiedener Wissensgebiete.

Das Zimmer selbst wies deutliche Merkmale des Alters auf. Der rohe Wandputz war zum Teil von schlimmen Rissen durchzogen und sah, mit Staub bedeckt, schmutzig und düster aus. Der alte Bewohner indessen, obwohl er ebenso viele Runzeln trug, schien rein und gesund. Die Wand und der Weise bestanden aus demselben Stoff: aus Kalk und Staub; beide waren sie alt; aber der rohe Lehm der Mauer trug keinen gemalten Glanz, der die fleckigen und mürben Stellen verdeckte und sie, obwohl sie im Kern morsch war vor Alter, außen frisch erscheinen ließ – der lebendige Staub und Kalk des Weisen hingegen trug die Fresken seiner unverwüstlichen Seele.

Das Wetter war warm, und die Fliegen summten im Zimmer wie um ein altes westindisches Faß auf dem Kai. Aber der weise Bewohner saß kühl und ruhig in der Mitte. Er war entrückt in die andere Welt seiner Pläne und Gedanken und ließ sich von diesen Insekten ebensowenig stören wie von den Mühen und Sorgen des Tages. Er war ein erfreulicher Anblick, dieser heitere, gelassene und ausgereifte Philosoph, der den Mann auf der Straße scharf beobachtete und lange über ihn nachgedacht hatte und zuletzt, von all diesen merkwürdigen Instrumenten, Karten und Büchern umgeben, ein so wunderbarer Weiser geworden war. Da saß er, ruhevoll unter den ruhlosen Fliegen, und die Seiten des alten zerschundenen Folianten, dunkel und rauh wie mit alter Eichenrinde eingebunden, rauschten unter dem Umwenden wie die Blätter im mittäglichen Wald. Es war, als müsse diese ernste und frischwangige Persönlichkeit übernatürliches Wissen besitzen, zumindest aber weitgespannte Voraussicht, gefälligen Witz und tatkräftige Weisheit. Das hohe Alter schien ihn keineswegs abgestumpft, sondern eher geschärft zu haben, so wie alte Tischmesser – wenn sie aus gutem Stahl sind – vom langen Gebrauch scharf, lanzenspitz und elastisch wie Fischbein werden. Indessen, obwohl er trotz seiner zweiundsiebzig Jahre (das war sein wirkliches Alter zu jener Zeit) ein lebhaftes und kräftiges Aussehen hatte, bot er doch irgendwie den Eindruck vorsintflutlichen Alters: nicht nach den Jahren des Kalenders, sondern nach denen der Weisheit gemessen. Sein weißes Haar, seine sanfte Stirn kündeten von Vergangenheit ebenso wie von der Zukunft. Er mochte hundertundvierzig Jahre zählen; das heißt siebzig Jahre des Vorausblickens zu siebzig der Erinnerung gerechnet, was genau hundertundvierzig ergibt.

Als jedoch Israel hereintrat, wurde ihm hiervon nichts bewußt, denn der Weise wandte ihm den Rücken zu, nicht das Gesicht. So betrat unser Kurier, nur auf seinen Auftrag bedacht, erhitzt und noch voller Eile von seinem Lauf, das Zimmer und war zunächst weder davon noch von dessen Bewohner sonderlich beeindruckt.

»Bonjour, bonjour, Monsieur«, sagte der Denker mit heiterer Stimme, war aber zu beschäftigt, um sich gleich umzuwenden.

»Wie geht es Ihnen, Doktor Franklin?« fragte Israel.

»Oho – ich rieche Mais!« sagte der Doktor und drehte sich schnell auf seinem Stuhl herum. »Ein Landsmann! Setzen Sie sich, lieber Herr. Nun, was für Nachrichten bringen Sie? Etwas Besonderes?«

»Einen Augenblick bitte, Sir«, sagte Israel und ging quer durch das Zimmer zu einem Stuhl. Nun lag aber kein Teppich auf dem Fußboden, der aus dunkelfarbigen Holzrhomben zusammengesetzt und nach französischer Sitte mit Wachs eingerieben war. Als Israel diesen schlüpfrigen, ungewohnten Boden betrat, rutschten seine Füße aus, als ginge er auf Eis, und beinahe wäre er gefallen.

»Mir scheint, Ihre Stiefel haben reichlich hohe Absätze«, sagte der praktische Alte, nachdem er sie scharf durch seine Brille betrachtet hatte. »Wissen Sie nicht, daß solche hohen Absätze nicht nur eine Lederverschwendung sind, sondern auch eine Gefahr für Ihre Glieder? Ich habe schon erwogen, bei erster Gelegenheit ein kleines Pamphlet gegen diesen Mißbrauch abzufassen. Aber sagen Sie, was machen Sie denn jetzt? Lieber Freund, drücken Ihre Stiefel, daß Sie den Fuß so hoch aufheben müssen?«

Israel hatte sich niedergelassen und legte gerade in diesem Augenblick seinen rechten Fuß über das linke Knie.

»Wie närrisch von einem vernunftbegabten Wesen«, fuhr der Weise fort, »enge Schuhe zu tragen. Hätte die Natur dem Menschen so etwas zugedacht, würde sie den Fuß aus festem Knochen oder vielleicht aus reinem Eisen gemacht haben, statt aus Knochen, Muskeln und Fleisch. Aha – jetzt begreife ich. Halt!«

Der ehrwürdige Weise sprang auf seine Pantoffeln, lief zur Tür und schob den Riegel vor. Dann zog er am Fenster, das auf der anderen Seite des Hofes verschiedene Fenster gegenüber hatte, sorgfältig den Vorhang zu und bat Israel, mit seinen Anstalten fortzufahren.

»Diesmal habe ich mich geirrt«, sagte der Doktor lächelnd, während Israel seine Papiere aus ihrem ungewöhnlichen Versteck hervorzog. »Ihre hohen Absätze sind nicht bloß Eitelkeit, sie scheinen voller Bedeutung.«

»Allerdings, ziemlich voll«, sagte Israel und reichte die Papiere hinüber. »Eben erst bin ich nur knapp damit durchgekommen.«

»Wieso? Wie kam das?» fragte der Weise, eifrig die Papiere betastend.

»Also, als ich auf der Steinbrücke über die *Sien* war –«

»Seine«, unterbrach ihn der Doktor. Er sprach es

französisch aus. »Wenden Sie ein neues Wort stets beim ersten Mal richtig an, mein Freund, dann werden Sie es später niemals falsch gebrauchen.«

»Also, ich kam über die Brücke da, und da ruft mich doch einer an, ein Mann von verdächtigem Aussehen, der unter dem Vorwand, mir die Schuhe zu putzen, heimlich die Absätze abschrauben und diese ganzen kostbaren Papiere stehlen wollte, die ich Ihnen gebracht habe.«

»Guter Freund«, sagte der würdige Alte und betrachtete forschend seinen Gast, »haben Sie wohl einmal harte Zeiten durchmachen müssen? Sind Sie von Ihren Mitmenschen bedrängt und verfolgt und schimpflich behandelt worden?«

»O ja, Doktor. Das habe ich erlebt.«

»Ich dachte es mir. Üble Erfahrungen haben Ihnen ein übles Mißtrauen eingebracht, guter Freund. Der umfassende Zweifel am Menschen ist die schlimmste Folgerung aus einer bedauernswerten Lage, sei man nun schuldig oder unschuldig hineingeraten. Und obwohl Mangel an Mißtrauen einem Menschen öfter zum Schaden werden kann als Mangel an Vernunft, ist zuviel Mißtrauen genauso schlimm wie zuwenig Vernunft. Der Mann, den Sie da getroffen haben, mein Lieber, hatte wahrscheinlich gar nichts Böses im Sinn, er wußte weder von Ihnen etwas noch von Ihren Absätzen. Er wollte einfach zwei Sous verdienen, indem er Ihnen die Schuhe putzte. Solche Schuhputzer lassen sich immer auf der Brücke nieder.«

»Dann tut es mir leid, daß ich seinen Kasten umstieß und weglief. Aber er hat mich nicht eingeholt.«

»Wie? Wackerer Freund, Sie haben doch nicht etwa, mit der Beförderung wichtiger Geheimnachrichten betraut, so unklug gehandelt, daß Sie in den Straßen der

Hauptstadt, in die man Sie eigens geschickt hat, den Kasten eines harmlosen Mannes umgeworfen haben?«

»Doch, Doktor. Das habe ich getan.«

»Handeln Sie nie wieder so unverständig. Bedenken Sie, was daraus hätte werden können, wenn Sie der Polizei in die Hände gefallen wären!«

»Ich sehe es ein, Doktor, es war unvernünftig von mir. Aber verstehen Sie, ich dachte, er hat nichts Gutes vor.«

»Und nur weil Sie denken, er *will* etwas Böses, müssen Sie gleich Böses *tun.* Das ist eine traurige Logik. Nun lassen sie sich durch den Kopf gehen, was ich Ihnen gesagt habe, indes ich mir diese Papiere ansehe.«

Nach einer halben Stunde legte der Doktor die Dokumente beiseite und wandte sich Israel wieder zu. Er nahm gelassen seine Brille ab und begann, ihm in der freundlichsten und vertraulichsten Art eine bis ins einzelne gehende väterliche Lektion über die unbesonnene Handlung zu halten, die er sich auf dem Pont Neuf hatte zuschulden kommen lassen. Er schloß damit, daß er seine Börse zog, Israel drei kleine Silbermünzen in die Hand drückte und ihm auftrug, noch an diesem Tag den Mann zu suchen, für den unglücklichen Irrtum um Entschuldigung zu bitten und ihn wiedergutzumachen.

»Wir alle, guter Freund, fuhr der Doktor fort, »unterliegen Irrtümern, und die größte Kunst, die man im Leben lernen muß, ist die Wiedergutmachung von Irrtümern. Eines der Mittel ist, sie einzugestehen. Also bezahlen Sie dem Mann den Schaden, den Sie seinem Kasten zugefügt haben. Und nun zu Ihnen! Wer sind Sie? Meine Korrespondenten nennen Ihren Namen, Israel Potter, und fügen hinzu, Sie seien Amerikaner, ein entflohener Kriegsgefangener, aber weiter nichts. Ich möchte Ihre Geschichte aus Ihrem eigenen Munde hören.«

Israel begann unverzüglich und erzählte dem Doktor alle Abenteuer, die er bis jetzt erlebt hatte. Als er am Ende war, sagte der Doktor: »Ich nehme an, Sie möchten zu Ihren Freunden jenseits des Meeres zurückkehren?«

»So ist es, Doktor«, sagte Israel.

»Nun, ich glaube, ich werde Ihnen eine Überfahrt ermöglichen können.«

Israel strahlte vor Freude. Der sanftmütige Weise nahm es zur Kenntnis und fuhr fort: »Aber die Zeitläufte sind ungewiß. Man soll sich von erfreulichen Aussichten nicht hinreißen lassen und dem Unglück gefaßt entgegensehen. Soviel hat mich das Leben gelehrt, lieber Freund.«

Israel kam sich vor, als sei ihm ein Plumpudding vor die Nase gehalten und schnell wieder weggezogen worden.

»Wahrscheinlich werde ich Sie in zwei oder drei Tagen mit einigen Papieren zu den Leuten zurückschikken, die Sie zu mir gesandt haben. In diesem Fall müssen Sie noch einmal herkommen, und dann, mein Lieber, werden wir sehen, was sich für Ihre Rückkehr tun läßt.«

Israel bedankte sich überschwenglich, aber der Doktor unterbrach ihn.

»Mein Freund, man kann zwar Gott nie genug danken, aber einem Menschen gegenüber soll man es in Maßen halten. Niemand kann seinem Nächsten soviel Gutes tun, daß er unendlichen Dank verdient hätte. Übertriebene Dankbarkeit kann den Helfer eitel oder anmaßend machen. Wenn ich Ihnen behilflich bin, nach Hause zu kommen – vorausgesetzt, daß es tatsächlich in meiner Macht liegt –, so erfülle ich nur meine amtliche Pflicht als Gesandter unseres gemeinsamen Vaterlandes. Sie schulden mir also überhaupt nichts, außer dem Betrag, den ich Ihnen eben gegeben habe. Aber dies Geld können Sie, statt es mir zurückzuzahlen, der ersten Kriegerwitwe geben, der Sie zu Hause begegnen. Vergessen Sie es ja nicht; es ist eine Schuld, eine geldliche Verpflichtung gegen mich. In Yankeewährung wird es ungefähr ein Vierteldollar sein. Denken Sie daran: ein Vierteldollar. Lieber Freund, seien Sie in Geldsachen immer so genau wie ein Sekundenzeiger, gleichviel, um wen es sich handelt, ob um Ihren Vater oder einen Fremden, einen Bauern oder einen König: Seien Sie genau, bis aufs Tüpfelchen Ihrer Ehre.«

»Gut, Doktor«, sagte Israel, »da Genauigkeit in diesen Angelegenheiten so nötig ist, erlauben Sie mir, meine Schulden mit denselben Münzen zu begleichen, die Sie mir geliehen haben. Dann wird kein Irrtum möglich sein. Dank meiner Freunde in Brentford besitze ich genug eigenes Geld, um den Schuhputzer auf der Brücke zu entschädigen. Ich habe es von Ihnen nur angenommen, weil ich dachte, wenn es so freundlich angeboten wird, kann man es nicht gut ablehnen.«

»Wackrer Freund«, sagte der Doktor, »Ihre gerade Art gefällt mir. Ich nehme das Geld zurück.«

»Hoffentlich ohne Zinsen, Doktor«, sagte Israel.

Der Weise blickte milde über seine Brille hinweg auf Israel und erwiderte: »Mein Lieber, erlauben Sie sich niemals, über Geldangelegenheiten zu scherzen. Weder bei Begräbnissen noch bei geschäftlichen Unternehmungen sind Späße am Platze. Das Geschäft zwischen uns beiden mag Ihnen vielleicht geringfügig scheinen, aber in Kleinigkeiten können wichtige Grundsätze ans Licht treten. Doch genug für jetzt. Sie sollten am besten gleich hingehen und den Schuhputzer ausfindig machen. Wenn Sie mit ihm fertig sind, kommen Sie hierher zurück. Dann wird neben meinem Zimmer eins für Sie vorbereitet sein, in dem Sie sich aufhalten müssen, solange Sie in Paris sind.«

»Aber ich dachte, ich könnte mir die Stadt ein bißchen ansehen, bevor ich nach England zurückgehe«, sagte Israel.

»Erst die Geschäfte, dann das Vergnügen, mein Lieber. Sie müssen unbedingt in Ihrem Zimmer bleiben, ganz als ob Sie mein Gefangener wären, bis Sie nach Calais aufbrechen. Da ich noch nicht weiß, wann ich Sie losschicken werde, kann ich auf Ihre Anwesenheit nicht verzichten. Aber wenn Sie von Brentford zurückkehren und nichts dazwischenkommt, werden Sie Gelegenheit haben, diese berühmte Stadt zu besichtigen, bevor Sie sich nach Amerika einschiffen. Gehen Sie nun unverzüglich und zahlen Sie den Schuhputzer aus. Halt, haben Sie den abgezählten Betrag zur Hand? Ziehen Sie nicht auf offener Straße Ihr ganzes Geld aus der Tasche.«

»Doktor«, sagte Israel, »so einfältig bin ich nicht.«

»Aber Sie haben den Kasten umgestoßen.«

»Das war Tapferkeit, Doktor.«

»Tapferkeit für eine armselige Sache ist der Gipfel der Einfalt, mein Freund. – Zählen Sie Ihr Kleingeld ab, Sie müssen den Mann in französischer Währung bezahlen, nicht in englischer. So, das wird genug sein – diese drei Münzen reichen aus. Stecken Sie sie nicht in die Tasche, in der Sie Ihr übriges Geld haben. Nun laufen Sie, daß Sie zur Brücke kommen.«

»Soll ich irgendwo einkehren und etwas essen, wenn ich zurückkomme, Doktor? Auf dem Weg hierher habe ich verschiedene Garküchen gesehen.«

»Man nennt sie hier Cafés und Restaurants, lieber

Freund. Sagen Sie, verfügen Sie über ein ansehnliches Vermögen?«

»So sehr ansehnlich ist es nicht«, sagte Israel.

»Ich dachte es mir. Wo man wenig Wein trinkt, empfiehlt es sich, gelegentlich auf Kosten eines Freundes in einem Restaurant zu essen; aber wenn ein armer Mann auf eigene Rechnung auswärts ißt, wirtschaftet er schlecht. Wer sein Essen zu Hause haben kann, soll nicht auswärts essen gehen. Halten Sie sich unterwegs nirgends auf, sondern kommen Sie geradewegs hierher zurück; dann werden Sie mit mir zu Hause essen, kostenlos.«

»Meinen ergebensten Dank, Doktor.«

Und Israel machte sich auf den Weg zum Pont Neuf. Nachdem er hier seinen Auftrag erledigt hatte, ging er zu Dr. Franklin zurück. Der würdige Gesandte erwartete ihn schon mit einem Mahl, das er nach seiner Gewohnheit aus einem Restaurant in der Nähe hatte schicken lassen. Es waren zwei Gedecke aufgelegt, Gast und Gastgeber setzten sich ohne Aufwartung. Es gab nur einen einzigen Gang, gekochtes Hammelfleisch mit grünen Bohnen; Brot und Kartoffeln machten das Gericht vollständig. Neben dem verehrenswürdigen Gesandten stand eine durchsichtige Glaskaraffe, die ein farbloses Getränk enthielt.

»Erlauben Sie, daß ich Ihr Glas fülle«, sagte der Weise.

»Es ist Weißwein, nicht wahr?« sagte Israel.

»Weißwein vom ältesten Jahrgang. Ich trinke damit auf Ihre Gesundheit, lieber Freund.«

»Ach, das ist ja einfaches Wasser«, sagte Israel, als er gekostet hatte.

»Einfaches Wasser ist ein vorzügliches Getränk für einfache Leute«, antwortete der Weise.

«Ja«, sagte Israel, »aber Squire Woodcock schenkte mir Perry ein, und der Herr in White Waltham Portwein, und andere Freunde haben mir Branntwein vorgesetzt.«

»Nun gut, mein Lieber. Wenn Sie Perry und Portwein und Branntwein schätzen, müssen Sie warten, bis Sie wieder zu Squire Woodcock oder dem Herrn in White Waltham und den anderen Freunden kommen, dann werden Sie all das trinken können. Aber solange Sie bei mir sind, werden Sie einfaches Wasser trinken.«

»Es scheint so, Doktor.«

»Was meinen Sie, wieviel ein Glas Portwein kostet?«

»Ungefähr drei Penny englisch, Doktor.«

»Das wird wohl ein mäßiger Portwein sein. Und wieviel Brot kann man für drei Penny englisch kaufen?«

»Drei Pennybrötchen, Doktor.«

»Wieviel Glas Portwein kann man nach Ihrer Meinung zu einer Mahlzeit trinken?«

»Der Herr in White Waltham trank zu jedem Mittagessen eine Flasche.«

»Eine Flasche faßt genau dreizehn Glas – das macht neununddreißig Pennies, wenn wir einen schlechten Wein annehmen. Wäre er vom besten (und ein gesunder Mann sollte nur solchen trinken, weil er am wenigsten Gift enthält), dann wäre es die vierfache Summe, das sind hundertsechsundfünfzig Pennies oder achtundsiebzig Brötchen zu zwei Pennies. Was meinen Sie, wäre es nicht etwas ausgefallen, wenn ein Mann bei einer einzigen Mahlzeit achtundsiebzig Zweipennybrötchen essen wollte?«

»Aber Doktor, er hat doch eine Flasche Wein getrunken und nicht achtundsiebzig Zweipennybrötchen gegessen.«

»Er trank den Geldeswert, was soviel ist, als hätte

er die Brötchen selbst getrunken; denn Geld ist Brot.«

»Aber er hat ja auch eine Menge Geld, Doktor.«

»Was man besitzt, besitzt man, um es zu verschenken. Schenkt dieser Herr viel weg von seinem Geld?«

»Nicht daß ich wüßte, Doktor.«

»Dann meint er, er hätte nichts übrig; und wenn er meint, er hätte nichts übrig, und doch jeden Tag so verschwenderisch sein Geld hinunterschluckt auf diese Weise, dann will mir scheinen, er widerspricht sich selbst und ist darum kein gutes Beispiel für einfache und vernünftige Leute wie Sie und mich. Mein wackrer Freund, wenn Sie arm sind, meiden Sie den Wein als kostspieligen Luxus; sind Sie reich, meiden Sie ihn als verhängnisvolle Lässigkeit. Halten Sie sich an das einfache Wasser. Wenn Sie jetzt Ihre Mahlzeit beendet haben, mein Freund, können wir uns vom Tisch erheben; es gibt keinen Kuchen. Kuchen ist vergiftetes Brot. Bleiben Sie ein einfacher Mensch, halten Sie sich an einfache Dinge. Und jetzt, mein Lieber, muß ich mich bis neun Uhr zurückziehen, dann werde ich wieder zu Ihrer Verfügung sein. Sie können inzwischen in Ihr Zimmer gehen. Ich habe den anstoßenden Raum für Sie herrichten lassen. Aber Sie dürfen nicht untätig sein. Hier haben Sie den ›Almanach des Armen Richard‹, den ich Ihnen im Zusammenhang mit unserer letzten Unterhaltung zur gründlichen Lektüre empfehle. Außerdem ist hier ein Reiseführer durch Paris in englischer Sprache, den Sie lesen können. Studieren Sie ihn fleißig, so daß Sie, wenn Sie aus England zurückkommen und Gelegenheit haben, Paris zu durchstreifen und seine Sehenswürdigkeiten zu bewundern, mit den wichtigsten Örtlichkeiten und ihrer Geschichte bereits vertraut sind. In dieser Welt muß man Kenntnisse erwerben, bevor man sie braucht, ebenso wie unsere Landsleute in Neuengland ihre Winterfeuerung in der einen Jahreszeit sammeln, um sie in der nächsten zu verbrauchen.«

Mit diesen Worten geleitete der schlichte Weise und Plato für den Hausgebrauch seinen bescheidenen Gast zur Tür und bezeichnete ihm, auf dem Korridor stehenbleibend, das für ihn vorgesehene Zimmer.

8

Worin einiges über Dr. Franklin und das Quartier Latin gesagt wird

Der Gesandte Amerikas, sowohl der Zeit als dem Verdienst nach der erste, war nicht weniger für die ländliche Schlichtheit seiner Sitten als für die anmutige Beweglichkeit seines Geistes berühmt. Von einem gewissen Standpunkt gesehen, war Benjamin Franklin etwas ursprünglich Morgenländisches eigen. Tatsächlich fehlt es auch nicht an einem biblischen Gegenbild. Die Geschichte des Erzvaters Jakob zieht uns nicht nur an wegen der uneigennützigen Frömmigkeit, die wir ihm zuschreiben müssen, sondern auch wegen der tiefen Weltweisheit und der italienischen Glätte des Takts, die unter einer arkadischen Unbefangenheit hervorschimmern. Der Diplomat und der Schafhirt sind miteinander vermischt. Eine nicht ungerechtfertigte Verbindung: die apostolische Schlange mit der Taube. Ein sonnenverbrannter Machiavell, der in Zelten lebt.

Zweifellos hat Jakob ungeachtet seines Ranges, als Fürst mit wanderndem Herrensitz, Hausleinwand getragen – und wem wäre der einfache Rock des sparsamen Gesandten nicht vertraut?

Franklin ist ein Mensch aus einem Guß. Er kleidet sich, wie er seinen Stil formte: klar und sauber, ohne Nachlässigkeit und ohne Entbehrliches. In einigen seiner Werke wird sein Stil nur von den unvergleichlichen Sätzen eines Hobbes von Malmsbury, dem Muster der Klarheit, übertroffen. Die geistigen Haltungen Hobbes' und Franklins gleichen einander in mehreren Punkten, von denen besonders einer hervorzuheben ist. Denn wenn man von den Unterschieden der Nationalität und des Zeitalters absieht, so bietet die Geschichte kaum ein Beispiel dreier Männer, die einander verwandter sind als Jakob, Hobbes und Franklin: drei mit einem labyrinthischen Gehirn begabte, aber redliche Quäkernaturen, Politiker und Philosophen zugleich, mit einem scharfen Blick für den größten Vorteil, gewitzte Höflinge, wahrhaftige Zauberer in Leinenkitteln.

Es entsprach der grundsätzlichen Haltung Doktor Franklins, daß er während seiner Zeit am französischen Hof nicht in den Faubourgs der Aristokratie wohnte. Eine seinen wollenen Kniehosen und seinen wissenschaftlichen Neigungen angemessene Behausung glaubte er eher auf dem anderen Ufer der Seine zu finden, wo das Quartier Latin, der Sitz der Gelehrsamkeit und der Sparsamkeit, den philosophischen ›Armen Richard‹ eigens in seine ehrwürdigen Klausen einzuladen schien. Hier ging an grauen feuchtkühlen Novembermorgen der magere Metaphysiker in seinen Pantoffeln im dunkelwandigen Geviert der alten Sorbonne auf und ab, um über das Thema seiner nächsten Vorlesung nachzudenken, und vergaß für den Augenblick, daß seine erhabenen Gedanken und sein fadenscheiniger Anzug in ganz Europa berühmt waren. Zur selben Zeit war in den abgenutzten Räumen darüber irgendein Chemiker in zerrissenen Hauskleidern, mit erdiger Gesichtsfarbe und einer schmierigen grünen Binde über dem linken Auge, über Retorten und Schmelztiegel gebeugt, angestrengt bei der Arbeit, um neue Antipathien der Säuren zu entdecken, und setzte sich abermals der Gefahr einer unvorhergesehenen Explosion aus wie jener einen, durch die er den Gebrauch des linken Auges eingebüßt hatte. In den hohen Mietshäusern der benachbarten Straßen aber waren die armen jungen Studenten aus allen Gegenden Frankreichs beim Bügeln ihrer schäbigen Dreispitze, oder sie schwärzten die Nähte ihrer Beinkleider mit Tinte, bevor sie mit ihren rosabebänderten Grisetten im Jardin du Luxembourg spazierengingen.

Vor alters der Sitz der Vornehmen, bewahrt das Quartier Latin noch viele alte Gebäude, deren stattliche Architektur sonderbar von der anspruchslosen Lebensweise ihrer jetzigen Bewohner absticht. An manchen Stellen ist es so düster und öde, als wohnten dort nur Mönche und Wundertäter. In diesen engen, einsamen Gassen, langen Fluchtlinien der Verlassenheit, von gewaltigen stummen Gebäudemassen aus Gewölben, Eisengittern, dunkelgrauem Stein umstanden, wartet man beinahe darauf, Paracelsus zu begegnen oder um die nächste Ecke den Bruder Bacon biegen zu sehen, der eine gräßliche Phiole mit alchimistischem Elixier in der Hand hält.

Aber nicht alle Miethäuser sind so unheimlich. Um von den Bauten aus verhältnismäßig naher Zeit nicht zu sprechen – jene des höheren Standes, so streng ihr Äußeres ist, zeigen in ihrer Innenausstattung doch mehr oder weniger einen heiteren, weiblichen Geschmack. Die verschönernde, begütigende, beschützende Hand der Frau ist in allen Innenräumen dieser Weltstadt zu spüren. Wie Augustus Cäsar die Stadt Rom, so hat ganz offensichtlich die französische Frau die Stadt Paris geprägt. Ihre Hand ist ebensowenig zu verkennen wie die Hand der Natur. Manchmal freilich übertreibt sie, wie die Natur in der Pfingstrose, oder sie läßt es an etwas fehlen, wie die Natur bei der Brombeere, oder, und das ist am häufigsten, sie geht etwas liederlich zu Werke, wie die Natur mit der Quecke.

In dieser geistesverwandten Nachbarschaft des Quartier Latin, in einem altertümlichen Gebäude von der erwähnten Art, auf halbem Wege zwischen dem Palais der Schönen Künste und der Sorbonne, schlug der ehrwürdige Gesandte Amerikas seine Zelte auf, wenn er die Zeit nicht auf seinem Landsitz in Passy verbrachte. Seine einfache Lebensweise schadete ihm in dieser prunkvollsten aller Hauptstädte, wo sogar noch die Eisengitter vergoldet sind, nicht einmal in der Meinung der Lebeleute. Der alte und weise Franklin gefiel den Frauen nicht weniger als den Männern. Nicht nur die erlesensten Literaten von Paris verehrten ihn; der Zweiundsiebzigjährige war auch beliebt und umworben bei den vornehmsten Schönheiten des Hofes, die ihm anfangs in einer sinnlosen Mode als dem berühmten Gelehrten zugeströmt waren und nun von der platonischen Eleganz seines Humors in dauernder Bewunderung festgehalten blieben. Nachdem er die Welt sorgfältig abgeschätzt hatte, konnte Franklin jede Rolle in ihr spielen. Von Natur der Wissenschaft zugeneigt, war er zwar oft streng gestimmt, jedoch niemals unfreundlich. Bisweilen konnte er Ernst zeigen, einen außergewöhnlichen Ernst: gegen andere, gegen sich selbst nie. Dafür besaß er Gelassenheit. Diese philosophische, heitere Gelassenheit zeigt sich etwa in der unbekümmerten

Vielfalt seiner Beschäftigungen. Buchdrucker, Postmeister, Kalendermacher, Artikelschreiber, Redner, Klempner, Staatsmann, Humorist, Philosoph, Liebling der Gesellschaft, Nationalökonom, Haushaltslehrer, Gesandter, Plänemacher, Aphoristiker, Kräuterdoktor und Witzbold: ein Hans Dampf in allen Gassen, aller Gewerbe Meister und von keinem gemeistert, war er Beispiel und Genius seines Landes. Franklin war alles, nur kein Dichter. Aber da eine Persönlichkeit mit so vielen Eigenschaften, die an sich schon ein Handbuch der ganzen Menschheit darstellt, die Berührung mit mindestens ebenso vielen verschiedenen Menschen oder Gegenständen erfordert, um sich in ihrem ganzen Ausmaß zu zeigen, deshalb kann die Vielfältigkeit des Weisen in einer schlichten Erzählung wie dieser nur eben angedeutet werden. Die zufällige persönliche Begegnung mit Israel vermochte ihn nur in weniger bedeutenden Umständen zu zeigen: als einen sparsamen, häuslichen Mann, der mäßig im Essen ist und vielleicht an seiner Lehrhaftigkeit einen geheimen Spaß hat. In diesem Weisen steckte viel gutmütige Ironie, harmlose Bosheit. Wenn der Erzähler ihn hier in seinen weniger erhabenen Zügen abzuschildern sucht, so hat er eher das Gefühl, sich an die wollenen Hosen des Weisen zu halten, als ehrfürchtig den berühmten Hut in den Händen zu drehen, der einst orakelhaft auf seiner Stirn thronte.

So also lebte Doktor Franklin zu dieser Zeit im Quartier Latin. Und darum hielt auch Israel sich eine Weile im Quartier Latin auf. Und Israel war in ein Zimmer eines Hauses in diesem Quartier Latin verwiesen worden, als der Weise für einige Zeit ungestört sein wollte.

9

Israel wird in die Geheimnisse der Miethäuser im Quartier Latin eingeweiht

Israel schloß die Tür hinter sich, trat in die Mitte des Zimmers und sah sich neugierig um.

Ein dunkler Mosaikfußboden, jedoch ohne Teppich; zwei Mahagonistühle mit gestickten Sitzen, ziemlich abgenutzt; ein Mahagonibett mit einer bunten, aber verschossenen Steppdecke; ein Waschtisch aus geborstenem Marmor mit einer porzellanenen Wasserkanne ohne Henkel.

Das Zimmer war sehr geräumig; der weitläufige Teil des Hauses, in dem es lag, umschloß einen Hof und war ehedem die Wohnung eines Adligen gewesen. Die Größe des Zimmers ließ sein knappes Mobiliar recht kümmerlich erscheinen.

In Israels Augen jedoch wog der marmorne Kamin, ein verhältnismäßig neues Ausstattungsstück, mit seinem Zubehör alles übrige auf, und er bot ein wirklich prächtiges, in höchstem Maße einladendes Aussehen. Denn zunächst einmal schmückte ihn ein riesiger altmodischer Spiegel, viereckig, aus schwerem Glas, der wie eine Tafel in die Wand eingelassen war. Und darin spiegelten sich heiter die folgenden Kostbarkeiten: erstens zwei Blumensträuße in hübschen Porzellanvasen, zweitens ein Stück weiße Seife, drittens ein Stück rosa Seife (beide stark duftend), viertens eine Wachskerze, fünftens eine Zunderdose aus Porzellan, sechstens eine Flasche Eau de Cologne, siebentens eine Tüte mit Hutzucker, der zierlich in Würfelportionen zerteilt war, achtens ein silberner Teelöffel, neuntens ein Trinkglas, zehntens eine gläserne Karaffe mit kühlem, klarem

Wasser, elftens eine versiegelte Flasche, die eine stark farbige Flüssigkeit enthielt und mit der Aufschrift ›Otard‹ versehen war.

»Ich möchte nur mal wissen, was ›O-t-a-r-d‹ ist«, begann Israel im Selbstgespräch, das Wort langsam buchstabierend, »am liebsten würde ich nach nebenan gehen und Doktor Franklin fragen. Er weiß ja alles. Ich werde mal daran riechen. Ach, es ist ja versiegelt, der Geruch ist eingesperrt. Hübsche Blumen sind das. Wie riechen sie denn? Die haben ja auch keinen Geruch! Ach so, das sind solche, wie die Frauen sie am Hut tragen, so eine Art Kattunblumen. Hübsche Seife, das. Riecht wie – wie Seifenrosen, eine weiße und eine rote. Die Flasche da mit dem langen Hals sieht aus wie ein Kranich. Was mag wohl darin sein? Aha! E-a-u-d-e-C-o-l-o-g-n-e. Ob Doktor Franklin das wohl versteht? Es sieht aus wie sein Weißwein. Der Zucker ist sehr gut, wollen mal sehen, wie er schmeckt. O ja, der Zucker ist sehr gut, süß wie – ja, süß wie Zucker, viel besser als der Ahornzucker, den sie daheim machen. Aber ich kaue wohl zu laut, der Doktor wird mich hören. Und hier ist ein Teelöffel. Wozu wohl? Ich sehe weder Tee noch eine Tasse, aber hier ist ein Glas, und hier ist Wasser. Wollen mal nachdenken. Wenn man dies und das und jenes zusammensetzt, will mir scheinen, gibt es eine Art Alphabet, das etwas zu sagen hat. Teelöffel, Glas, Wasser, Zucker – Cognac! Ich hab's, O-t-a-r-d ist Cognac! Wer hat all diese Sachen hierhergestellt? Was bedeutet dies alles? Man stellt doch keinen Zucker zum Ansehen hin, ein Löffel und ein Krug Wasser sind keine Schmuckstücke. Das kann nur einen Sinn haben. Es ist die höfliche Aufforderung eines Unbekannten, mich mit einem Glas Branntwein und Zucker zu versorgen, wenn ich möchte, und wenn ich nicht mag, es bleiben zu lassen. So lese ich es. Ich hätte Lust, Doktor Franklin danach zu fragen; denn ich kann mich ja auch irren, und die Sachen gehören jemand anders und sind gar nicht für meinen Gebrauch bestimmt. Co-logne, was heißt das? Einerlei. Seife – mit Seife wäscht man sich. Seife brauche ich jedenfalls. Mal sehen. Nein, auf dem Waschtisch liegt keine Seife. Ich verstehe, in Paris wird die Seife nicht gratis an die Mieter abgegeben. Wenn du willst, nimm sie vom Kamin, und sie wird dir auf die Rechnung gesetzt. Willst du nicht, läßt du sie liegen und bezahlst auch nichts. Irgendwie finde ich das anständig. Aber für jemand, der sich keine Seife leisten kann, wäre es eine große Versuchung, wenn er zwei so schöne Stücke die ganze Zeit vor Augen hätte. Und weil ich gerade daran denke … der O-t-a-r-d sieht auch recht verführerisch aus. Ich kann ihn ja stehenlassen, wenn ich jetzt nichts davon möchte. Ich würde ihn gern probieren. Aber er ist versiegelt. Ich möchte mal wissen, ob ich dies Alphabet richtig verstehe? Wer weiß. Einen kleinen Schluck will ich wagen. Heraus mit dir, Korken. Horch!«

Es wurde hastig an die Tür geklopft.

Israel stellte die Flasche rasch hin und sagte: »Herein.«

Es war der Mann der Weisheit.

»Mein wackrer Freund«, sagt der Doktor, ehrwürdig und forsch eintretend, »ich war so beschäftigt, als Sie zum Pont Neuf gingen, daß ich mich nicht darum kümmern konnte, ob Ihr Zimmer ordentlich hergerichtet ist. Ich habe nur den Auftrag gegeben und ließ mir die Ausführung melden. Aber soeben fiel mir ein, daß die Pariser Wirtinnen einige seltsame Gepflogenheiten haben, die einen Fremden in Verlegenheit setzen können. Wenn ich hier also für einen Augenblick erscheine, kann ich manche Unverständlichkeit erklären.« Er blickte zum Kamin hin. »Es verhält sich wirklich, wie ich dachte.«

»Ach, Doktor, da fällt mir gerade ein: Was ist O-t-a-r-d, bitte?«

»Otard ist Gift.«

»Unerhört.«

»Ja, und ich denke, ich nehme ihn am besten gleich mit«, antwortete der Weise und nahm die Flasche geschäftsmäßig unter den Arm. »Ich hoffe, Sie benutzen nie Kölnisch Wasser, oder?«

»Was – was ist das denn, Doktor?«

»Ich verstehe. Sie haben nie von diesem sinnlosen Luxus gehört. Eine weise Unwissenheit. Sie kennen den Duft der Blumen in Ihren Bergen. Also werden Sie dessen auch nicht bedürfen« – und die Flasche Eau de Cologne verschwand unter dem anderen Arm. »Die Kerze – werden Sie haben müssen. Seife – brauchen Sie auch. Benutzen Sie das weiße Stück.«

»Ist es billiger, Doktor?«

»Jawohl, aber genausogut wie das andere. Nicht wahr, Sie knabbern doch niemals Zucker? Zucker ist schlecht für die Zähne. Ich werde ihn mitnehmen.« Damit ließ er die Tüte in eine seiner geräumigen Rocktaschen gleiten.

»Ach, nehmen Sie doch am besten gleich das ganze Mobiliar mit, Doktor Franklin. Ich werde Ihnen helfen, die Bettstelle hinauszutragen.«

»Wackrer Freund«, sagte der Weise und blieb feierlich stehen, die beiden Flaschen wie Schwimmblasen in den Achselhöhlen, »wackrer Freund, die Bettstelle werden Sie nötig haben; hingegen brauchen Sie nicht, was ich mitzunehmen gedenke.«

»Ich habe nur Spaß gemacht, Doktor.«

»Ich weiß. Es ist eine schlechte Gewohnheit, außer im rechten Moment und mit dem richtigen Mann. Die Sachen auf dem Kaminsims hat die Wirtin hergestellt für den Fall, daß sie gebraucht würden; im anderen Fall sollten sie unberührt bleiben. Wenn morgen früh das Stubenmädchen kommt, um Ihr Bett zu machen, würde es alle offenbar unberührten Sachen mitnehmen, und der Rest käme auf die Rechnung, einerlei, ob Sie sie ganz verbraucht haben oder nicht.«

»Ganz wie ich es mir dachte. Warum sparen Sie sich dann nicht die Mühe und lassen die Flaschen stehen, Doktor?«

»Ja, warum wohl? Guter Freund, sind Sie nicht mein Gast? Es wäre unhöflich von mir, wenn ich zuließe, daß eine dritte Person Ihnen hier, also sozusagen unter meinem eigenen Dach, überflüssige Aufmerksamkeiten erweist.«

Der Weise sprach diese Worte im sanftesten und freundlichsten Ton. Als er geendet hatte, machte er Israel eine kleine, verbindliche Verbeugung.

Seine leutselige Liebenswürdigkeit bestach Israel, und er ließ ihn ohne weiteren Einwand mit den Flaschen und dem übrigen aus dem Zimmer gehen. Erst als der Eindruck von der Milde des ehrwürdigen Gesandten nachließ, begann Israel die sanfte Überlegenheit einer erfolgreichen Diplomatie zu ahnen, die hinter seinen angenehmen Manieren lauerte.

Ach, grübelte Israel, trübselig vor dem geplünderten Kamin sitzend, das leere Glas und den Teelöffel in der Hand, es ist unerfreulich, neben einem Doktor Franklin zu wohnen. Ich würde wohl wissen wollen, ob er mit allen Gästen so verfährt. Wie die O-t-a-r-d-Verkäufer und die Kuchenbäcker ihn hassen müssen! Ich hätte gern eine gute Pastete, um die Zeit zu vertreiben. Ob es wohl Kürbispasteten in Paris gibt? Also ich muß nun die ganze Zeit in diesem Zimmer bleiben. Wie man es auch nimmt, ein Gefangener bleibe ich immer. Einerlei, schließlich bin ich ein Gesandter, das ist auch etwas. Horch! Da ist der Doktor wieder. – »Herein.«

Statt eines ehrwürdigen Doktors trippelte jedoch eine junge Französin herein, mit rosigen Wangen, bunten Bändern im Häubchen, lebhaft und anmutig bis in die Fingerspitzen. Die entzückendste kleine Kammerjungfer von Paris. Kunstvoll hergerichtet, aber ein Bild der Natürlichkeit.

»Pardon, Monsieur!«

»Oh, ich pardonge gern«, sagte Israel. »Wollten Sie den Gesandten sprechen?«

»Monsieur, ist der – der«, aber hier brach sie ihren Versuch, englisch zu sprechen, schon ab und überschüttete ihn mit einem endlosen sprudelnden Strom Französisch, dessen Zweck es war, dem Fremden verschwenderisch Komplimente zu machen und manche zarte Frage zu stellen, ob er angenehm untergebracht sei und ob vielleicht noch irgend etwas, sei es so geringfügig wie auch immer, zu seiner völligen Bequemlichkeit fehle. Aber Israel begriff zunächst nichts, nur die ungewöhnliche Anmut und die entzückend hübsche Erscheinung des Mädchens.

Sie blickte ihn noch eine Weile an, mit einem Ausdruck theatralischer Verzweiflung, zögerte ein wenig und trippelte endlich mit einem Schwall unverständlicher Redensarten und Entschuldigungen aus dem Zimmer, wie eine Fee. Kaum war sie gegangen, begann Israel über einen gewissen merkwürdigen Blick des Mädchens nachzudenken. Ihm schien, er habe den schönen Besuch mit seinem Verhalten irgendwie, unerklärlich wie, enttäuscht. Es berührte ihn auffällig, daß sie so freundlich und liebenswürdig gekommen war und sich zurückgezogen hatte, als sei sie gekränkt, mit einer spöttischen und verächtlichen Flüchtigkeit, deren betonte Höflichkeit nur um so verletzender war.

Sie war noch nicht lange verschwunden, als ein Geräusch auf dem Korridor ihm verriet, daß sie auf ihrem eiligen Rückzug irgendwo angestoßen haben mußte. Im nächsten Augenblick hörte er, wie im anstoßenden Zimmer ein Stuhl gerückt wurde, und schon klopfte es wieder an seine Tür. Diesmal *war* es der Weise.

»Mein wackerer Freund, haben Sie nicht soeben Besuch gehabt?«

»Ja, Doktor, ein recht angenehmes Mädchen sprach bei mir vor.«

»Schön, ich komme nur, um Sie über einen weiteren seltsamen Brauch von Paris aufzuklären. Das Mädchen ist die Kammerjungfer, aber sie beschränkt sich nicht ganz auf das eine Gewerbe. Hüten Sie sich vor den Pariser Kammerjungfern, wackrer Freund. Soll ich dem Mädchen in Ihrem Namen sagen, daß Sie ihr nicht die Mühe zumuten wollen, so viele Treppen hinauf- und hinunterzusteigen, und darum künftig auf ihre Höflichkeitsbesuche verzichten wollen?«

»Aber Doktor Franklin, sie ist doch ein süßes kleines Mädchen.«

»Ich weiß, mein wackerer Freund; aber je süßer, desto gefährlicher. Arsenik ist süßer als Zucker. Ich weiß, Sie sind ein sehr verständiger junger Mann, der sich nicht von einer listenreichen Ammoniterin berücken läßt, und darum meine ich, ich bestelle Ihre Botschaft am besten gleich.«

Mit diesen Worten zog der Weise sich zurück, und Israel saß wieder einmal griesgrämig vor dem geplünderten Kamin, dessen Spiegel das Bild der entzückenden Kammerjungfer nicht mehr zurückwerfen sollte.

»Jedesmal, wenn er kommt, nimmt er mir etwas weg«, sprach Israel kummervoll zu sich selbst, »und obendrein mit einer Miene, als machte er mir Geschenke. Wenn er mich für einen so verständigen jungen Mann hält, warum läßt er mich denn nicht allein auf mich achtgeben?«

Die Dämmerung kam heran, und Israel zündete die Wachskerze an, um in seinem Reiseführer zu lesen.

»Das ist eine kümmerliche Art, Sehenswürdigkeiten zu besichtigen«, murmelte er schließlich. »Ich sitze hier ganz allein, habe keine Gesellschaft als einen leeren Becher, lese von den Schönheiten in Paris und bin selbst ein Gefangener in Paris! Ich wünschte, es würde jetzt irgend etwas Außergewöhnliches geschehen – zum Beispiel, daß ein Mann zu mir käme und gäbe mir zehntausend Pfund. Aber hier haben wir ja den ›Armen Richard‹. Ich bin selbst ein armer Teufel, sehen wir also an, welchen Trost er einem Kameraden zu bieten hat.«

Er schlug das kleine Heft aufs Geratewohl auf, und sein Blick fiel auf die folgenden Sätze, die er laut las: »›Was bedeutet also das Warten und Hoffen auf bessere Zeiten? Wir machen diese Zeiten besser, wenn wir uns regen. Der Fleißige braucht nichts zu wünschen, und wer von der Hoffnung lebt, wird am Fasten sterben, wie der Arme Richard sagt. Ohne Fleiß kein Preis. Ich rühre die Hand, denn ich habe kein Land, wie der Arme Richard sagt.‹ Zum Kuckuck mit dieser Weisheit. Es ist geradezu beleidigend, einem Mann wie mir Weisheit zu predigen. Weisheit ist billig, aber das Glück ist teuer: das steht nicht im ›Armen Richard‹, aber hinein gehört es«, schloß Israel und warf das Heft unversehens fort.

Er ging im Zimmer auf und ab, betrachtete die künstlichen Blumen, ging wieder zum Tisch und nahm die beiden Bücher auf.

»Das hier ist also der ›Weg zum Wohlstand‹, und dies ist der ›Führer durch Paris‹. Jetzt möchte ich nur wissen, ob Paris am Weg zum Wohlstand liegt. Wenn ja, so bin ich auf der richtigen Straße. Es ist allerdings wahrscheinlicher, daß die Wege sich scheiden. Es sollte mich gar nicht wundern, wenn der Doktor etwas ganz Schlaues meinte, als er mir diese beiden Bücher gab. Der alte Herr hat einen erstaunlich schlauen Blick, es liegt eine gefährliche Schläue darin, will mir scheinen. Und seine Weisheit ist auch nicht frei von dieser Schläue. In allen Ehren, selbstverständlich. Ich glaube, er ist einer von diesen alten Herren, die eine ungeheure Menge Vernünftiges reden, und dahinter steckt dann noch so manches. Verlaß dich darauf, er ist schlau, schlau, schlau. Wie sagt der Arme Richard? ›Hilf dir selbst, so hilft dir Gott.‹ Darüber muß ich nachdenken. Soviel ist sicher, ein Baptist ist der Arme Richard nicht, wenn er auch in Pennsylvania gelebt hat. Diesen Spruch werde ich mir anstreichen und das Heft offen lassen, um später darauf zurückzukommen – oh!«

An dieser Stelle klopfte der Doktor an und lud Israel in sein eigenes Zimmer ein. Hier führten die beiden Männer nach einer Tasse dünnen Tees und ein wenig Röstbrot ein langes, vertrauliches Gespräch miteinander, bei dem Israel an der anspruchslosen Redseligkeit, der heiteren Weltkenntnis und der gütigen Liebenswürdigkeit des Weisen sein Vergnügen hatte. Aber den Raub des Eau de Cologne und des Otard konnte er ihm trotzdem kaum vergeben.

Als der Mann der Weisheit erfuhr, daß Israel in seiner Jugend auf einer Farm gearbeitet hatte, lenkte er das Gespräch schließlich ganz in diese Richtung; unter anderem erwähnte er seinem Gast eine seiner (des Doktors) Erfindungen, nämlich, die Ochsen in ein Joch zu schirren, das statt des Bolzens eine Springfeder hatte, wodurch die Befestigung des Gespanns am Wagen erheblich erleichtert wurde. Israel nahm großes Interesse an dieser Neuerung und nahm sich vor, sie sofort bei den Farmern einzuführen, wenn er wieder daheim in seinen Bergen war.

10

Ein anderer Abenteurer betritt die Bühne

Als sie gegen halb elf Uhr noch in diesem Gespräch zusammensaßen, klopfte die hübsche Kammerjungfer an die Tür und meldete kichernd, daß ein sehr grober Herr im Torweg warte und Doktor Franklin zu sprechen wünsche.

»Ein sehr grober Herr?« wiederholte der Weise. Er sah das Mädchen aufmerksam an. »Das heißt, es ist ein recht vornehmer Herr, der Ihnen energische Komplimente gemacht hat. Aber lassen Sie ihn heraufkommen, mein Kind«, setzte er väterlich hinzu.

Wenige Augenblicke später waren schnelle zierliche Schritte zu hören, denen wie auf der Jagd ein fester, männlicher Tritt folgte. Die Tür öffnete sich. Israel saß so, daß er durch den Spalt zwischen Tür und Angel sehen konnte, während die Tür wie eine Theaterkulisse für einen Augenblick zwischen Doktor Franklin und dem gerade eintretenden Besucher stillstand. Und durch diesen Spalt hatte Israel einen kurzen Einblick in eine kleine Nebenhandlung zwischen der hübschen Jungfer und dem Fremden hinter der Kulisse. Die lebhafte Nymphe schien ihm auf der Treppe kokett davongelaufen zu sein, zweifellos in schein-ängstlicher Flucht vor einem etwas zu großzügigen Entgegenkommen, aber endlich hatte sie sich doch einfangen lassen, bevor es zu spät war; und in dem Augenblick, als Israel ihrer ansichtig wurde, ertrug sie mit gespieltem Widerstreben einen derben Kniff in den Arm und einen noch derberen Kuß auf die Wange.

Im nächsten Moment verschwanden beide aus dem Bereich des Türspalts. Das Mädchen lief dahin zurück, woher es gekommen war; der Fremde wurde vorübergehend von der Tür verdeckt und trat ein. Als Israel ihn wieder zu Gesicht bekam, schien er sich in der kurzen Zeit seiner Unsichtbarkeit völlig verwandelt zu haben.

Er war ein eher kleiner, lebhafter Mann von dunklem Typ, der aussah wie ein enterbter Indianerhäuptling in europäischer Kleidung. Sein kühner, selbstbewußter Blick strahlte unbesiegliche, allerdings klug beherrschte Begeisterung aus. Er war bürgerlich elegant, wiewohl etwas ausgefallen gekleidet und gab sich mit einer urwüchsigen barbarischen Munterkeit, die überdies von den Pariser Salons zugeschliffen war. Seine gelbbraune Gesichtsfarbe kündete wie eine Dattel von tropischen Ländern. Eine bezaubernde Atmosphäre liebenswürdigen Stolzes und verachtungsvoller Einsamkeit umgab ihn, aber er hatte vom Dichter nicht weniger als vom Geächteten. Eine kühle und gelassene Unerschrockenheit spielte um seine Lippen. Er bot den Eindruck eines Menschen, der absichtlich die Gefahr sucht, und sah aus wie jemand, der sich noch nie untergeordnet hatte und sich niemals unterordnen würde.

Israel dachte bei sich, einem solchen Menschen sei er

kaum je begegnet. Er war modisch angezogen, aber er schien doch nicht ganz zivilisiert.

Unser Abenteurer war von der Erscheinung des Fremden so gefesselt, daß einige Zeit verging, bevor er wahrnahm, daß Doktor Franklin und sein Besucher sich wie alte Bekannte begrüßt hatten und einander nun in ernsthaftem Gespräch gegenübersaßen.

»Entscheiden Sie, wie es Ihnen beliebt, aber ich werde nicht länger warten wie ein Bittsteller«, sagte der Fremde bitter. »Der Kongreß hat mir versprochen, mir sofort nach meiner Ankunft hier das Kommando über die ›Indien‹ zu übertragen; aber jetzt habt ihr Bevollmächtigten, ohne einen mir irgend erfindlichen Grund, sie frisch vom Stapel in Amsterdam weg dem König von Frankreich geschenkt und nicht mir. Was soll der König von Frankreich mit einer solchen Fregatte anfangen? Und was könnte ich *nicht* damit anfangen? Geben Sie mir die ›Indien‹ zurück, und binnen einem Monat sollen Sie Sieges- oder Trauernachrichten von Paul Jones hören!«

»Beruhigen Sie sich, Kapitän«, entgegnete Doktor Franklin beschwichtigend. »Sagen Sie mir lieber, was würden Sie mit ihr anfangen, wenn Sie sie hätten?«

»Ich würde die Briten lehren, daß Paul Jones, wiewohl in Britannien geboren, kein Untertan des britischen Königs ist, sondern ein freier Bürger und Seefahrer der Welt; und weiterhin würde ich ihnen zeigen, daß, wenn sie ruchlos die amerikanischen Küsten brandschatzen, ihre eigenen Küsten nicht weniger verletzlich sind als die von Neuholland. Geben Sie mir die ›Indien‹, und ich werde über das verruchte England kommen wie das Feuer über Sodom.«

Diese prahlerischen Worte sprach aber kein Prahler, sondern ein Prophet. Aufrecht saß er auf seinem Stuhl, stolz wie ein Irokese, und sein Blick glich einer flammenden Fackel.

Sein Gebaren schien die philosophische Gelassenheit des alten Weisen etwas zu beeinträchtigen; denn obwohl er seine Bewunderung für den reinen Eifer des Mannes nicht zu verbergen suchte, schien er dessen offenbar maßlose Großtuerei nicht gut zu vertragen.

Als wolle er dem Gespräch eine andere Richtung geben und zugleich seinen Besucher in bessere Stimmung versetzen (allerdings hätte man sich über seine Begeisterung nur heimlich belustigen dürfen), rückte der Mann der Weisheit seinen Stuhl vertraulich näher zu dem Fremden, legte ihm freundschaftlich eine Hand aufs Knie, strich sanft darauf hin und her, wie ein Löwenbändiger den gereizten König der Tiere besänftigen würde, und sagte freundlich: »Ärgern Sie sich jetzt einmal nicht über die Angelegenheit der ›Indien‹, lassen Sie das einen Moment beiseite. Sehen Sie, die Piraten von Jersey schaden uns beträchtlich, indem sie uns die Zufuhr abschneiden. Man hat mir gesagt, daß Sie mit einem kleinen Schiff, sogar mit der ›Amphitrite‹, die Sie jetzt haben, durch Ihre ungewöhnliche Tapferkeit von größtem Nutzen sein könnten, indem Sie die Piraten dort verfolgen, wo Schiffe mit größerem Tiefgang gefährdet wären, oder indem Sie sie, in angemessenem Abstand von einigen Brester Fregatten unterstützt, aus ihren Schlupfwinkeln hervorlocken, so daß die größeren Schiffe sie nehmen können.«

»Französischen Fregatten als Lockvogel dienen! Eine sehr würdige Aufgabe, allerdings!« fauchte Paul in hellem Zorn. »Doktor Franklin, was immer Paul Jones für die Sache Amerikas unternimmt, es darf nicht durch Vorschriften eingeengt werden: ein unabhängiges Oberkommando für mich, kein Vorgesetzter, kein Ratgeber außer mir selbst. Habe ich mit meinen Erfolgen an der amerikanischen Küste nicht längst bewiesen, daß ich das verlangen kann? Warum wollen Sie mich also degradieren? Ich will aufsteigen, nicht absinken. Nur für Ruhm und Ehre lebe ich. Geben Sie mir also rühmliche und ehrenvolle Aufgaben – und ein ausgezeichnetes Mittel. Geben Sie mir die ›Indien‹.«

Der Mann der Weisheit schüttelte langsam den Kopf. Paul Jones sprang auf und rief: »Durch diese zaghafte Unentschlossenheit wird alles verloren! Wenn etwas erreicht werden soll, muß der Krieg geführt werden wie ein Orkan, indem alle Kräfte sich vereint auf ein einziges unverrückbares Ziel ausrichten. Aber die Staatsmänner in ihren unentschlossenen Beratungen trödeln herum wie leichte Lüftchen bei Windstille. Mein Gott, warum bin ich nicht als Zar geboren!«

»Als Nordweststurm eher. Beruhigen Sie sich, Kapitän«, sagte der Weise. »Setzen Sie sich. Es ist hier noch jemand anwesend, wie Sie sehen.« Er wies auf Israel, der ganz überwältigt war von dem vulkanischen Temperament des Fremden.

Paul schrak leicht zusammen und wandte sich fragend zu Israel, dessen stilles Dasitzen er in seinem Redeeifer noch gar nicht bemerkt hatte.

»Fürchten Sie nichts, Kapitän«, sagte der Weise. »Dieser Mann ist ganz sicher. Ein Geheimkurier und gebürtiger Amerikaner. Er ist ein entflohener Kriegsgefangener.«

»Ah – auf einem Schiff gefangengenommen?« fragte Paul neugierig. »Auf welchem? Auf keinem von meinen! Paul Jones hat noch keiner gekapert.«

»Nein, Sir. Auf der Brigantine ›Washington‹, vor Boston«, erwiderte Israel. »Wir kreuzten, um den Engländern den Nachschub abzuschneiden.«

»Haben Ihre Kameraden viel von mir gesprochen?« fragte Paul mit dem Blick eines Sioux-Indianers, der seinen Prunk bewundert wissen will, »was haben sie über Paul Jones gesagt?«

»Ich höre den Namen heute abend zum erstenmal«, sagte Israel.

»Was? Ah, die Brigantine ›Washington‹. Lassen Sie mich nachdenken. Das war, bevor ich die Fregatte ›Soleby‹ überlistete, die ›Milford‹ bekämpfte, die ›Mellish‹ und auf der Höhe von Louisbergh den Rest nahm. Sie sind weit hinter den neuesten Nachrichten zurück, mein Lieber«, setzte er etwas mitleidig hinzu.

»Unser Freund hat Ihnen eine recht offene Antwort gegeben«, sagte der Weise mit sanfter Tücke zu Paul.

»Ja. Und deswegen gefällt er mir. Mann, wollen Sie mit Paul Jones auf Fahrt gehen? Ihr Jungen mit dem scharfen Mundwerk wißt nicht weniger hart mit der Waffe umzugehen. Kommen Sie mit mir nach Brest, mein Junge. Ich reise in ein paar Tagen.«

Der mitreißende Eifer Pauls ließ Israel sein Verlangen nach Heimkehr ganz vergessen, und er brannte darauf, das Angebot anzunehmen. Aber Doktor Franklin unterbrach ihn.

»Unser Freund hier«, erklärte er dem Kapitän, »hat einstweilen eine ganz andere Aufgabe.«

Das Gespräch zog sich lange hin, und Paul Jones erklärte wieder und wieder seine Ungeduld, ohne Beschäftigung zu sein, und seine Entschlossenheit, keine Beschäftigung anzunehmen, wenn ihm nicht die höchste Autorität zugebilligt würde. Doktor Franklin, der von der Hartnäckigkeit seines Gastes nicht unbeeindruckt war, wußte sehr wohl, daß diese Eigenschaft, so unangenehm sie im Gespräch oder in der Verhandlung bürgerlicher Geschäfte war, im Krieg nicht hoch genug geschätzt werden konnte, wie Zündstoff oder Geschosse, und versicherte Paul mit vielen verbindlichen Redensarten, er werde sich unverzüglich und auf das äußerste bemühen, ihm eine Aufgabe zu verschaffen, die seinen Verdiensten entspreche.

»Ich danke Ihnen für Ihre Offenheit«, sagte Paul. »Da ich selbst freimütig bin, liebe ich es, mit freimütigen Männern zu verhandeln. Sie, Doktor Franklin, sind aufrichtig und tiefgründig, und deshalb sprechen Sie geradeheraus.«

Der Weise lächelte gelassen. Nur in seinen Mundwinkeln lauerte eine seltsame Skepsis.

»Wie steht es aber mit unserem kleinen Plan, den Kriegsschiffen eine neue Form zu geben?« fragte der Doktor, das Thema wechselnd. »Es wird von großer Bedeutung für unsere junge Marine sein, wenn es gelingt. Seit unserer letzten Unterhaltung darüber, Kapitän, habe ich über die Angelegenheit nachgedacht, wann immer meine Zeit es erlaubte, und mit einem kleinen Modell begonnen, das ich Ihnen jetzt zeigen werde. Wenn man eine neue Idee zur Mechanik hat, empfiehlt es sich, sie so bald als möglich in einen Körper umzusetzen, denn Ideen lassen sich nicht so leicht verbessern wie Körper.«

Mit diesen Worten ging er zu einer Schublade und zog einen kleinen Korb hervor, der ein seltsames, noch unvollendetes Holzmodell und einige lose Stücke enthielt. Man konnte an einen Kinderkorb denken, der mit allerhand zerbrochenem Spielzeug angefüllt war.

»Sehen Sie hier, Kapitän. Wenn das Ding auch noch in den Anfängen steckt, so läßt sich doch schon erkennen, daß zumindest *eine* Ihrer Ideen nicht ausführbar ist.«

Paul war voller Aufmerksamkeit und schien unbegrenztes Vertrauen zu allen Vorschlägen des Weisen zu haben, und Israel sah nicht weniger interessiert zu. Denn er war stolz in dem Gedanken, den Beratungen zweier solcher Männer beiwohnen zu dürfen, und überdies waren es Beratungen, die letztlich mit so bedeutenden Dingen wie der nationalen Befreiung zusammenhingen.

»Wenn Sie«, fuhr der Doktor fort, indem er ein paar lockere Stücke ergriff und sie oben auf der einen Seite des Modells übereinanderlegte, »wenn Sie zum besseren Schutz Ihrer Mannschaft in einem Gefecht die Reling in der vorgeschlagenen Weise aufbauen, etwa so, dann werden Sie mit dem übermäßigen Holzgewicht zu sehr auf den Schwerpunkt des Schiffes einwirken. Er kommt dann zu hoch zu liegen.«

»Entsprechend mehr Ballast in den Schiffsraum«, meinte Paul.

»Dann bekommt das Schiff wieder zuviel Tiefgang. Und weiterhin schlugen Sie eine neuartige Luke vor, um bei einem Gefecht weniger vom Rauch behindert zu sein, besonders auf den unteren Decks. Das läßt sich aber nicht machen. Sehen Sie hier, ich habe gewisse Ventilationsröhren erfunden, die das Schiff quer durchziehen, etwa so –«, er legte einige Haarnadeln quer, »– hier tritt der Luftzug ein, dort findet er Ausgang. Wie denken Sie darüber? Doch nun zu den Hauptsachen: schnelles Segeln, wenig Abtrift und geringer Tiefgang. Sehen Sie sich diesen Kiel an. Ich habe ihn erst vorgestern abend geschnitzt, bevor ich zu Bett ging. Erkennen Sie, wie hier –«

In diesem wichtigen Moment wurde an die Tür geklopft. Die Kammerjungfer erschien und meldete, es kämen soeben zwei Herren über den Hof, um Doktor Franklin zu besuchen.

»Herzog de Chartres und Graf d'Estaing«, sagte der Doktor. »Sie hatten sich für den gestrigen Abend angesagt, blieben aber aus. Kapitän, dies betrifft mittelbar Ihre Angelegenheit. Graf d'Estaing hat durch Vermittlung des Herzogs über den geheimen Kriegszug, dessen Plan von Ihnen ausgeht, mit dem König verhandelt. Lassen Sie sich morgen früh hier sehen, dann werde ich Sie über das Ergebnis unterrichten.«

Paul zog eine Uhr hervor mit seiner braunen Hand, eine kleine, reich mit Juwelen besetzte Damenuhr. »Es ist schon spät. Ich bleibe heute nacht hier«, sagte er. »Ist ein geeignetes Zimmer vorhanden?«

»Rasch«, sagte der Doktor. »Es ist unratsam, daß man Sie jetzt bei mir sieht. Unser Freund wird sein Zimmer mit Ihnen teilen. Schnell, Israel, führen Sie den Kapitän hinüber.«

Als Israels Zimmertür hinter ihnen einklinkte, schloß sich Doktor Franklins Tür hinter dem Herzog und dem Grafen. Wir überlassen sie der Erörterung ihrer tiefgründigen Pläne zur rechtzeitigen Unterstützung Amerikas und zur Einschränkung der englischen Vormacht auf der See und wollen die Nacht mit Paul Jones und Israel im Nebenzimmer verbringen.

II

Paul Jones träumt

»›Hilf dir selbst, so hilft dir Gott.‹ Das trifft ins Schwarze! Das entspricht genau meinen Erfahrungen, aber ich habe es noch nie irgendwo gedruckt gesehen. Was ist das für eine Broschüre? Der ›Arme Richard‹, wie?«

Als er in Israels Zimmer kam, war der Kapitän auf den Tisch zugetreten, hatte das aufgeschlagene Heft entdeckt und ergriffen, und sofort war sein Blick auf die Stelle gefallen, die unser Abenteurer vorhin angemerkt hatte.

»Dieser Arme Richard ist ein ungewöhnlicher alter Herr«, bemerkte Israel dazu.

»Scheint so, scheint so«, sagte Paul, der noch weiter las. »Nun, der ›Arme Richard‹ liest sich genau, wie Doktor Franklin spricht.«

»Er hat es geschrieben«, sagte Israel.

»So? Gut. Das stimmt, das ist wahr; das ist der Weise, wie er leibt und lebt. Ich werde mir ein Exemplar davon verschaffen und es als Amulett um den Hals tragen. Nun zu unserem Nachtlager. Ich werde Sie nicht Ihres Bettes berauben, mein Lieber. Legen Sie sich ruhig hin, ich werde es mir auf diesem Stuhl bequem machen. In den Dwarssalings läßt es sich gut träumen.«

»Warum sollten wir nicht zusammen schlafen?« fragte Israel. »Sehen Sie, das Bett ist breit genug. Oder finden Sie vielleicht keinen Geschmack an einem Schlafgenossen, Kapitän?«

»Als ich zum erstenmal vor dem Mast von Whitehaven nach Norwegen segelte«, sagte Paul kühl, »schlief ich in einer Hängematte zusammen mit einem vollblütigen Kongoneger. In der Hängematte war eine weiße Decke ausgebreitet. Jedesmal, wenn ich hineinkroch, war die schwarze Wolle des Negers mit der weißen Wolle der Decke verfilzt. Am Ende der Reise hatte die Decke ein Pfeffer-und-Salz-Muster wie ein Greisenkopf. Also ist es nicht, weil ich eingebildet wäre, sondern weil mir überhaupt nichts daran liegt. Legen Sie sich hin und schlafen Sie. Lassen Sie die Lampe brennen, ich achte schon darauf. Jetzt aber ins Bett mit Ihnen!«

Israel gehorchte dieser Bitte, die ebensogut ein Befehl sein konnte. Aber obwohl er lag, konnte er nicht einschlafen, weil er immer daran denken mußte, daß dieser seltsame bräunliche Mann, auf zügellose Unternehmungen erpicht, in voller Kleidung auf dem Stuhl saß. Er hatte ein unbehagliches Gefühl, als habe er vorm Schlafengehen das Feuer nicht ausgelöscht und es wild weiterbrennen lassen in den prasselnden Tannenzweigen.

Die ihm eigene Gefälligkeit bewog ihn schließlich jedoch, sich schlafend zu stellen, worauf Paul den ›Armen Richard‹ weglegte, sich von seinem Stuhl erhob, die Schuhe auszog und auf Strümpfen mit schnellen, geräuschlosen Schritten im Zimmer auf und ab zu gehen begann, in indianische Betrachtungen versunken. Israel spähte verstohlen unter der Bettdecke hervor und war aufs neue betroffen von dem Anblick, den Paul bot, wenn er sich unbeobachtet glaubte. Düstere, unbarmherzige Pläne, bis vor feindliche Bajonettspitzen und Gewehrmündungen verfolgt, zeichneten sich in seinen jetzt erstarrten Stirnfalten ab. Die rechte Hand war in der Spitzenmanschette geballt, als umklammerte sie ein Entermesser. Er stürmte durch den Raum, als marschierte er einer Festung entgegen. Aus dem Nebenzimmer drang das verworrene Flüstern des Gesprächs herein; überall sonst herrschte die tiefe Stille der Mitternacht. Als Paul an dem großen Kaminspiegel vorbeikam, geriet er in den Blick seines Abbilds. Er blieb stehen, musterte es grimmig, und in der unbändigen Selbstsicherheit seines Gesichtes schien ein Anflug geckenhafter Eitelkeit aufzublitzen. Aber sie gewann nicht die Übermacht. Paul rollte seinen rechten Ärmel auf, hob mit einem sonderbar wilden Lächeln den Arm und betrachtete so für eine Weile sein Bild im Spiegel. Israel konnte vom Bett aus die dem Spiegel zugekehrte Seite des Arms nicht sehen, aber der Spiegel zeigte sie ihm, und er erschrak, als er in dem Rahmen aus geschnitztem und vergoldetem Holz gewisse Runen erkannte, die weitläufig und verschlungen die ganze Innenseite des Arms, soweit sie sichtbar war, mit geheimnisvollen Tätowierungen bedeckten. Die Zeichnung hatte gar keine Ähnlichkeit mit den launigen Ankern, Herzen und Tauen, die mitunter den Körper des Seemanns schmücken. Dies hier war eine Art Tätowierung, wie man sie nur bei richtigen Wilden findet: tiefblau, sorgfältig durchgearbeitet, labyrinthisch und kabbalistisch. Israel erinnerte sich, bei einer seiner früheren Reisen am Arm eines neuseeländischen Kriegers etwas Vergleichbares gesehen zu haben; er hatte ihn in einem Eingeborenendorf getroffen, wie er gerade aus dem Kampf zurückkehrte. Israel schloß daraus, Paul müsse sich auf einer ähnlichen Reise in die Behandlung eines solchen primitiven Künstlers begeben haben.

Paul bedeckte seinen Arm wieder mit dem betreßten Ärmel und sah spöttisch auf die Haut nieder, die jetzt wieder zur Hälfte von der Spitzenmanschette verhüllt und mit mehreren Pariser Ringen geschmückt war. Dann nahm er seinen Gang durch das Zimmer mit einer wahren Räubermiene wieder auf, als wolle er einen Hinterhalt ausheben. Ein Abglanz des Bewußtseins, einen noch unergründeten Charakter und die geheime Fähigkeit zu unerhörten Plänen zu besitzen, erhellte seine kühle weiße Stirn, die der Hut in den Tropen geschützt hatte und über seinem bräunlichen Gesicht immer noch strahlte wie die Schneegipfel auf den Kordilleren.

So schritt dieser heitere Wilde im modischen Anzug inmitten der Metropole der modernen Zivilisation umher, prophetisch die tragischen Begebenheiten der Französischen Revolution vorwegnehmend, die die erlesene Überfeinerung von Paris mit der blutdürstigen Wildheit Borneos gleichsetzt; er bewies, daß Broschen und Fingerringe nicht weniger als Nasenreifen und Tätowierungen Zeichen eines rohen Barbarentums sind, das ewig im Menschengeschlecht schlummert, sei es zivilisiert oder nicht.

Israel schlief keinen Augenblick in dieser Nacht. Pauls unruhiger Geist durchmaß das Zimmer bis zum Morgen. Dann wusch der Kapitän sich ausgiebig am Waschtisch und blickte so sorglos und frisch in die Welt wie ein Habicht am anbrechenden Tage. Nach einer geheimen Unterredung mit Doktor Franklin ging er weg mit leichtsinniger Miene, schwang seinen Stock mit dem goldenen Knopf, umarmte alle hübschen Kammerjungfern unterwegs und küßte sie schallend, als grüße er eine Fregatte mit Salut. Alle Barbaren sind Wüstlinge.

12

Israel kehrt über den Kanal zum Wohnsitz des Squire zurück. Seine neuen Abenteuer

Am dritten Tag, als Israel in seinem Zimmer auf und ab ging – seine Kurierstiefel hatte er ausgezogen, um den Doktor nicht zu stören –, kündigte ein rasches scharfes Klopfen an der Tür den amerikanischen Gesandten an. Der Mann der Weisheit trat ein. In der einen Hand hielt er zwei kleine Papierbündel, in der anderen ein paar Stücke Zwieback und Käse. Sein Auftreten sprach so beredt von unverzüglicher Abreise, daß Israel unwillkürlich zu seinen Stiefeln sprang, sie mit zwei kräftigen Rucken anzog, seinen Hut ergriff und bereitstand, wie ein Vogel zum Flug über den Kanal.

»Recht so, wackerer Freund«, sagte der Doktor. »Sie haben die Papiere im Absatz, nehme ich an.«

»Ach«, rief Israel aus, als er den milden Spott begriff, und im nächsten Augenblick hatte er die Stiefel wieder ausgezogen. Ohne ein weiteres Wort nahm der Doktor einen Stiefel, Israel den anderen, und beide machten sich an das Verbergen der Dokumente.

»Ich glaube, man könnte das Modell verbessern«, sagte der Weise, der die Schraubvorrichtung des Stiefels ungeachtet seiner Eile kritisch betrachtete. »Der Hohlraum müßte im festen Teil des Absatzes sein, nicht im Deckel. Außerdem müßte er mit einer Feder arbeiten, damit es schneller geht. Ich werde in den nächsten Tagen ein Schriftstück über falsche Absätze anfertigen und es dem Institut zur geheimen Verlesung übergeben. Aber jetzt ist dazu keine Zeit. Mein wackerer Freund, es ist jetzt halb elf Uhr. Um halb zwölf geht die Post von der Place-du-Carousel nach Calais ab. Halten Sie sich nirgends auf, bevor Sie in Brentford ankommen. Ich habe Ihnen einen kleinen Mundvorrat mitgebracht, den Sie in der Postkutsche verzehren können, denn zu einer ordentlichen Mahlzeit werden Sie keine Zeit finden. Ein Kurier, der Tag und Nacht unterwegs ist, sollte stets Zwieback in der Tasche haben. Sie werden Brentford wahrscheinlich ein oder zwei Tage nach ihrer Ankunft wieder verlassen. Seien Sie vorsichtig, mein Lieber. Bedenken Sie, daß Sie sich selbst und unsere Brentforder Freunde in arge Ungelegenheiten brächten, wenn Sie mit diesen Papieren auf britischem Boden gefaßt würden. Stoßen Sie unterwegs niemandes Kasten um! Denken Sie stets an Ihren eigenen Kasten. Sie können nicht wachsam genug sein, aber seien Sie auch nicht zu mißtrauisch. Gott schütze Sie, mein wackerer Freund. Und nun vorwärts!«

Der Doktor riß die Tür auf. Er sah Israel auf den Flur springen, die Treppe hinuntereilen und mit aller Schnelligkeit über den Hof im gewölbten Durchgang verschwinden.

Der Mann der Weisheit stand einen Augenblick ruhig da, mit dem Gesichtsausdruck eindringlichen und gütigen Nachsinnens, als erwäge er die Aussichten dieses wichtigen Unternehmens, das in der Folge vielleicht das Wohl und Wehe künftiger Nationen beeinflussen konnte. Dann plötzlich schlug er mit der Hand auf seine geräumige Rocktasche, zog ein Stück Kork und ein paar Hühnerfedern hervor, lief in sein Zimmer zurück und begann an einem Federball von neuer wissenschaftlicher Bauweise zu schnitzen, den er vor kurzem der jungen Herzogin d'Abrantes für diesen Nachmittag zugesagt hatte.

In der Nacht hatte Israel wohlbehalten Calais erreicht und trat geradezu aus der Postkutsche auf das Paketboot hinüber, das wenige Augenblicke später die Wellen schnitt. Wie er in der Postkutsche auf einem gewöhnlichen Außensitz gereist war, so nahm er auch hier einen Deckplatz, um den Anschein der Unauffälligkeit aufrechtzuerhalten. Als ein heftiger Regen aufkam, schlich er sich in die Back, wo zwei Männer im trüben Licht einer schaukelnden Laterne gewaltig rauchten und den engen Raum mit einschläferndem Qualm füllten. Der Rauch rief bei Israel eine seltsame Müdigkeit hervor, und er überlegte, wie er ihr für eine Weile nachgeben könne, ohne die ihm anvertrauten kostbaren Dokumente zu gefährden.

Das Nachdenken inmitten des narkotischen Qualms hatte jedoch dieselbe Wirkung wie die Rechenkünste, mit denen ein schlafloser Mensch sich in den Schlummer hineinzählt. Der müde Kopf sank ihm auf die Brust. Im nächsten Moment glitt er halb auf eine Kiste nieder und streckte die Beine von sich.

Plötzlich erwachte er und merkte, daß sich jemand mit seinen Füßen zu schaffen machte. Er stützte sich auf den Ellbogen und sah, wie ihm einer der beiden Männer unmerklich den rechten Stiefel ausziehen wollte. Der linke lag schon auf dem Fußboden für den Rückzug des Halunken bereit. Hätte er nicht aus dem Vorfall auf dem Pont Neuf gelernt, so wäre Israel sofort darauf verfallen, daß seine geheime Mission entdeckt sei, der Angreifer sei ein diplomatischer oder beliebiger Spitzbube, der Auftrag vom britischen Kabinett habe, ihn mit Tabaksqualm zu betäuben und dann seiner wichtigen Depeschen zu berauben. Nun aber gedachte er der klugen Ermahnungen Doktor Franklins, nicht zur Unzeit Verdacht zu schöpfen.

»Sir«, sagte Israel sehr höflich, »ich danke Ihnen, daß Sie mir den Stiefel ausgezogen haben, der da auf dem Fußboden liegt, aber wenn es Ihnen nichts ausmacht, können Sie den anderen lassen, wo er ist.«

»Entschuldigen Sie«, sagte der Halunke, ein geistesgegenwärtiger und gewitzter Meister der Diebeskunst, »ich dachte nur, die Stiefel könnten Sie drücken, und wollte Ihnen etwas Erleichterung verschaffen.«

»Ich bin Ihnen für Ihre Gefälligkeit sehr verbunden, Sir«, sagte Israel, »aber sie drücken mich kein bißchen. Vermutlich haben Sie gedacht, daß sie Ihnen auch nicht beschwerlich wären, denn Sie haben eher kleine Füße. Wollten Sie sie nur ausprobieren, um zu sehen, wie sie Ihnen passen?«

»Nein«, sagte der Kerl ernsthaft und scheinheilig. »Aber wenn Sie erlauben, würde ich sie gern anprobieren, wenn wir in Dover ankommen. Auf diesem schaukelnden Schiffsdeck könnte ich nicht gut damit gehen, wie Sie sich denken können.«

»Das ist wahr«, sagte Israel. »Und der Strand von Dover ist auch nicht gerade eben. Wenn ich mir's genau überlege, so meine ich, Sie sollten sie doch lieber gar nicht erst anprobieren. Denn ich bin ein schlichtes Gemüt – man nennt mich überspannt –, und ich mag es gar nicht haben, daß mir meine Stiefel aus den Augen kommen. Haha!«

»Worüber lachen Sie?« fragte der Kerl finster.

»Komischer Einfall! Ich sah gerade die alten traurigen geflickten Stiefel an Ihren Füßen und mußte bei mir denken, was das wohl für lecke Löscheimer wären, wenn man sie die Leiter zu einem brennenden Haus hinaufreichen würde. Es wäre kaum billig, meine neuen Stiefel mit diesen alten Löscheimern zu vertauschen, nicht wahr?«

»Zum Kuckuck!« rief der Bursche, der das allmählich peinliche Gespräch schnell zu einem Ende bringen wollte. »Es scheint, wir sind kurz vor Dover. Will mal sehen.«

Mit diesen Worten kletterte er die Leiter hinauf an Deck. Israel folgte ihm und sah das kleine Schiff bei geringem Wind genau in der Mitte des Kanals auf kurzen Wellen rollen. Der Tag wollte eben anbrechen. Die Luft war klar und rein, der Himmel mit feucht glitzernden Sternen übersät. Die Küsten von Frankreich und England lagen deutlich sichtbar im fremdartigen Licht der Sterne. Die weißen Klippen von Dover ähnelten einem großen Komplex marmorner Giebelhäuser. Auf beiden Ufern war eine lange, schnurgerade Laternenreihe zu sehen. Israel kam es vor, als stehe er mitten auf dem Fahrdamm einer breiten, stattlichen Londoner Straße. Jetzt sprang eine Brise auf. Wenig später ging unser Abenteurer an Land und stieg unverzüglich in die Postkutsche nach Brentford.

Am folgenden Nachmittag gelangte er mit dem vereinbarten Erkennungszeichen unbemerkt in das Haus. Er saß in Squire Woodcocks Kabinett, zog seine Stiefel aus und lieferte die Depeschen ab.

Der Squire sah die zusammengepreßten Seidenpapierbogen durch und las eine Zeile, die für ihn persönlich bestimmt war. Dann wandte er sich zu Israel, beglückwünschte ihn zur erfolgreichen Durchführung seiner Aufgabe und setzte ihm Erfrischungen vor. Wegen gewisser verdächtiger Anzeichen in der Nachbarschaft, so erklärte er, müsse Israel sich nun ein oder zwei Tage im Hause versteckt halten, bis die Antwort für Paris fertig sei.

Es war, wie bereits erwähnt, ein ehrwürdiges Gebäude, weitläufig und unregelmäßig angelegt, zumeist aus verwitterten alten Steinen, erbaut in jenem liebenswürdigen Stil, den man den elisabethanischen nennt. Den dunkelroten Ziegeln außen entsprach das lohfarbene Eichengetäfel innen.

»Also, mein Junge«, sagte der Squire, »meine Frau hat viele Gäste, die sich nach Belieben im ganzen Haus bewegen dürfen. Ich werde Sie also sehr listig verstekken müssen, damit Sie nicht zufällig doch entdeckt werden.«

Mit diesen Worten schloß er zunächst die Tür ab. Dann berührte er eine Feder neben der offenen Feuerstelle, worauf einer der schwarz verräucherten Steinpfosten des Kamins aufging wie die Marmortür einer Gruft. Dann schob er einen Arm der schweren Feuerzange in den Spalt und benutzte ihn als Hebel, bis ein weiter Höhleneingang offenstand.

»Aber, Squire Woodcock, was ist denn mit Ihrem Kamin los?« sagte Israel.

»Schnell, gehen Sie da hinein.«

»Um den Kamin zu kehren?« sagte Israel. »Dazu habe ich mich nicht verpflichtet.«

»Ach was, das ist Ihr Versteck. Kommen Sie, schlüpfen Sie hinein.«

»Aber wohin geht es da, Squire Woodcock? Die Sache behagt mir nicht ganz.«

»Folgen Sie mir nur. Ich werde es Ihnen zeigen.«

Der alte Squire zwängte seinen umfänglichen Körper durch die geheimnisvolle Öffnung und stieg vor Israel her eine steile Steintreppe hinauf, die kaum zwei Fuß in der Breite maß, bis sie eine kleine Kammer oder vielmehr Zelle erreichten, die in die massive Außenmauer des Hauses eingelassen war. Luft und ein wenig Licht kamen durch zwei schräge Schlitze herein, die draußen erfinderisch als die Mäuler zweier Greife getarnt waren, die in eine große Steintafel gemeißelt diesen Teil des Hauses schmückten. Eine Matratze lag aufgerollt in einer Ecke; ein Krug mit Wasser, eine Flasche Wein und ein Holzteller mit kaltem Rindsbraten und Brot standen daneben.

»Soll ich hier lebendig begraben sein?« fragte Israel, der sich wehmütig umsah.

»Aber Sie werden bald wieder auferstehen«, sagte der Squire lächelnd. »Spätestens in zwei Tagen.«

»So gewiß ich in Paris ein Gefangener war, soll ich auch hier einer werden, scheint es«, sagte Israel. »Aber Doktor Franklin hat mich in ein besseres Loch als dieses hier gesteckt, Squire Woodcock. Es war mit Blumensträußen, einem Spiegel und anderen hübschen Sachen ausgestattet. Außerdem konnte ich auf den Flur hinaustreten, wann immer ich Lust dazu hatte.«

»Ach, mein Held, das war in Frankreich. Hier aber ist England. Dort waren Sie bei Freunden, hier ist Feindesland. Wenn Sie in meinem Haus entdeckt würden und Ihre Verbindung mit mir käme zutage – wissen Sie, daß es mir dann sehr, sehr übel ergehen würde?«

»Also um Ihretwillen bin ich bereit, da zu bleiben, wo Sie mich am besten versteckt glauben«, erwiderte Israel.

»Es ist gut. Sie sagten, Sie hätten gern Blumen und einen Spiegel. Wenn diese Dinge Sie wirklich in Ihrer Eingeschlossenheit trösten können, will ich sie Ihnen bringen.«

»Sie wären in der Tat eine Art Gesellschaft, besonders der Anblick meines eigenen Gesichtes«, sagte Israel.

»Warten Sie also hier. In zehn Minuten bin ich wieder da.«

Noch viel eher kam der gute alte Squire, schnaufend und keuchend, mit einem dicken Blumenstrauß und einem kleinen Rasierspiegel zurück. »Da«, sagte er und stellte alles ab. »Nun müssen Sie sich aber vollkommen ruhig verhalten. Vermeiden Sie jedes unnötige Geräusch und steigen Sie auf keinen Fall die Treppe hinunter, bis ich wiederkomme.«

»Aber wann wird das sein?« fragte Israel.

»Ich will versuchen, zweimal täglich zu kommen, solange Sie sich hier befinden. Aber man weiß nicht, was alles geschehen kann. Wenn ich Sie nicht besuche, bevor ich komme, um Sie zu befreien – am Abend des zweiten Tages oder am Morgen des dritten –, so müssen Sie sich beileibe nicht wundern, mein Junge. Mit Essen und Trinken sind Sie reichlich versorgt. Merken

Sie sich aber, daß Sie keinesfalls die Treppe hinunterkommen dürfen, bevor ich Sie hole.« Damit verabschiedete er sich von seinem Gast und ließ ihn allein.

Israel blickte eine Weile nachdenklich um sich. Dann schob er die zusammengerollte Matratze unter die Luftlöcher und stieg hinauf, um festzustellen, ob man hinaussehen könne. Indessen war nichts zu erkennen als ein sehr kleines Stück blauen Himmels zwischen dem Laub eines großen, hohen Baumes, der neben dem Seiteneingang des Hauses stand. Der Baum war so alt wie das Haus, das er beschirmte.

Israel setzte sich auf die Matratze und versank in Träumerei. Armut und Freiheit, oder Wohlleben und Gefängnis, das scheinen die beiden Seiten meines ewigen Dilemmas zu sein, dachte er. Wollen wir den Gefangenen einmal ansehen. Er nahm den Rasierspiegel auf und betrachtete prüfend seine Züge. Wie schade, daß ich nicht daran gedacht habe, mir ein Rasiermesser und Seife auszubitten. Ich müßte mich unbedingt rasieren. Zum letztenmal habe ich es in Frankreich getan. Wie das die Zeit hier vertreiben könnte! Hätte ich einen Kamm und ein Rasiermesser, so würde ich mich rasieren und meine Haare in Locken legen und die ganzen zwei Tage unablässig Toilette machen und frisch aussehen wie ein Rotkehlchen, wenn ich hinauskomme. Ich werde den Squire noch heute abend um diese Sachen bitten, wenn er mich besucht. Horch! Ist da nicht ein Rumpeln in der Wand? Hoffentlich ist da nebenan kein Ofen, sonst werde ich hier geröstet. Ich sitze hier wie eine Ratte hinter der Täfelung. Ich wünschte, es gäbe ein kleines Fenster zum Hinaussehen. Was wohl Doktor Franklin jetzt macht und Paul Jones? Horch, da singt ein Vogel im Baum. Das ist die Glocke für die Essenszeit. Und zum Zeitvertreib machte er sich an

Fleisch und Brot und trank einen Schluck Wein mit Wasser.

Endlich kam die Nacht. Er blieb in tiefer Dunkelheit allein. Kein Squire kam.

Nach einer ängstlichen schlaflosen Nacht sah er zwei schmale graue Lichtstreifen schräg durch die Schlitze hereinfallen, wie zwei lange Speere. Er erhob sich, rollte die Matratze zusammen, stieg hinauf und legte seine Lippen an eines der Greifenmäuler. Er pfiff leise, gerade noch hörbar, zur Krone des Baumes hin. Sofort raschelte es leicht in den Blättern, dann kam ein einzelner Zwitscherton, und nach drei Minuten schlug ihm ein wahrer Strom von Melodien entgegen.

»Ich habe den ersten Vogel geweckt, und er hat alle andern munter gemacht«, sagte er lächelnd für sich allein. »Nun also zum Frühstück. Danach wird der Squire sich doch wohl zeigen.«

Aber das Frühstück ging vorüber, und die beiden fahlen Lichtflecken verwandelten sich in goldene Strahlen, die immer steiler anstiegen, bis sie endlich ganz senkrecht einfielen und verschwanden. Es war Mittag, und kein Squire war gekommen.

Er ist schon vor dem Frühstück auf die Jagd gegangen und hat sich verspätet, dachte Israel.

Die Nachmittagsschatten wurden länger und länger. Die Sonne ging unter. Kein Squire.

Er muß mit irgend so einem Schafdieb im Gerichtssaal arg zu tun haben, grübelte Israel. Hoffentlich vergißt er mich nicht ganz bis morgen. Er wartete und horchte, horchte, wartete.

Wieder eine unruhige Nacht ohne Schlaf. Der Morgen kam. Der zweite Tag verging wie der erste, ebenso die Nacht. Am dritten Morgen lagen die Blumen verwelkt neben ihm. Durch die Luftschlitze sickerte Feuchtigkeit herein und tropfte dumpf auf den steinernen Fußboden. Er hörte, wie die Blätter trübsinnig gegen die Greifenmäuler klatschten und sie mit den Regenspritzern des Unwetters da draußen übersprühten. Von Zeit zu Zeit rollte der Donner über ihm, Blitze flammten durch die Schlitze herein und erfüllten die Zelle mit grünlichem Schein, die scharfen Spritzer und das Prasseln des Regens kamen mit verdoppelter Kraft.

»Dies ist der Morgen des dritten Tages«, murmelte Israel, »und er sagte, er würde mich spätestens am Morgen des dritten Tages aufsuchen. Das ist jetzt. Nur Geduld, er wird schon noch kommen. Der Morgen gilt bis zum Mittag.«

Weil der Tag aber so trübe war, konnte man gar nicht sagen, wann Mittagszeit war. Israel wollte nicht wahrhaben, daß der Mittag gekommen und vergangen war, bis sich unleugbar die Dämmerung ausbreitete. Abermals schloß die nächtliche Dunkelheit ihn ein, und er fürchtete sich, er wußte nicht wovor. Bis jetzt war er geduldig und zuversichtlich gewesen, aber nun verließ ihn die Tapferkeit. Plötzlich, als hätte ihn ein schlimmes Fieber befallen, war er seltsam gebannt in einem Elend, das er sich bisher noch nicht hatte träumen lassen.

Er hatte das Fleisch gänzlich aufgegessen, aber Brot und Wasser konnten bei sparsamer Einteilung noch zwei bis drei weitere Tage ausreichen. Nicht Hungersqual, sondern ein Alpdruck, der aus einer geheimnisvollen Einkerkerung herrührte, setzte ihm zu. In den langen Stunden dieser einen Nacht wuchs das Gefühl des Eingemauertseins, wuchs mehr und mehr, bis er sich immer wieder krampfhaft vom Fußboden hochstemmte, als läge er unter ungeheuren Steinblöcken, als hätte er einen tiefen Brunnen gegraben und das Mauerwerk mit all der ausgegrabenen Erde habe ihn in einer Höhle neunzig Fuß unter dem Klee eingeschlossen. Im dunklen Grab der Mitternacht warf er seine Arme seitwärts, und ihm war, als läge er im Sarg, denn er konnte sie nicht gerade ausstrecken, weil die Zelle so schmal war. Er setzte sich an die eine Seitenwand quer in die Zelle und stemmte seine Füße gegen die andere. Noch in dieser Not dachte er an sein Versprechen und hielt den Aufschrei zurück. Schweigend phantasierte er in der Dunkelheit vor sich hin. Die Enge des Raumes machte ihn wahnsinnig, und das Fehlen jeden Lichtscheins vermehrte seine Panik. Seine Augenlider waren hilflos weit aufgerissen. Dann wurde ihm sogar die Luft unerträglich. Er reckte sich zu den Greifenmäulern empor, preßte seine Lippen hinein, bis sie ihre Form annahmen, und sog die frische Luft ein, so sehr er nur konnte.

Und unablässig, immer wieder, fiel ihm ein, was der Squire ihm über den Ursprung der Zelle erzählt hatte, und seine Raserei steigerte sich. Es hieß, dieser Teil des alten Hauses, oder vielmehr diese seine Mauer, rühre aus sehr frühen Zeiten her, lange vor der elisabethanischen Epoche, und habe einst zu einem Versteck der Templer gehört. Die Lebensregeln dieses Ordens waren streng und erbarmungslos bis zum äußersten. In einer Seitenwand ihrer zweistöckigen Kapelle hatten sie in der Höhe des Fußbodens waagerecht einen Hohlraum gelassen, der genau die Form und die durchschnittliche Größe eines Sarges hatte. Hier wurden mitunter des Ungehorsams überführte Ordensbrüder eingesperrt, aber seltsamerweise nicht eher, als bis sie Reue zeigten. Eine kleine Öffnung, weit genug für ein Handgelenk, reichte drei Fuß durch das Mauerwerk in die Zelle und diente sowohl der Entlüftung als auch der Versorgung des Gefangenen mit Nahrung. Die Öffnung führte in die Kapelle und sollte es dem armen Ausgestoßenen ermöglichen, dem Gottesdienst zuzuhören. Es wurde als gutes Zeichen für den Seelenzustand des Büßers angesehen, wenn aus den düsteren Tiefen der Mauer sein qualvolles Stöhnen grausig respondierte. Das galt als reuige Klage des Toten. Die Bräuche des Ordens schrieben nämlich vor, daß ein Büßer in Gegenwart aller Ordensbrüder in der Mauer eingekerkert wurde und daß das Oberhaupt die Totenmesse las, wenn der Lebende beigesetzt wurde. Manchmal vergingen mehrere Wochen bis zur Befreiung aus dem Grabe, und gewöhnlich wurde der Bestrafte bewußtlos und starr an allen Gliedern aufgefunden, wie ein Paralytiker. Diese Sargzelle der Templer blieb bei der Zerstörung des Hauptgebäudes und der Errichtung des neuen zur Zeit der Königin Elisabeth erhalten. Sie wurde etwas vergrößert und umgebaut, auch mit einer zusätzlichen Entlüftung versehen, damit sie in Zeiten des Bürgerkrieges als Versteck dienen konnte.

Man kann sich leicht vorstellen, wie Israel zumute war, als diese Vorgeschichte in seinen einsamen Gedanken widerhallte. Hier, in genau solcher Dunkelheit, hatte vor Jahrhunderten die Verzweiflung Menschenherzen wie sein eigenes gelähmt; kräftige Glieder wie seine waren zu Reglosigkeit erstarrt. Endlich – es schien nach all den Tagen und Jahren zu sein, die Daniel prophezeit hatte – brach der Morgen herein. Das freundliche Licht drang in die Zelle und besänftigte seine Erregung, als sei es ein lächelndes Menschenangesicht, oder nein, der Squire selbst, endlich gekommen, ihn aus der Gefangenschaft zu befreien. Bald verließen ihn die wilden Phantasien, und allmählich vermochte er seine Lage kühlen und klaren Geistes zu erwägen.

Er konnte sich nicht mehr irren: seinem Freund

mußte ein Unglück zugestoßen sein. Er erinnerte sich an die Andeutung des Squire, daß es ihm im Fall einer Aufdeckung seiner heimlichen Verhandlungen sehr übel ergehen werde. Israel konnte nicht umhin, anzunehmen, daß diese unselige Entdeckung geschehen sei: daß sein Freund wegen irgendeines unglücklichen Zwischenfalls als Staatsgefangener nach London gebracht worden sei und vor seinem Weggang niemandem im Haus mehr hatte mitteilen können, daß er einen Gefangenen in der Mauer zurückließ; das schien durch den Umstand erwiesen, daß bisher noch keine Menschenseele den Eingeschlossenen besucht hatte. Es konnte nicht anders sein. Zweifellos hatte der Squire im Augenblick seiner plötzlichen Verhaftung keine Möglichkeit gehabt, mit seinen Verwandten oder Freunden vertraulich zu sprechen, und so sein Geheimnis zunächst für sich behalten müssen, um Israel nicht in eine noch schlimmere Lage zu bringen. Aber würde er ihn wohl langsam in der Mauer umkommen lassen? Gegen die unübersichtlichen Möglichkeiten der Situation waren alle Mutmaßungen machtlos. Aber Israel mußte jetzt sofort handeln. Er wollte den Squire nicht noch mehr gefährden, aber er konnte sich in solcher Ungewißheit auch nicht damit zufriedengeben, daß er umkam, wo er saß. Er entschloß sich, auf jede Gefahr hin zu fliehen: wenn möglich, geräuschlos und heimlich, wenn es sich nicht vermeiden ließ, mit Gewalt und Getöse.

Israel glitt aus der Zelle, schlich die Stufen hinunter und kam vor der Innenseite des Pfeilers an. Er tastete vorsichtig nach einem Riegel oder einer Feder. Er fühlte einen unbeweglichen Eisenknopf, aber mehr nicht. Als er damals mit seinem Führer durch den Gang gekommen war, hatte er zu beachten vergessen, mit welchem

Mechanismus der Pfeiler von innen zu öffnen war oder ob man ihn denn überhaupt aufbekommen konnte, außer von draußen. Nachdem er jeden Fleck der Wand rings um ihn mit den Händen untersucht hatte, wollte er die Suche schon verzweifelt aufgeben. Zufällig wandte er seinen Körper ein wenig seitwärts. Er hörte ein Knarren und erblickte einen dünnen Lichtspalt. Unwissentlich war er mit dem Fuß auf eine Feder getreten, die im Boden verborgen war. Der Pfeiler stand halb offen. Er stieß ihn weit auf und stand in Freiheit, im Zimmer des Squire.

13

Wie er aus dem Haus entkommt. Mit verschiedenen weiteren Abenteuern

Er fuhr zurück vor dem begräbnismäßigen Aussehen des Zimmers, in das die Leichenbestatter sich geschlichen zu haben schienen, seit er zum letztenmal dort gestanden hatte. Die Fenstervorhänge waren mit langen Trauerschleiern besteckt. Die vier Ecken des roten Tuches auf dem roten Tisch waren mit Krepp verknotet.

Israel wußte nichts von den Trauerbräuchen dieses Landes, aber sein Gefühl sagte ihm, daß Squire Woodcock nicht mehr unter den Lebenden war. Mit einemmal war das ganze Geheimnis der drei Tage aufgeklärt. Aber was nun? Sein Freund mußte ganz überraschend gestorben sein; sehr wahrscheinlich hatte ihn eine Krankheit niedergestreckt, von der er sich nicht mehr erheben konnte. Mit ihm untergegangen war auch das Wissen, daß ein Fremder in der Mauer eingeschlossen war.

Wenn man den Wanderer nun entdeckte, wie er die Privaträume eines Edelmannes durchstöberte, was sollte aus ihm werden. Da man in der Nachbarschaft schon argwöhnte, er sei ein Flüchtling mit einer heimlichen Untat? Wenn er sich strikt an die Wahrheit hielt, was konnte er denn zu seiner eigenen Verteidigung vorbringen, ohne sich selbst solcher Handlungen zu überführen, die ein englischer Gerichtshof als abscheuliche Verbrechen ansehen würde? Und wenn er das Andenken des verblichenen Squire Woodcock wirklich in seine eigenen Geständnisse hereinzog, mußte da eine so gehässige Anschuldigung nicht solchen Unwillen erregen, daß jeder sich weigern würde, seiner ausgefallenen Geschichte Glauben zu schenken, ob sie sich nun auf ihn selbst oder auf jemand anders bezog, und ihn noch viel schlimmeren Verdächtigungen aussetzen?

In diese entmutigenden Vorstellungen versunken, hörte er plötzlich einen Schritt draußen im Gang, nicht weit weg. Er schien sich zu nähern. Unverzüglich sprang er zum Pfeiler, der offen geblieben war, glitt hinein und zog den Stein mit dem Eisenknopf hinter sich zu. In der Eile faßte er zu hart zu, so daß der Pfeiler sich mit einem dumpfen, unselig deutlichen Geräusch schloß. Aus dem Inneren des Zimmers ertönte ein Schrei. Voller Schrecken lief Israel die finstere Treppe hinauf; vor lauter Hast stolperte er auf der letzten Stufe und stürzte wieder nach unten, mit einem donnernden Lärm, der in dem Gewölbe über ihm widerhallte, die ganze Mauer durch und durch erschütterte und endlich undeutlich verklang, wie gedämpfter Donner in tiefen Gebirgsklüften. Er erhob sich sofort, denn der Fall hatte ihm keinen ernstlichen Schaden getan, und horchte angestrengt. In die widerhallenden Geräusche seines Absturzes mischten sich weitere Angstschreie aus dem Zimmer. Sie schienen von einer nervenschwachen Frau zu kommen, die von den Lauten in der Wand, die ihr übernatürlich oder zumindest unerklärlich vorkommen mußten, zu Tode entsetzt war. Gleich darauf hörte er weitere aufgeregte Stimmen undeutlich durcheinander, die sich gemeinsam zurückzogen, und dann war alles wieder still.

Israel erholte sich von seinem Schrecken und dachte über den Zwischenfall nach. Keine Seele im Haus weiß zur Zeit von der Zelle, dachte er: zuerst hat irgendeine Frau, vielleicht die Haushälterin, das Zimmer allein betreten. Gerade als sie hereinkam, ging der Pfeiler zu. Der plötzliche Knall ließ sie aufschreien; dann kam der Lärm von meinem Hinfallen, der nicht aufhören wollte und ihre Angst noch größer machte. Ihre vielen Schreie riefen jede Menschenseele im Haus zusammen. Entsetzt sahen die Leute sie in einer Ohnmacht liegen, möglicherweise wie eine Leiche, in einem Zimmer, das für einen eben Verstorbenen beflort ist, sie schrien ebenfalls auf und trugen die Bewußtlose unter allgemeinem Wehklagen hinweg. Daraus ergibt sich also, und sicherlich ist es schon Wirklichkeit –: Die Leute glauben, daß die Frau Squire Woodcocks Geist gesehen oder gehört hat. Da ich offenbar verstehe, wie es zu diesen seltsamen Vorfällen gekommen ist, und auch zu wissen scheine, daß sie ganz gewöhnliche einfache Ursachen haben, denke ich also wieder ruhig und sachlich. Überlegen wir einmal. Ja. Ich hab's. Da die entsetzten Hausbewohner an Geister glauben, will ich eben dadurch heute nacht meine Flucht zuwege bringen. Wenn ich nur ein paar Sachen des seligen Squire finde, einen seiner Röcke und einen Hut, wird es mir gewiß gelingen. Es ist nicht zu früh, jetzt schon anzufangen. Sie werden es kaum eilig haben, in das Zimmer zurückzukommen.

Ich werde hingehen und nachsehen, was ich für meine Zwecke auftreiben kann. Es ist des Squire Privatzimmer, also wird sich hier doch wenigstens etwas von seiner Kleidung finden lassen.

Mit diesen Gedanken drückte er vorsichtig den Fuß auf die Feder, spähte in das Zimmer, und da alles ruhig war, trat er kühn wieder ein. Er ging unverzüglich zu einer schmalen hohen Tür in der Wand gegenüber. Der Schlüssel steckte im Schloß. Er öffnete und sah mehrere Röcke, Hosen, Strümpfe und Hüte des Dahingeschiedenen dort hängen. Ohne Schwierigkeit wählte er hier den vollständigen Anzug aus, in dem er seinen heiteren Freund zum letztenmal gesehen hatte. Sorgfältig schloß er die Tür und kehrte mit dem Anzug zum Schornstein zurück. Da sah er den Stock des Squire mit dem Silberknopf am Getäfel lehnen. Er nahm auch diesen mit und schlüpfte in seine Zelle zurück.

Er zog seine eigenen Sachen aus und kleidete sich bedachtsam in die geborgten, legte die seidenen Hosen an und alles übrige. Dann setzte er den Dreispitz auf, nahm den Silberknauf des Stocks in die rechte Hand und führte seinen kleinen Rasierspiegel langsam vor sich auf und nieder, um Stück für Stück seine ganze Erscheinung einzufangen, und war überzeugt, daß er recht gut bestehen könne als Squire Woodcocks echter Geist. Aber als das erste Gefühl der Befriedigung und des vorweggenommenen Erfolges ihn verlassen hatte, bereitete es ihm doch abergläubische Unruhe, daß er den Staatsrock eines toten Mannes am Leibe hatte; mehr, es war zweifellos derselbe Rock, in dem die Krankheit den Verstorbenen niedergeworfen hatte. Nach und nach begann er sich fast genauso unwirklich vorzukommen wie die Schattengestalt, deren Rolle er spielen wollte.

Er wartete unruhig lange Zeit, bis die Dunkelheit

kam und dann, bis es ungefähr Mitternacht sein konnte. Endlich schlich er sich in das Zimmer zurück. Befangen stand er einen Augenblick in der Mitte des Raumes still und vergegenwärtigte sich die Unannehmlichkeiten, die ihm nun zustoßen konnten, und zögerte, bis ihm wieder Ruhe und Entschlossenheit kamen. Er tastete nach der Tür, die auf die Diele führte, ergriff den Knopf und drehte ihn. Aber die Tür wollte sich nicht rühren. War sie abgeschlossen? Der Schlüssel steckte nicht im Schloß. Abermals drehte er den Knopf, hielt ihn in dieser Stellung fest und drückte kräftig gegen die Tür. Sie bewegte sich nicht. Er drückte heftiger, und plötzlich ging sie mit einem lauten knarrenden Geräusch auf. Sie war verzogen und hatte an der Schwelle geklemmt. Israel tastete sich durch die geräumige, lange Halle zu der breiten Treppe am anderen Ende hin, und es vergingen kaum drei Sekunden, da hörte er schon erregtes Stimmengewirr aus den anstoßenden Räumen. Im nächsten Augenblick erschienen mehrere Leute, zumeist im Nachtgewand, an ihren Kammertüren und steckten entsetzte Gesichter heraus, angeleuchtet von einer Lampe, die eine sehr alte Dame in Witwentrauer hielt. Statt von einem tröstenden Bett schien sie von einem sorgenvollen Lehnstuhl aufgesprungen zu sein. Israels Herz schlug wie ein Hammer, sein Gesicht wurde weiß wie ein Blatt Papier. Aber er nahm sich zusammen, zog den Hut tiefer über die Augen, grub das Kinn in den Rockkragen und Schritt voran durch das Spalier wildblickender Gesichter. Er ging mit einem langsamen und gemessenen Schritt, sah weder nach rechts noch nach links, sondern ging feierlich weiter auf seinem nun schwach erhellten Weg und stieß im Gehen den Stock auf den Boden. Die starren Blicke der Gesichter in den Türen ließen sein Blut erstarren. Sie schienen festgebannt und jeder Bewegung unfähig. Jeder schwieg, auf wen er auch zuging, aber sobald er sie hinter sich ließ, riefen sie einer nach dem anderen wie wahnsinnig: »Der Squire, der Squire!« Als er an der Dame in der Trauerkleidung vorüberkam, fiel sie bewußtlos vor ihm nieder. Aber Israel durfte sich von seinem Ziel nicht abbringen lassen. Er tat einen feierlichen Schritt über die dahingestreckte Gestalt und Schritt gemessen weiter.

Nach wenigen Minuten hatte er die Haupttür des Hauses erreicht, zog Kette und Riegel zurück und stand im Freien. Es war eine strahlende Mondnacht. Gemächlich ging er über das freie Land auf die abfallenden Felder zu. Als er den halben Weg hinter sich hatte, wandte er sich zum Hause um und sah die drei Vorderfenster voller weißer Gesichter, die der gespenstischen Erscheinung mit Entsetzen nachstarrten. Bald stieg er einen Abhang hinunter und entschwand aus ihrer Sicht.

Dann kam er in hügeliges Wiesengelände, wo das Gras eben erst gemäht worden war und den Abhang in kleinen Haufen überzog; um den Fuß des Hügels zogen sich Nebelwellen, und weiter unten stand ein dichter Hain zwerghafter Bäume, zwischen denen hier und da ein großer abgestorbener Stamm, ohne Rinde und in der Krone auseinandergebrochen, sich über die anderen erhob. Der Nebel war ähnlich einem tiefen Wasserstrom, den man nicht ganz verfolgen konnte, und der Hain sah aus wie eine dichtgedrängte Stadt an seinen Ufern, von Kirchtürmen überragt.

Der Anblick erinnerte unseren Abenteurer seltsam an die Gegend von Bunker Hill, Charlesfluß und Stadt Boston in der denkwürdigen Nacht des 16. Juni. Es war dieselbe Jahreszeit, derselbe Mond, dasselbe Neumondheu auf der kahlen Wiese; Heu, das sie zusammengerafft hatten, um es beim Bau der eilig aufgeworfenen Schanze zu verwenden.

Wie von einem Zauber festgehalten, setzte Israel sich auf einen Heuhaufen und gab sich träumerischen Gedanken hin. Der lange Mangel an Schlaf hatte ihn erschöpft, und sein Nachsinnen wäre bald in noch weniger gezügelten Schlummerträumen versunken, hätte er sich nicht aufgerafft und seinen Weg fortgesetzt, voller Angst, daß er sich in einer so gefährlichen Lage vergessen könnte. Nun kam ihm auch der Gedanke, daß die Verkleidung, wenn sie ihm auch zum Entkommen aus dem Haus des Squire verholfen hatte, ihn doch gefährden würde, wenn man ihn unterwegs darin sah. Er mochte als Geist bestehen können, wenn es Nacht war und wenn die Verwandten und nächsten Freunde des verstorbenen Edelmannes ihn erblickten; aber am Tag und unter unbefangenen Leuten lief er nicht wenig Gefahr, als Dieb und Einbrecher festgenommen zu werden. Er bedauerte bitter, daß er die Kleider des Squire nicht über seine eigenen gezogen hatte, so daß er nun wieder in seiner früheren Erscheinung hätte auftreten können.

In tiefen Gedanken über diese Schwierigkeit zog er weiter. Plötzlich sah er einen Mann in Schwarz genau vor sich auf seinem Wege stehen, etwa fünfzig Meter entfernt, in einem jungen Gerste- und Weizenfeld. Der düstere Fremde stand stocksteif da, ein ausgestreckter Arm wies mit gespenstischer Drohung auf den Wohnsitz des toten Squire. Ein so unheimlicher Anblick weckte in Israel, grüblerisch und entmutigt wie er jetzt war, abergläubische Vermutungen. Sein überreiztes Gewissen hielt ihm die Schrecken vor, die er bei seiner Flucht aus dem Haus verbreitet hatte, und er glaubte in der starren Gebärde des Fremden eine nicht mehr menschliche Bedeutung zu erkennen. Aber ein Rest seiner Verwegenheit stellte sich wieder ein. Er beschloß, die Erscheinung zu untersuchen. Das Gespenst des Squire nahm dieselbe gemessene Würde an, mit der es durch die Diele geschritten war, setzte seinen Stock unbeirrt vorwärts und marschierte auf den rätselhaften Fremden zu.

Als Israel herangekommen war, schrak er zusammen. Der schwarze Rockärmel flatterte an einem blanken Knochen. Das Gesicht war aufgelöst in bleicher Leere. Das war kein lebendiger Mensch.

Aber als er seinen Marsch mechanisch fortsetzte und noch dichter heranging, erblickte er eine Vogelscheuche.

Eine Begegnung zweier Geister

Nicht wenig erleichtert durch diese Entdeckung hielt unser Abenteurer an, um eine so täuschende Erscheinung, die nach den sachgerechtesten Überlegungen, wahrscheinlich von einem gescheiterten Wachsfigurenschneider, angefertigt war, mehr im einzelnen zu untersuchen. Sie trug an sich die vollständige Kleidung einer Vogelscheuche, nämlich einen verbeulten Dreispitz, einen zerfetzten Rock, alte Samthosen und lange durchlöcherte Wollstrümpfe; das war alles sehr ordentlich mit Stroh ausgestopft und hatte ein Stangengerüst als Skelett. Der Rock, der einem Landarbeiter gehört haben mochte, hatte eine geräumige Tasche, deren Klappe einladend offenstand. Israel faßte hinein und zog eine alte Tabaksdose heraus, einen zerbrochenen Pfeifenkopf, zwei rostige Nägel und ein paar Weizenkörner. Das ließ ihn an des Squires Taschen denken. Als er darin nachsah, fand er ein feines Taschentuch, ein Brillenfutteral und eine Börse mit einigem Silber und Gold, das etwas mehr als fünf Pfund ausmachte. So groß ist der Unterschied zwischen den Taschen einer Vogelscheuche und eines wohlhabenden Edelmannes. Ehe Israel seine jetzige Kleidung anzog, hatte er nicht vergessen, sein eigenes Geld aus seinem Kittel zu nehmen und es in die Weste zu stecken, die er anbehalten hatte.

Als er die Vogelscheuche genauer ansah, ging ihm auf, daß hier eine Möglichkeit war, aus der unpassenden und gefährlichen Kleidung des Squire herauszukommen, so erbärmlich die der Vogelscheuche auch war. Eine andere Gelegenheit würde sich vorläufig kaum bieten. Irgendwie mußte er sich einen anderen Anzug verschaffen, bevor er einem lebenden Wesen bei Tageslicht begegnete. Der Tausch mit dem alten Grabenzieher nach seiner Flucht aus der Gastwirtschaft bei Portsmouth hatte ihn mit der jämmerlichsten Kleidung vertraut gemacht. Nun, er wußte und hatte erfahren, daß es für jemanden, der nicht auffallen wollte, desto besser war, je abgerissener seine Sachen aussahen. Denn wer wiche der räudigen Hexe Armut nicht aus, wenn sie ankommt mit verbeultem Hut und erbärmlichem Rock?

Ohne weitere Umstände streifte er des Squires Sachen ab und legte die der Vogelscheuche an, nachdem er vorsichtig das Heu herausgeschüttelt hatte, das von den vielen abwechselnden Regengüssen und Sonnengluten ganz spröde geworden war und in Staub zerfallen wäre, hätte nicht der Meltau es feucht gehalten. Aber es blieb immer noch genug von diesem verfluchten alten Heu in den Hosen und Rockärmeln hängen, um die Haut auf das ärgste zu reizen.

Nun erhob sich die große moralische Frage, was er mit der Börse tun sollte. War es unter diesen Umständen unehrenhaft, sie sich anzueignen? Israel durchdachte die Angelegenheit nach allen Seiten und berücksichtigte auch, daß der dahingeschiedene Edelmann ihm den versprochenen Lohn für seine Kurierdienste nicht gegeben hatte, und kam so zu dem Schluß, daß er das Geld mit gutem Recht als sein eigenes ansehen dürfe. Und was übrigens hätte er mit der Börse anfangen sollen, wenn nicht sie in Besitz nehmen? Es wäre Wahnsinn gewesen, sie den Angehörigen zurückzubringen. Solch eine rätselhafte Ehrlichkeit hätte zur Folge nur die Verhaftung als Rebell oder Schurke gehabt. Was des Squires Kleidung, sein Taschentuch und Brillenfutteral anging, so mußten sie schleunigst verschwinden. Also ging er zu einem Sumpftümpel in der Nähe, versenkte sie und häufte dicke Rasensoden darauf. Dann ging er zum Kornfeld zurück, setzte sich im Windschatten eines Felsens nieder, etwa hundert Meter von der Stelle entfernt, wo die Vogelscheuche gestanden hatte, und überlegte, wohin er sich nun wenden sollte. Aber nach der langen ruhelosen Zeit tat der letzte Marsch bald eine Wirkung, die er nicht mehr so leicht abschütteln konnte wie bei der Rast auf dem Heuhaufen. Seit er seine Erscheinung verändert hatte, war er auch weniger ängstlich. So fiel er in tiefen Schlaf, bevor er es überhaupt wahrnahm.

Als er erwachte, stand die Sonne ziemlich hoch am Himmel. Er blickte um sich und sah in einiger Entfernung einen Arbeiter mit einer Heugabel in Sicht kommen. Er schien ungefähr in der Richtung auf die Stelle zu gehen, wo unser Abenteurer lag. Sofort fiel ihm ein, daß dieser Mann die Vogelscheuche kennen mußte, ja, sie vielleicht selbst aufgestellt hatte. Wenn er sie vermißte, würde er sich unverzüglich auf die Suche machen und den Dieb entdecken, der so unklug am Ort seiner Tat herumtrödelte.

Israel wartete, bis der Mann für einen Augenblick in einer kleinen Senke verschwand, und rannte rasch zu der Stelle, an der die Vogelscheuche gestanden hatte. Dort, steif und gerade aufgerichtet, mit ausgestrecktem Arm, der unentwegt auf das Haus des Squires wies, sah Israel den Ereignissen entgegen. Bald war der Mann wieder zu sehen. Er kam immer näher, hielt nicht weit von Israel an und warf ihm einen prüfenden Blick zu, als sei es seine tägliche Gewohnheit, sich zu vergewissern, daß mit der Vogelscheuche alles in Ordnung war. Kaum war der Mann in einiger Entfernung, verließ Israel seinen Posten und schlug sich durch das Feld nach London zu. Aber er war noch gar nicht am Rand des Feldes, da kam ihm bei, sich umzuwenden und nachzusehen, ob der Mann gänzlich außer Sicht sei. Zu seiner Bestürzung sah er ihn zurückkommen; sein Schritt und seine Gebärden ließen große Bestürzung erkennen. Er mußte sich noch vor Israel umgewandt haben. Israel stand wie angewachsen und wußte nicht, was tun; aber im nächsten Augenblick kam ihm der Gedanke, daß eben diese Reglosigkeit noch das ungefährlichste Mittel in dieser Verlegenheit war. Er streckte seinen Arm zum Haus hin aus, wieder stand er stockstill, wieder wartete er auf das Kommende.

Diesmal fügte es sich so, daß Israel seinen Arm notwendig dem Mann entgegenstrecken mußte, wenn er auf das Haus wies. Israel hoffte, daß diese seltsame Gleichartigkeit den Aberglauben des Mannes ansprechen und ihn so in die Flucht schlagen werde, und blieb so ruhig, wie er nur konnte. Der Mann schien aber aus festerem Holz, als er angenommen hatte. Er kam an die Stelle, wo die Vogelscheuche gestanden hatte, und als er sich einwandfrei vergewissert hatte, daß sie sich plötzlich durch eine unerklärliche Kraft ein Stück entfernt hatte, kam er, statt über diese Bestätigung seiner schlimmsten Ahnungen entsetzt zu sein, weiter auf Israel zu und war augenscheinlich entschlossen, diesem Rätsel auf den Grund zu gehen.

Als er ihn nun so entschieden und mit tapfer vorgehaltener Heugabel herankommen sah, versuchte Israel ein letztes Mittel, die Furcht des Kerls vor dem Übersinnlichen auszunutzen: er ballte plötzlich beide Fäuste, streckte sie ihm auf etwa zwanzig Schritt Entfernung wild entgegen, und gleichzeitig bleckte er die Zähne wie ein Totenschädel und rollte dämonisch mit den Augen. Der Mann hielt verwirrt an, blickte um sich, sah auf das aufsprossende Gras, dann hinüber zu ein paar Bäumen, dann hoch zum Himmel, und als diese Beobachtungen ihm endlich gewiß gemacht hatten, daß die Welt als Ganzes in den letzten fünfzehn Minuten nicht durch ein Wunder verändert worden war, nahm er seinen Angriff entschlossen wieder auf. Die Heugabel war jetzt wie ein Enterhaken genau auf die Brust der Gestalt gerichtet. Da Israel all seine Kunstgriffe vergebens sah, warf er sich wieder in die ursprüngliche Vogelscheuchenhaltung und stand von neuem unbeweglich. Der Mann verlangsamte seinen Schritt allmählich zu einem bloßen Schleichen, kam endlich auf drei Fuß Abstand heran, stand still und starrte Israel bestürzt in die Augen. Israel erwiderte den Blick entschlossen mit einem finsteren, schrecklichen Ausdruck, hielt sich aber sonst wie eine Statue und hoffte, seinen Verfolger aus der Fassung zu starren. Endlich führte der Mann einen Zinken seiner Gabel auf Israels linkes Auge zu. Die scharfe Spitze kam näher und näher, bis Israel eine solche Prüfung nicht länger aushalten konnte und sich in größter Eile auf die Beine machte, so daß seine zerrissenen Rockschöße hinter ihm herflatterten. Der Kerl folgte ihm mit hartnäckigem Eifer. Israel rannte blindlings weiter, übersprang ein Tor und fand sich plötzlich auf einem Feld, wo ein paar Dutzend Leute arbeiteten. Sie erkannten die Vogelscheuche – wie es schien, war es eine alte Bekannte von ihnen – und warfen die Arme in die Höhe, als die erstaunliche Erscheinung vorüberjagte, verfolgt von dem Mann mit der Heugabel. Bald beteiligten sich alle an der Jagd, aber Israel hatte den längeren Atem und die größere Ausdauer. Er ließ das ganze Gesindel hinter sich und sprang schließlich ihnen aus den Augen in einen weitläufigen Park, der zum Teil dicht mit Bäumen bestanden war. Er sah sie nicht wieder.

Bis zum Einbruch der Dunkelheit hielt er sich im Wald auf. Dann schlich er sich hinaus und lief auf dem nächsten Wege zum Haus jenes gutmütigen Bauern, in dessen Kornkammer er seine erste Botschaft von Squire Woodcock erhalten hatte. Kurz vor Mitternacht holte er diesen Mann aus dem Schlaf und erzählte ihm von seinen neuesten Abenteuern, verheimlichte aber sorgfältig seine Tätigkeit als Geheimkurier und ebenso seine Flucht aus Squire Woodcocks Haus. Zunächst bat er nur um eine Mahlzeit. Als er gegessen hatte, machte er dem Bauern das Angebot, er wolle ihm seinen besten Anzug abkaufen, und legte das Geld auf den Tisch.

»Wo haben Sie so viel Geld her?« fragte der Bauer im Ton des Erstaunens. »Nach Ihrer Kleidung zu urteilen, ist es Ihnen nicht besonders gut gegangen, seit Sie nicht mehr bei mir sind. Sie sehen ja wie eine Vogelscheuche aus.«

»Das mag schon sein«, entgegnete Israel ganz ruhig. »Aber wie ist es? Wollen Sie mir Ihren Anzug verkaufen? Hier ist das Geld.«

»Ich weiß nicht«, sagte der Bauer unschlüssig. »Zeigen Sie mir einmal das Geld. Ha! eine seidene Börse in der Tasche eines Bettlers? Aus meinem Haus, du Schurke! Du bist zum Dieb geworden!«

Israel wußte nicht, was er antworten sollte, denn er konnte ja nicht schwören, er sei auf die allerredlichste Weise zu dem Geld gekommen – diesen Fall konnte ja tatsächlich nur ein durch und durch spitzfindiger Moralist entscheiden. Diese ehrliche Verwirrung bestärkte den Bauern, und er trieb ihn mit vielen Schimpfworten auf die Straße. Israel möge noch dankbar sein, daß er ihn nicht auf der Stelle festgenommen habe, sagte er.

Dieser unselige Mißerfolg bekümmerte Israel sehr. Er wanderte im Mondlicht drei Meilen weiter zum Hause eines anderen Freundes, der ihm einst auch aus der Not geholfen hatte. Es zeigte sich aber, daß dieser Mann einen sehr gesunden Schlaf hatte. Statt seiner weckte Israel mit seinem Klopfen seine Frau, eine nicht sehr liebenswürdige Person. Als sie das Schiebefenster aufgemacht hatte und einen so erbärmlichen Bettler vor sich sah, beschimpfte sie ihn wegen der schamlosen Unanständigkeit, mitten in der Nacht und in so anstößigem Aufzug um Almosen zu bitten. Israel sah auf seine Hosen nieder und merkte, daß die ausgedehnten Wanderungen ihm an der einen Seite einen langen Riß eingebracht hatten, aus dem ein weißlicher Fetzen hervorlugte.

Er beseitigte diese Mißlichkeit, so gut es ging, und bat die Frau nochmals, ihren Mann zu wecken.

»Auf keinen Fall!« rief die Frau aufgebracht. »Gehen Sie vom Hof, oder ich werde Ihnen was auf den Kopf gießen!«

Damit holte sie einen irdenen Topf ans Fenster und würde Ihre Drohung wahrgemacht haben, wäre Israel nicht aus Vorsicht ein paar Schritte zurückgetreten.

Von hier aus bat er die Frau, ihm doch aus seiner Verlegenheit zu helfen, und wenn sie schon ihren Mann nicht wecken wolle, so möge sie ihm (Israel) doch ihres Mannes Hosen zuwerfen; er wolle den Preis, mit seinen eigenen Hosen als Dreingabe, auf die Türschwelle legen.

»Sie sehen doch, wie dringend ich sie brauche«, sagte er. »Um Himmelswillen, helfen Sie mir!«

»Gehen Sie vom Hof!« wiederholte die Frau.

»Die Hosen, die Hosen! Hier ist das Geld!« rief Israel, außer sich vor Aufregung.

»Unverschämter Kerl«, schrie die Frau, die ihn mißverstanden hatte, »willst du mich noch damit aufziehen, daß *ich* die Hose trüge? Weg mit dir!«

Und wieder machte Israel sich auf den Weg zu einem anderen Freund. Aber hier entrüstete sich eine ungeheure Dogge, daß ein so scheußlicher Lumpenkerl die Ruhe einer friedlichen Familie stören wollte, stürzte sich auf Israels unseligen Rock und riß die Schöße gänzlich ab, so daß er zu einem Jäckchen einschrumpfte, das dem Träger kaum bis zur Hüfte ging. Als Israel das Ungeheuer wegjagen wollte, fiel ihm der Hut herunter. Der Hund stürzte sich mit äußerster Wut darauf, stemmte beide Pfoten hinein, stampfte die Krone ein und ging dann schnaubend um das Wrack herum. Als Israel den bejammernswürdigen Hut endlich wiedererlangt hatte, machte er sich auf den Rückzug, in einer Kleidung, der seine Besuche nicht gerade zum Besten angeschlagen hatten. Nicht nur sein Rock war ein bloßer Fetzen, sondern auch die Hosen, an denen der Hund gezerrt hatte, waren zu großen Löchern zerschlissen, und sein gelbes Haar wehte aus dem offenen Hut wie ein einsames Büschel Heidekraut im Hochland.

In dieser Verfassung überraschte ihn der Morgen, als er sich unschlüssig in den Ausbauten eines Dorfes umhertrieb. »Ach! wie werden einem treuen Patrioten seine guten Dienste gelohnt!« murrte er. Aber nach und nach dachte er besser von seinen Aussichten, und als er wieder ein Haus sah, das ihm einst Asyl geboten hatte, wagte er sich kühn an die Tür. Zum Glück traf er diesmal den Bauern selbst, er stand gerade vom Bett auf. Zuerst erkannte er den Flüchtling nicht, aber als er genauer hingesehen und Israels klägliche Bitten gehört hatte, winkte er ihn in die Scheune, wo unser Abenteurer ihm alles von seiner Geschichte mitteilte, was zu erzählen er für gut hielt. Wieder endete er mit dem Angebot, einen Rock und eine Hose zu kaufen. Die Börse, die ihn bei dem ersten Bauern so schändlich hereingelegt hatte, hatte er vorher ausgeleert und weggeworfen, und nun holte er drei Kronen heraus.

»Fünfzehn Shilling in der Tasche, und dann ein Hut ohne Kopf!« sagte der Bauer.

»Aber ich versichere Ihnen, mein Lieber«, entgegnete Israel, »einen schöneren Hut hat nie einer getragen, bis diese verdammte Bulldogge ihn ruiniert hat.«

»Ach ja«, sagte der Bauer. »Das hatte ich vergessen. Gut, ich will Ihnen für das Geld einen leidlichen Rock und eine Hose verkaufen.«

Zehn Minuten später war Israel versehen mit einer Jacke aus grauem grobem Stoff, die vom Tragen nicht viel besser geworden war, und dazu passenden Hosen. Für noch eine halbe Krone erwarb er einen Hut von sehr anständigem Aussehen.

»Und jetzt, guter Freund«, sagte Israel, »können Sie mir sagen, wo Horne Tooke und John Bridges wohnen?« Unser Abenteurer hielt es für das beste, wenigstens einen dieser Herren aufzusuchen, um ihnen sowohl die Ereignisse zu berichten als auch zuverlässige Nachrichten über Squire Woodcock zu bekommen, nach dessen Schicksal er jemand anders nicht fragen mochte.

»Horne Tooke? Was wollen Sie von Horne Tooke«, sagte der Bauer. »Er war ein Freund von Squire Woodcock, nicht wahr? Wer hätte gedacht, daß er so plötzlich sterben mußte. Aber der Schlaganfall kommt wie eine Gewehrkugel.«

Ich habe mich also nicht geirrt, dachte Israel. »Aber wo wohnt Horne Tooke?« fragte er noch einmal.

»Früher einmal in Brentford, er war dort Priester. Aber wie ich gehört habe, hat er seine Pfründe verlassen und ist im Chorrock nach London gegangen, um da die Rechte zu studieren.«

Für Israel war dies völlig neu. Nach verschiedenen heiteren Aussprüchen, die er beim Squire von Horne Tooke gehört hatte, war ihm kaum der Gedanke gekommen, er könne ein ordinierter Geistlicher sein. Aber dennoch hat ein gutmütiger englischer Geistlicher Lukian übersetzt; ein anderer, ebenso gutmütigen Wesens, schrieb den ›Tristram Shandy‹; und ein dritter, ein boshafter Bewunderer des gutmütigen Rabelais, starb als Dekan; von anderen nicht zu sprechen. So geistreiche und unbefangene Leute gibt es in der englischen Geistlichkeit.

»Dann können Sie mir also nicht sagen, wo Horne Tooke zu finden wäre?« fragte Israel, ganz fassungslos.

»Ich nehme an, Sie werden ihn in London finden.«

»Welche Straße, welche Hausnummer?«

»Weiß ich nicht. Das ist 'ne Nadel im Heufuder.«

»Und wo wohnt Mr. Bridges?«

»Nie gehört von einem Bridges. Nur von den Brükken* in London und einer Molly Bridges in Bridewell.«

* Wortspiel. Brücke – bridge

So verabschiedete sich Israel; besser gekleidet, aber nicht klüger als zuvor. Was nun? Er zählte sein Geld nach und kam zu dem Schluß, daß er genug hatte, um zu Doktor Franklin nach Paris zurückzufahren. Also schlug er erst einmal einen Bogen um die nächsten beiden Dörfer und machte sich auf den Weg nach London. Dort nahm er wieder die Postkutsche nach Dover und kam gerade rechtzeitig am Ufer des Kanals an, um zu erfahren, daß dieselbe Kutsche, mit der er gekommen war, die Nachricht gebracht hatte, daß jeder Verkehr zwischen den beiden Nationen auf unbestimmte Zeit abgebrochen war. Die charakteristische Schweigsamkeit und sture Förmlichkeit seiner Mitreisenden – lauter Engländer, die einander nicht kannten und unterschiedliche Stellungen im Leben innehatten – hatten ihn die Neuigkeit nicht früher erfahren lassen.

Wieder türmte sich das Unglück vor ihm auf. Aus seiner jetzigen Lage gab es keinen Ausweg als die Gefangenschaft oder das Verhungern. Der Edelmann in Brentford hatte ihm mit dem ansehnlichen Lohn für seine Kurierdienste falsche Hoffnungen gemacht. Diese Aussicht war dahin. Doktor Franklin hatte ihm seine guten Dienste bei der Beschaffung einer Überfahrt nach Amerika versprochen. Daran war jetzt gar nicht zu denken. Ebenso hatte der Weise angedeutet, möglicherweise könne er dafür sorgen, daß Israel für die Leiden im Dienste seines Landes entschädigt werde. Auch diese Hoffnung mußte er aufgeben. Da besann Israel sich auf die Worte des freundlichen Weisen: ›Man soll sich von erfreulichen Aussichten nicht hinreißen lassen und dem Unglück gefaßt entgegensehen.‹ Aber es wurde ihm, bei allem Respekt, jetzt doch ebenso schwer, sich in die zweite Hälfte dieser Maxime zu schicken, wie er mit der ersten seine Mühe gehabt hatte.

Als er so in trübe Gedanken versunken am Ufer stand und zur unerreichbaren französischen Küste hinüberblickte, sprach ihn ein fremder Seemann von angenehmem, freundlichem Äußeren an und lud ihn nach einem kurzen heiteren Wortwechsel sehr höflich ein, mit ihm eine Straße weiter in ein heimliches Vergnügungslokal zu gehen. Israel war dankbar, daß jemand sich seiner in dieser Lage annahm, sah aber den Mann prüfend an und war nicht ganz von seinen guten Absichten überzeugt. Der andere schleppte ihn jedoch mit sanfter Gewalt die Straße hinauf und in die Kneipe, rief nach Schnaps, und jeder trank herzlich auf des anderen Gesundheit und Wohlergehen.

»Trinken Sie noch ein Glas«, sagte der Fremde liebenswürdig.

Israel, der seinen Kummer ertränken wollte, nahm an. Der Alkohol begann seine Wirkung zu tun.

»Je zur See gewesen?« begann der Fremde beiläufig.

»O ja, auf dem Walfang.«

»Ach!« sagte der andere. »Das freut mich zu hören, wirklich. Jim! Bill!« Er winkte ganz kaltblütig nach zwei kräftigen Burschen, und im Nu sah Israel sich in die Marine des großmütigen alten Herrn der Gärten von Kew, seiner Königlichen Majestät Georg des Dritten, gepreßt.

»Hände weg!« sagte Israel wütend, als die beiden ihn fesselten.

»Ein richtiger Kampfhahn«, sagte der Mann mit dem freundlichen Benehmen. »Für den muß ich drei Guineas kriegen. Gute Reise, mein Lieber.« Der Werber knöpfte seinen Rock zu, schlenderte aus der Kneipe und ließ Israel als Gefangenen zurück.

»Ich bin kein Engländer!« rief Israel wie rasend aus.

»Ach, das ist die alte Geschichte«, sagten seine Häscher grinsend. »Es gibt überhaupt keinen Engländer in der englischen Flotte. Alles Ausländer. Du kannst dein eigenes Wort drauf nehmen.«

Um es kurz zu sagen: kaum eine Woche später sah Israel sich in Portsmouth, und bald darauf war er Vormarsmann auf Seiner Majestät Linienschiff ›Unprincipled‹, das vor dem Wind den Kanal hinunter lief, zusammen mit der ›Undaunted‹ und der ›Unconquerable‹. Diese drei großen, hochmütigen Kästen hatten Kurs auf die ostindischen Gewässer und sollten die Flotte von Sir Edward Hughes verstärken.

Und nun müßten wir in kurzer Form den Anteil unseres Abenteurers an der berühmten Schlacht vor der Koromandelküste zwischen der Flotte von Admiral Suffrien und dem englischen Geschwader berichten, hätte das Schicksal ihn nicht an der Schwelle der Ereignisse ergriffen und ihn kurzum und wohlgesinnt dahin zurückgeschickt, wo er herkam, nämlich in den Krieg gegen, statt für England. So wurde das Geschick unseres Wanderers wieder und wieder angehalten, entwurzelt, kam wieder zur Ruhe und geriet von neuem in Sturm, hin und her, wie es der höchste Lebenslenker der Seeleute und Soldaten für richtig hielt.

14

In dem Israel unter zwei Flaggen und auf drei Schiffen segelt, und alles in einer einzigen Nacht

Als Israel am Abend der Ausfahrt aus dem Kanal auf dem belebten Hauptdeck des Vierundsiebzigers umherging, von tausend eiligen Leuten unablässig gestreift wie in einer der großen Straßen Londons, in der die von ihrer Arbeit heimkehrenden Handwerker sich drängen, überkamen ihn ungewohnte und schmerzliche Gefühle. Er fand unter dem Gesindel der Seeleute keinen einzigen Freund, nein, sie waren Feinde; denn die Feinde seines Landes waren auch seine eigenen, und gegen die Freunde und Verwandten dieser Menschen rings um ihn hatte er einst die Waffe erhoben. Die kriegerische Geschäftigkeit auf einem großen Schlachtschiff am ersten Tage der Ausfahrt war ihm in seiner jetzigen Stimmung unbeschreiblich zuwider. Der Lärm der Menschenmenge, der die feierliche, natürliche Einsamkeit des Meeres störte, reizte ihn auf unerklärliche Weise. Er verwünschte das Ungeschick, das ihn nach so endlosen Sorgen auf dem Land nun auch noch auf der See mit vermehrtem Kummer verfolgte. Warum mußte ein Patriot, der nach einer Gelegenheit hungerte, den Feind wieder anzugreifen, dazu verkauft werden, daß er die Schlachten des Bedrückers auf dem endlosen Bunker Hill des Meeres ausfocht? Aber wie so mancher Unzufriedene war vielleicht auch Israel ein bißchen voreilig mit seinen Vorwürfen.

Als die ›Unprincipled‹, die ihre Schwesterschiffe etwas hinter sich gelassen hatte, zwischen Scilly und Kap Clear kreuzte, kam kurz vor Dämmerung ein großer Zollkutter dicht an ihr vorbei, der Notsignale zeigte. Ein anderes Segel war zu der Zeit nicht in Sicht.

Der Manöveroffizier fluchte, daß er bei so starkem Wind und in einem solchen Moment anhalten mußte. Er minderte die Segel und drehte bei, während er den Kutter anrief, was denn los sei. Als der Offizier vom hohen Schanzdeck des von Geschützen starrenden Vierundsiebzigers zu dem kleinen Schiff hinunterrief, schien er auf der Spitze von Gibraltar zu stehen und mit einem Bauern im Tiefland zu reden. Er bekam zur

Antwort, daß der Kutter vor kaum einer Stunde in einer plötzlichen Bö, die ihn beinah zum Kentern gebracht hätte, alle vier Fockmastleute durch das heftige Überschlagen der Fockspiere verloren hatte. Er brauchte Hilfe, um in einen Hafen zu kommen.

»Sie sollen einen Mann haben«, sagte der Manöveroffizier mürrisch.

»Schicken Sie aber um Himmels willen einen tüchtigen«, sagte der Mann im Kutter. »Ich würde mindestens zwei brauchen.«

Während dieses Gesprächs hatte die Neugier Israel die Leiter des Hauptdecks hinaufgetrieben und er stand nun gerade an der Gangway und betrachtete das fremde Schiff. Inzwischen war das Kommando zum Aussetzen eines Bootes gegeben worden. Israel hielt dies für eine günstige Gelegenheit und stellte sich so hin, daß er als erster in das Boot springen konnte, obwohl die englischen Matrosen, die genausogern wie er dem Auslandsdienst entkommen wollten, in Mengen an den Ketten des Kriegsschiffes hingen, auf dem überhaupt noch keine Disziplin herrschte. Als die beiden Matrosen, die im Boot heruntergelassen worden waren, es an die Gangway hakten, sobald es auf dem Wasser lag, sprang Israel wie ein Komet auf die Achtersitze, stolperte vorwärts und ergriff ein Ruder. Einen Augenblick später waren alle Ruderer an ihren Plätzen, und nach wenigen Schlägen lag das Boot neben dem Kutter.

»Nehmen Sie, welchen Sie wollen«, sagte der Leutnant, der den Befehl hatte, zum Offizier des Zollkutters. Er wies mit der Hand auf seine Mannschaft, als sei es eine Ladung Hammelfleisch und dem Kunden sei eine erste Auswahl angeboten. »Wählen Sie schnell.« Zu den Matrosen: »Hinsetzen. Oh, ihr habt es sehr eilig, den Dienst des Königs zu verlassen, nicht wahr?

Tapfere Kerle, wirklich! – Haben Sie Ihren Mann ausgesucht?«

Die ganze Zeit über waren die zehn sehnsüchtigen Gesichter der Matrosen mit heimlichen Wünschen und Bitten dem Offizier des Kutters zugewandt; alle Köpfe hatten die gleiche Haltung, als seien sie von einer Maschine bewegt. Und so war es auch. Sie hatten alle das eine Verlangen.

»Ich nehme den Sommersprossigen mit dem gelben Haar, den da«, und er zeigte auf Israel.

Neun der aufgewandten Gesichter senkten sich in dumpfer Verzweiflung, und bevor Israel aufspringen konnte, bekam er von einem der Enttäuschten einen kräftigen Fußtritt in den Rücken.

»Spring, Junge!« rief der Bootsoffizier.

Aber Israel war schon an Bord. Im nächsten Augenblick trennten sich Kutter und Ruderboot. Bald kam die Nacht, und das Kriegsschiff mit seinen Trabanten war außer Sicht.

Das Zollschiff nahm seinen Kurs zum nächsten Hafen wieder auf, regiert von nur vier Männern: dem Kapitän, Israel und den beiden Offizieren. Der Schiffsjunge mußte am Ruder bleiben. Israel, als der einzige Mann vor dem Mast, hatte es schwer. Wenn auf drei Herren nur ein Knecht kommt, dann wehe diesem schutzlosen Sklaven. Es war ohnehin eine harte Arbeit, das Schiff mit so wenig Leuten in Gang zu halten, aber um es noch schlimmer zu machen, waren der Kapitän und seine Leute von bösartigem Wesen. Der eine stieß ihn, und die anderen schlugen nach ihm. Israel war durch seine jüngsten Erfahrungen nicht gerade sanfter geworden, und dieser Glücksfall, allein auf See zu sein, mit nur drei Mann statt tausend als Gegnern, brachte ihn außer sich. Er faßte sich ein Herz, schleuderte den

Kapitän in die Lee-Speigatten und wollte in seiner Wut eben den Ersten Offizier, einen schmächtigen Kerl, über Bord werfen, als der Kapitän wieder auf die Beine kam, ihn an seinen langen gelben Haaren packte und schwor, er werde ihn umbringen. Die ganze Zeit flog der Kutter schäumend durch den Kanal dahin, wie in dämonischem Frohlocken über den Aufstand und die Gefahr. Als das Durcheinander am höchsten war, kam in mäßiger Entfernung ein dunkler undeutlicher Gegenstand in Sicht und jagte dwars achter den Kutter. Im nächsten Augenblick schlug eine Bootslänge entfernt ein Schuß ins Wasser.

»Beidrehen und ein Boot aussetzen!« brüllte eine Stimme, fast so laut wie der Kanonenschuß.

»Das ist ein Kriegsschiff!« schrie der Kapitän des Kutters aufgeregt, »aber kein Landsmann!« Mittlerweile hatten die Offiziere und Israel den Kutter gestoppt.

»Setzt ein Boot aus, oder ich versenke euch!« brüllte der Fremde wieder, und ein zweiter Schuß schlug noch dichter am Kutter ins Wasser.

»Um Himmels willen, beschießen Sie uns doch nicht. Ich habe nicht genug Leute, um ein Boot auszusetzen«, antwortete der Kapitän des Kutters. »Wer sind Sie?«

»Warten Sie, ich schicke Ihnen ein Boot«, erwiderte der Fremde.

»Das ist irgendwie ein feindliches Schiff, das ist klar«, sagte nun der Engländer zu seinen Offizieren. »Wir sind aber noch nicht im Krieg mit Frankreich. Das muß ein blutdürstiger Pirat oder so einer sein.« Er wandte sich zu seinen Offizieren um. »Was meinen Sie? Entweder segeln wir ihm weg, oder wir werden zu Splittern geschossen. Wir segeln schneller, das ist gewiß.«

Damit, ohne jeden Zweifel, daß sein Ratschluß herzliche Zustimmung finden würde, rannte er zu den Leinen, um den Kutter wieder vor den Wind zu bringen. Der eine Offizier lief ihm nach, während der andere als ganz unnütze Herausforderung die Flagge am Heck aufzog.

Aber Israel stand unschlüssig, oder vielmehr in einem Fieber widerstreitender Gefühle. Er meinte die Stimme auf dem fremden Schiff erkannt zu haben.

»Los, was stehst du da rum, Dummkopf? An die Leinen!« schrie der Kapitän wütend.

Aber Israel rührte sich nicht.

Inzwischen hatte das Durcheinander an Bord des Fremden, das durch das eilige Aussetzen des Bootes entstand, im Verein mit den Wolken, die die neblige See verfinsterten, von dem kühnen Manöver des Kutters abgelenkt. Er machte beinahe schon volle Fahrt, als ein Steilschuß eher durch Zufall das Heck traf, den oberen Teil der Ruderpinne in der Hand des Schiffsjungen zerriß und ihn mit den Splittern tötete. Der Kapitän stürzte an den Stumpf und brachte das schlingernde Schiff wieder auf Kurs, während er anfeuernde Rufe ausstieß. Der Fremde, der sein Boot erst wieder einholen mußte, bevor er die Verfolgung aufnehmen konnte, blieb rasch zurück.

Die ganze Zeit hagelten die Verwünschungen nur so auf Israel nieder. Aber die angestrengte Arbeit an den Tauen hinderte die Besatzung vorerst, Hand an ihn zu legen. Israel beobachtete ihre Bemühungen und mußte sich eingestehen: Die Kerle sind nicht weniger tapfer als brutal.

Bald sahen sie die Umrisse des Fremden achteraus ankommen; er hatte alle Segel gesetzt, und ab und zu zeigte das Buggeschütz seine rote Zunge und bellte hinter ihnen her wie eine gereizte Bulldogge. Zwei weitere

Schüsse schlugen auf dem Kutter ein, beschädigten aber weder die Segel noch ihre unmittelbaren Haltetaue. Immerhin wurden einige weniger wichtige Stütztaue durchschlagen, so daß ihre losen teerigen Enden durch die Luft schlugen wie Skorpione. Es war jedoch nicht unwahrscheinlich, daß der Kutter dank seiner überlegenen Segeltüchtigkeit entkommen würde.

In diesem kritischen Augenblick rannte Israel auf den Kapitän zu, der immer noch den zersplitterten Ruderstumpf hielt, stellte sich vor ihm auf und sagte: »Ich gehöre zum Feind, ich bin ein Yankee! Sehen Sie sich vor!«

»Hilfe, Jungens, Hilfe!« brüllte der Kapitän. »Ein Verräter, ein Verräter!«

Die Worte waren kaum von seinen Lippen, als er schon für immer still war. Mit einer gewaltigen Anstrengung seiner ganzen Kraft warf Israel ihn über das Heckbord ins Meer, als sei der Mann hinterrücks über einen umstürzenden Stuhl gefallen. Schon kamen die Offiziere nach hinten gerannt. Bevor er ihnen entgegenlief, zerschnitt Israel schnell wie der Blitz die beiden Hauptfallen, so daß die großen Segel in einem einzigen Knäuel auf das Deck fielen. Im nächsten Augenblick war der eine Offizier am Ruder, um den Kutter in einer solchen Lage nicht ohne Steuermann zu lassen und ihn vor dem Kentern zu bewahren. Der andere Offizier und Israel stürzten sich aufeinander. Der Kampf tobte inmitten des Gewirrs von flatterndem Segeltuch. Der Offizier geriet in einen Schlitz, stolperte und fiel dicht an dem scharfen eisernen Lukenrand nieder. Im Fallen packte er Israel an der empfindlichsten Stelle, an der man einen Menschen verletzen kann. Fast wahnsinnig vor Schmerz, stieß Israel den Schädel seines Gegners gegen das scharfe Eisen. Der Griff des Offiziers ließ nach, er streckte sich. Israel fiel über den Steuermann her, der den Ausgang des Kampfes noch gar nicht bemerkt hatte. Er packte ihn an den Hüften, grub ihm seine Finger wie Bärenklauen ins Fleisch und preßte ihn an sich. Der Atem des Mannes, wie ein zerbrochener Korken glucksend im Flaschenhals eingeschlossen, stockte in dieser Umarmung. Plötzlich ließ Israel ihn los und schleuderte ihn gegen die Reling. In diesem Augenblick kam wieder ein Schuß und dann die wilde Stimme: »Jetzt habt ihr die Segel endlich runter, was? Ich habe nicht wenig Lust, euch für diesen schäbigen Trick zu versenken. Zieht diesen dreckigen Lappen da hinten ein!«

Mit einem lauten Hurra zog Israel die Flagge ein, während er mit der anderen Hand das langsam dahingleitende Schiff in den Wind drehte. Nach wenigen Augenblicken kam ein Boot längsseits. Als sein Befehlshaber an Bord stieg, stolperte er über die Leiche des Ersten Offiziers, die bei der plötzlichen Wendung des Kutters in den Wind seitwärts an die Gangway gerollt war. Er trat nach hinten und hörte den anderen Offizier unter den Besanwanten stöhnen.

»Was bedeutet das alles?« fragte der Fremde Israel.

»Das bedeutet, daß ich ein Yankee bin, der in den Dienst des Königs gepreßt wurde, und darum habe ich den Kutter genommen.«

Der Offizier gab seinem Erstaunen Ausdruck. Er sah den Körper unter den Wanten genauer an und sagte: »Der Mann ist so gut wie tot, aber wir werden ihn als Zeugen zu Ihren Gunsten zu Kapitän Paul mitnehmen.«

»Kapitän Paul? Paul Jones?« rief Israel.

»Ja, das ist er.«

»Das habe ich mir gedacht. Ich glaubte ihn an der

Stimme zu erkennen. Es war seine Stimme, sie hat mich irgendwie zu dieser Tat getrieben.«

»Kapitän Paul kann die Männer wirklich zu Tigern machen. Aber wo ist der Rest der Mannschaft?«

»Über Bord.«

»Was?« rief der Offizier. »Kommen Sie an Bord der ›Ranger‹. Kapitän Paul wird Sie als Breitseite anstellen.«

Sie nahmen den stöhnenden Offizier mit und ließen den Kutter ohne eine lebende Seele zurück. Aber bevor ihr Boot das feindliche Schiff erreichte, hatte der Mann ausgelitten.

Als Israel hinaufkletterte, sah er auf dem Deck unter dreihundert Matrosen ganz vornean im Licht der Gefechtslaternen einen kleinen kräftigen Mann stehen, der wie ein Räuber aussah. Er trug eine Schottenmütze mit einem goldenen Band.

»Du Schurke«, sagte dieser Mann, »warum habt ihr elenden Küstenschiffer mich zu dieser Verfolgung gezwungen? Wo ist der Rest deiner Bande?«

»Kapitän Paul«, sagte Israel, »ich glaube, ich kenne Sie. Ich meine, Ihnen vor ein paar Monaten in Paris mein Bett angeboten zu haben. Wie geht es dem ›Armen Richard‹?«

»Gott! Ist das der Kurier? Der Yankeekurier? Aber wie geht das zu; in einem englischen Zollkutter?«

»Ganz einfach, Sir. Gepreßt.«

»Und wo sind die anderen?« fragte Paul, zum Offizier gewandt. Der berichtete in drei Worten, was Israel ihm erzählt hatte.

»Sollen wir den Kutter versenken, Sir?« fragte der Geschützmeister, der jetzt an Kapitän Paul herantrat. »Wenn es sein soll, ist jetzt gerade die beste Zeit. Er ist dicht unter unserem Heck; ein paar Schüsse abwärts werden ihn zur Ruhe setzen wie einen mit Kugeln beschwerten Leichnam.«

»Nein. Laßt ihn nach Penzance treiben, als anonyme Ankündigung all dessen, was der Sturmwind aus heiterem Himmel, Paul Jones, künftig vorhat.« Dann legte Paul den Kurs des Schiffes fest, hinterließ den Befehl, man solle ihn rufen, sobald sich ein Segel zeige, und nahm Israel mit in seine Kajüte.

»Nun erzähle mir deine Geschichte, du gelber Löwe. Wie war es denn inzwischen? Steh nicht herum, setz dich auf den Heckbalken. Ich bin ein demokratischer Seekönig. Setz dich da auf den Wollsack, sage ich, und spinne dein Garn. Doch halt, du wirst einen Grog vorher brauchen können.« Als er ihm die Flasche hinüberreichte, fiel Israels Blick auf seine Hand.

»Ich sehe, Sie tragen jetzt keine Ringe mehr, Kapitän. Haben sie wohl zur Sicherheit in Paris gelassen.«

»Ja, und eine gewisse Marquise auch«, antwortete Paul mit einem eingebildeten, sentimentalen Blick, der sich zu seiner üblichen Menschenfressermiene wunderlich ausnahm.

»Ich glaube auch, Ringe wären zu unbequem auf See«, fuhr Israel fort. »Auf meiner ersten Reise in die westindischen Gewässer trug ich an diesem Mittelfinger den Ring eines Mädchens, und es dauerte nicht lange, beim Einholen nasser Taue und so weiter, daß er mir sozusagen ins Fleisch wuchs und mir ziemliche Schmerzen machte, kann ich Ihnen sagen. Er zwängte den Finger so.«

»Und ist dir das Mädchen ebenso dicht ans Herz gewachsen, mein Junge?«

»Ach, die Mädchen laufen uns schneller weg, als wir sie festhalten können, Kapitän.«

»Du hast Erfahrung mit den Gräfinnen, genau wie

ich, wie? Aber deine Geschichte. Schüttle deine gelbe Mähne, du Löwe. Die Geschichte.«

So erzählte Israel ihm alles, bis in die kleinsten Dinge. Als er am Ende war, betrachtete Kapitän Paul ihn sehr ernsthaft. Sein wildes, einsames Herz, das die verzärtelten Naturen, die immer langweiliger werden, weil sie nie ein Leid erleben, nicht ausstehen konnte, fühlte sich doch hingezogen zu einem Menschen, der in Verzweiflung und Schutzlosigkeit, ähnlich wie er selbst, einen so wütenden Kampf gegen eine tyrannische Übermacht geführt hatte.

»Bist du früh zur See gegangen, mein Junge?«

»Ja, ich war ziemlich jung.«

»Ich mit zwölf Jahren, in Whitehaven. Nicht größer als so«, er hielt seine Hand etwa vier Fuß über dem Boden. »Ich war so klein und sah in meiner kleinen blauen Jacke so komisch aus, daß sie mich den Affen nannten. Inzwischen geben sie mir längst andere Namen. Bist du jemals aus Whitehaven abgesegelt?«

»Nein, Kapitän.«

»Du hättest da wüste Geschichten über mich gehört. Bis heute noch behauptet man, ich hätte – blutdürstig und feige wie ich bin – einen Seemann zu Tode gepeitscht, einen *Mungo Maxwell.* Das ist eine Lüge, beim Himmel! Ich peitschte ihn, weil er ein aufrührerischer Taugenichts war. Aber er ist eines natürlichen Todes gestorben, viel später, auf einem ganz anderen Schiff. Aber was nützt das? Sie haben die schriftlichen Erklärungen anderer vor Londoner Gerichten nicht geglaubt, die mich von jeder Schuld freisprechen; warum sollten sie mir als dem Betroffenen glauben? Wenn eine Verleumdung und wieviel mehr noch eine Lüge sich erst einmal an einen Menschen geheftet hat, wird sie sicherer an ihm hängen als sein guter Ruf, so wie schwarzes

Pech fester klebt als weißer Rahm. Aber sie sollen mich nur verunglimpfen. Ich werde den Verleumdern schon Anlaß zum Fluchen verschaffen. Als ich zum letztenmal aus Whitehaven abfuhr, habe ich mir geschworen, niemals wieder den Fuß auf diesen Pier zu setzen, es sei denn als fremder Eroberer, wie Cäsar in Sandwich. Springe, mein Schiff. Auf dich setze ich meine Rache!«

Männer, die ihre heftigen Leidenschaften unter einer Maske unbekümmerter Selbstsicherheit verbergen müssen, sind nie sicher vor dem plötzlichen Ausbruch ihres Gefühls. Obwohl sie sich im allgemeinen in der Gewalt haben, verlieren sie doch bei der geringsten Lockerung alle Beherrschung und können sich dann nicht mehr zurückhalten. So ging es Paul jetzt. Seine Sympathie für Israel hatte diese schnelle Aufwallung herausgefordert. Als sie vorüber war, schien er sie nicht wenig zu bedauern. Aber er ging leichthin darüber weg und sagte: »Du siehst, mein Lieber, was für ein blutiger Kannibale ich bin. Willst du zu meinen Männern gehören? Zu den Männern des Kapitäns, der den armen Mungo Maxwell zu Tode gepeitscht hat?«

»Kapitän Paul, ich wäre sehr glücklich, unter dem Mann zu segeln, der die britische Nation hoffentlich noch zu Tode peitschen wird.«

»Du haßt sie, nicht wahr?«

»Wie die Schlangen. Monatelang haben sie mich gejagt wie einen Hund!« brach halb heulend aus Israel die Erinnerung an alles, was er ausgestanden hatte.

»Gib mir die Hand, mein Löwe, schüttle wieder dein wildes Haar. Beim Himmel, du haßt so gut, ich mag dich leiden! Du sollst mein Vertrauensmann sein, an der Kajütentür stehen, mein Schiff steuern, an meiner Seite sein, wo immer ich auch an Land gehe. Was meinst du dazu?«

»Ich sage, daß mir das alles wohl gefällt.«

»Du bist eine gute und tapfere Seele. Du bist der erste unter Millionen Menschen, zu dem ich unmittelbar Vertrauen fasse. Komm, du bist müde. Schlafe heute nacht in der Passagierkajüte, da – es ist meine eigene. Du hast mir in Paris dein Bett angeboten.«

»Aber Sie haben es ausgeschlagen, und dann muß ich es auch tun. Wo schlafen Sie denn?«

»Junge, ich schlafe in drei Nächten nicht eine halbe. Ich bin seit fünf Tagen nicht aus den Kleidern gekommen.«

»Ach, Kapitän, Sie schlafen so wenig und planen so viel. Sie werden jung sterben.«

»Ich weiß. Es ist mir auch ganz recht so, ich will es. Wer möchte als zittriger alter Krüppel leben? Wie gefällt dir meine Schottenmütze?«

»Sie sehen gut damit aus, Kapitän.«

»Meinst du wirklich? Allerdings, ein Schotte sollte wohl gut aussehen mit einer Schottenmütze. Ich bin von Geburt einer. Ist der Goldstreifen zuviel?«

»Mir gefällt er, Kapitän. Er sieht so aus, wie ich mir die Krone eines Königs denke.«

»Wirklich?«

»Sie würden als König viel besser aussehen als Georg III.«

»Hast du diesen alten Großvater jemals gesehen? Watschelt umher in Reifröcken und spielt mit einem Pfauenfächer, nicht wahr? Hast du ihn jemals gesehen?«

»Ich war ihm so nahe wie jetzt Ihnen, Kapitän. Das war in den Gärten von Kew, wo ich die Wege mit Kies bestreuen mußte. Ich war ganz allein mit ihm und habe mich etwa zehn Minuten mit ihm unterhalten.«

»Bei Jupiter, was für eine Gelegenheit! Wäre ich nur

dagewesen! Was für eine Gelegenheit, den britischen König zu entführen und ihn auf einem schnellen Schiff nach Boston zu bringen, als Geisel für die Freiheit Amerikas. Aber was hast du unternommen? Hast du nicht versucht, ihm etwas anzutun?«

»Mir kamen ein oder zwei abscheuliche Gedanken, Kapitän; aber ich habe mich doch besonnen. Übrigens hat der König anständig gegen mich gehandelt, wie ein ehrenwerter Mann, wirklich. Gott segne ihn dafür. Aber die bösen Gedanken hatte ich schon vorher überwunden.

»Aha, du wolltest ihn erstechen, vermute ich. Ich bin froh, daß du es nicht getan hast. Wäre sehr gemein gewesen. Einen König soll man nicht umbringen, sondern gefangennehmen. Es sieht besser aus, wenn er ein Pferd am Zügel ist, als ein totes Gerippe. Ich habe jetzt auf dieser Fahrt vor, den Besitz des Grafen von Selkirk zu überfallen, eines Staatsrats und persönlichen Freundes von Georg III. Aber ich werde ihm kein Haar krümmen. Wenn ich ihn erst einmal an Bord habe, soll er in meiner besten Kajüte wohnen, und ich werde sie ihm mit Damast aushängen. Ich werde Wein mit ihm trinken und sehr nett zu ihm sein, ihn mitnehmen nach Amerika und Seine Lordschaft dort in die beste Gesellschaft einführen; nur werde ich ihn bei seinen Besuchen von ein oder zwei als Dienern verkleideten Wachen begleiten lassen. Denn der Graf wird seinen Preis haben, gewiß, viel Lösegeld! Das heißt, der Edelmann, Lord Selkirk, soll seinen Preis an den Rockschößen tragen, wie ein Sklave auf einer Versteigerung in Charleston. Aber du ziehst seltsamerweise meine größten Geheimnisse heraus, Junge mit der gelben Mähne, und das, ohne ein Wort zu sagen. Aber du kannst schweigen. Deine Ehrlichkeit ist ein Magnet, der meine Aufrichtigkeit anzieht. Ich verlasse mich auf deine Redlichkeit.«

»Ich werde Ihren Plan bewahren wie in einem Schraubstock. Ich werde alles packen, aber nichts loslassen, bevor Sie nicht selbst die Schraube lockern.«

»Gut gesagt. Nun zu Bett, du hast es nötig. Ich gehe an Deck. Gute Nacht, Herz-As.«

»Das paßt besser auf Sie, Kapitän Paul, einsamer Anführer des Spiels.«

»Einsam? Aber die Nummer Eins muß ja allein bleiben, du Trumpf.«

»Ich gebe es Ihnen wieder zurück: Trumpf-As soll es für Sie sein, mögen Sie niemals besiegt werden. Ich bin nur ein armer Teufel, eine Drei, die in Ihrem Kielwasser fährt – jeder König oder Bube kann mich stechen, wie die Buben es bisher getan haben.«

»Ach was, Junge. Sei nicht für einen anderen besseren Mutes als für dich selbst. Und ein müder Körper lähmt die Seele. In die Hängematte, marsch! Ich gehe an Deck und setze deiner Wiege ein weiteres Segel auf.«

Damit trennten sie sich für diese Nacht.

15

Sie segeln bis zum Felsen von Ailsa

Am nächsten Morgen wurde Israel zum Steuermannsmaat gemacht. Diese untere Charge wird aus den gewöhnlichen Seeleuten ausgewählt, und der Dienst ist meistens am Heck des Schiffes, wo der Kapitän sich aufhält. Er muß mit dem Fernglas nach anderen Schiffen Ausschau halten, die Fahne aufziehen oder dippen und auf den Steuermann achten. Da die Steuermannsmaate sowohl ihrer hervorragenden Intelligenz, ihres Ansehens als auch ihrer seemännischen Tüchtigkeit wegen aus der Mannschaft ausgesucht werden, haben sie auf einem Kriegsschiff nicht selten ein besonders gutes Verhältnis zum Kapitän und den Patentoffizieren. Darum brachte diese Herkunft Israel amtlich in die Nähe Pauls, ohne irgendwelchen Unwillen zu erregen, und machte ihre öffentlichen Unterhaltungen an Deck ebenso wie ihre vertraulichen Gespräche in der Kabine zu einer vertrauten Erscheinung.

Es war ein schöner, kühler Tag im Anfang April. Sie waren nun auf der Höhe der walisischen Küste, deren hohe Berge mit ihren Schneekuppen einen norwegischen Eindruck boten. Der Wind blies ebenmäßig, mit seltsam nachdrücklicher Kraft. Das Schiff zog zwischen Irland und England nordwärts in die Irische See, in das Herzstück der britischen Gewässer, und wenn es den Gischt schnaubend vom Bug schüttelte, schien es sich der wagemutigen, trotzigen Seele bewußt zu sein, die es auf diese ungewöhnliche Reise führte. Paul Jones war allein aus einem französischen Hafen abgesegelt, in dem sich die Linienschiffe drängten, und zog mit seinem einzigen kleinen Schiff als einarmiger Kämpfer gegen den englischen Feind. Nur mit den Schleudersteinen in der Kugeltasche ausgerüstet, wie einst David, bot Paul dem britischen Riesen von Gath Trotz. Heutzutage kann man die Verwegenheit seines Unternehmens kaum begreifen. Es war ein Marsch in die feindlichen Gewehrmündungen, die Handlung eines Menschen, der auf die Kanonaden von Tod und Gefahr nichts gab. Ein solcher Plan konnte nur einen Mann begeistern, der sich über alle Gebote der Kriegsklugheit ebenso wie über jede Friedensverpflichtung hinwegsetzte, der den erbitterten Rachedurst und scharfen Ehrgeiz eines beleidigten Helden mit der gewissenlosen Tollheit eines Überläufers in einer Brust vereinte. In einer Hinsicht war er der Coriolan des Meeres, in der anderen eine Mischung von Edelmann und Wolf.

Da Paul auf dem erhöhten Achterdeck keine andere Gesellschaft hatte als den vertrauenswürdigen Steuermannsmaat, gab er der natürlichen Neugier Israels nach, der mehr über das Ziel der Expedition erfahren wollte. Paul stand locker da, hielt sich an den Besanwanten und wiegte seinen Körper über dem Meer, eine Haltung, die seine unbeschwerte Kühnheit nicht übel ausdrückte; neben ihm ging Israel hin und her wie das Sinnbild kämpferischer Umsicht, das lange Fernglas einmal an den Augen und einmal unterm Arm, und hörte den Erklärungen des Kriegers zu. Daraus ging hervor, daß in jener Nacht in Paris, als der Herzog von Chartres und der Graf d'Estaing Doktor Franklin besuchten und Kapitän Paul das Nebenzimmer mit Israel teilte, dem Kolonialkommissar endlich die Zustimmung des französischen Königs zur Ausfahrt einer amerikanischen Kriegsflotte gegen England mitgeteilt worden war. Die Angelegenheit war sehr heikel. Frankreich hatte bis jetzt noch keine Kriegserklärung abgegeben, obwohl es immer unmittelbar davor stand. Zweifellos waren diese undurchsichtigen Verhältnisse für ein Unternehmen, wie Paul es vorhatte, denkbar günstig.

Ohne im einzelnen auf alle Schritte einzugehen, die Kapitän Paul und Doktor Franklin gemeinsam unternahmen, genügt es zu sagen, daß der entschlossene Seeräuber seinen Wunsch nun durchgesetzt hatte: unumschränkte Befehlsgewalt auf einem Kriegsschiff in den britischen Gewässern. Dem Schiff war das Recht zugesprochen, die amerikanische Flagge zu hissen, und sein Führer bewahrte in seinem Kabinenschrank ein reguläres Offizierspatent der amerikanischen Marine. Er segelte ohne jede Vorschrift ab. Mit der ungewöhnlichen Einsicht in ungewöhnliche Naturen, die den scharfsinnigen Franklin auszeichnete, hatte der Weise erkannt, daß ein grollender Räuber und Wagehals wie Paul Jones, dem räuberischen Löwen ähnlich, von Natur ein einsamer Kämpfer war. »Lassen Sie ihn in Ruhe«, gab der Weise einem Politiker zur Antwort, der Paul mit einem Brief voller Richtlinien hatte festlegen wollen.

Es ist viel kluge Spitzfindigkeit auf die Frage verwandt worden, ob Paul Jones ein Verbrecher oder ein Held war, oder eine Mischung aus beidem. Aber auf den Krieg und die Soldaten, ähnlich wie auf Politik und Politiker, Glauben und Glaubensstreiter, ist keine Metaphysik anwendbar.

Als Israel schon den zweiten Tag an Bord der ›Ranger‹ war und sich auf dem Deck mit Paul unterhielt, richtete er plötzlich sein Fernglas auf die irische Küste und meldete ein großes Segelschiff auf der Heimfahrt. Die ›Ranger‹ nahm die Jagd auf, und der Fremde wurde fast in Reichweite seines Ziels, vor dem Hafen von Dublin, genommen, neu bemannt und nach Brest geschickt. Dann fuhr die ›Ranger‹ weiter, an der Insel Man vorüber, auf die Küste von Cumberland zu, und gegen Sonnenuntergang kam in weiter Ferne Whitehaven in Sicht.

»Ich mag alte Freunde nicht bei schlechtem Wetter aufsuchen«, sagte Kapitän Paul zu Israel. »Wir werden noch ein wenig umherbummeln und dann unsere Karten in ein bis zwei Tagen auf den Tisch legen.«

Am nächsten Morgen in der Glentine-Bay stießen sie auf eine Zollfähre. Solche Schiffe pflegten Kauffahrer anzuhalten. Die ›Ranger‹ war als Handelsschiff getarnt und trug ein breites gelbgraues Band rings um den

Rumpf; unter dem Rock eines Quäkers verbarg sie die Absichten eines Türken. Es war zu erwarten, daß der privilegierte Räuber längsseits neben den nicht bevollmächtigten kommen würde. Aber er ergriff die Flucht. Seine beiden Luggersegel schwankten unter dem starken Wind und wurden von den Kugeln der ›Ranger‹ wie mit Hagel überschüttet. Die Fähre entkam, trotz der schweren Kanonade.

Am nächsten Tag geriet Paul auf der Höhe des Vorgebirges von Galoway so dicht an einen mit Gerste beladenen schottischen Küstenfrachter, daß er ihn mit dem Heck voran in die Hölle schicken mußte, damit er ihn nicht an Land meldete. Er versenkte ihn und säte die Gerste mit einer Breitseite in großem Schwung ins Meer. Er erfuhr von der Mannschaft, daß eine Flotte von zwanzig oder dreißig Segelschiffen, zusammen mit einer bewaffneten Brigantine, in Loch Ryan vor Anker liege. So richtete er seinen Bug dorthin, aber an der Einfahrt der Enge frischte der Wind auf und schlug ihm heftig entgegen. Er gab das Vorhaben auf. Kurz danach stieß er auf eine Schaluppe aus Dublin, die er versenkte, um unentdeckt zu bleiben.

Als hätte er sowohl die elementare Vollmacht der Natur als auch den militärischen Auftrag des Kongresses, sprang der gelbhäutige Paul hierhin und dorthin, schwebte wie eine Donnerwolke vor den überfüllten Häfen, wurde von ungünstigem Wind zurückgeschlagen und ließ seine Blitze auf einzelne Schiffe los, die durch ihre Verlassenheit zu klareren und deutlicheren Zielen wurden, wie allein stehende Bäume auf der Heide. Dabei war das Land die ganze Zeit voller Garnisonen, die Buchten und das offene Meer voller Schiffe. Mit der Unverschämtheit eines Levantiners glitt Pauls Schiff im landumschlossenen Herzen der größten Seemacht der

Welt umher; ein Torpedo-Aal, den Britannien ahnungslos mit einem Schluck aus dem alten Ozean verschlungen hatte und der jetzt seine Eingeweide verheerte.

Dann wieder sichtete er ein großes Schiff mit Kurs auf Clyde. Er verfolgte es und hoffte es abzuschneiden. Da der Fremde sich als sehr schnell erwies, wurde die Verfolgung mit aller Kraft beschleunigt. Paul stand auf dem Achterdeck, voller Stolz auf sein Schiff, und ließ jedes Tau straffen, um die schon halb geplatzten Segel bis zum äußersten zu spannen.

Mitten in diese Geschäftigkeit fiel plötzlich ein Schatten, wie von einer Sonnenfinsternis, rasch über das Deck vorwärts, mit einer scharf abgegrenzten Kante, so deutlich wie die Plankenfugen. Er verschluckte alles in seiner Reichweite. Es war der gewaltige Schatten des Felszackens von Ailsa, ähnlich dem von Juan Fernandez. Die ›Ranger‹ war in dem tiefen Wasser, das diesen hohen Gipfel des unterseeischen Grampiangebirges völlig umschließt.

Der Fels ist, bei einer Meile Durchmesser, mehr als tausend Fuß hoch. Acht Meilen von der Küste von Ayrshire erhebt sich der Brocken, einsam wie ein Findling, stolz wie die Cheopspyramide. Aber wie der zerschmetterte Schädel des Riesen von Gath ist auch sein stolzer Gipfel mit einer Schloßruine gekrönt, durch deren Gewölbe die Nebel wirbeln wie sinnlose Scheingebilde, die die Seele eines unglücklichen Geistes erfüllen, den selbst im Niedergang noch erhabene Gedanken bewegen.

Als die ›Ranger‹ dicht unter den Felsen schoß, schrumpften vor seiner Höhe und Größe Verfolger und Opfer zu Nußschalen zusammen. Der Flaggenkopf auf dem Großmars der ›Ranger‹ war neunhundert Fuß unterhalb der Ruinenfundamente auf dem Gipfel des Felsens. Während das Schiff noch im Schatten war, der alle Gesichter verfinsterte, kam plötzlich eine Veränderung über Paul. Er blickte nicht mehr so stolz wie vorhin. Schließlich gab er den Befehl, die Verfolgung einzustellen. Sie wendeten und segelten südwärts.

»Kapitän Paul«, sagte Israel kurz danach, »das war sonderbar, daß Sie anderen Sinnes wurden und das Schiff laufen ließen. Aber Sie dachten wohl, wir könnten zu weit ins Land hineingelockt werden, nicht wahr?«

»Das Schiff versenken!« schrie Paul. »Nicht etwa aus Angst, weder davor noch vor diesem König Georg, bin ich umgekehrt. Es war dieser Prahlhans da.«

»Prahlhans?«

»Ja, dieser Prahlhans der See. Sieh hin – der Zacken von Ailsa.«

16

Sie kehren in Carrickfergus ein und landen in Whitehaven

Am nächsten Tag vor Carrickfergus an der irischen Küste ließ sich ein Fischerboot durch das friedliche Aussehen des unbekannten Schiffes anlocken und kam ganz vertrauensselig heran. Die Besatzung wurde gefangengenommen, ihr Boot versenkt. Von diesen Leuten erfuhr Paul, das große Schiff, das auf der Reede lag, sei das Kriegsschiff ›Drake‹ mit zwanzig Kanonen. Darauf machte er sich davon, hatte aber vor, heimlich zurückzukommen und es noch in der gleichen Nacht anzugreifen.

»Kapitän Paul«, sagte Israel zu seinem Befehlshaber, als sie gegen Sonnenuntergang wendeten und wieder

Kurs auf Land nahmen, »Sie werden doch gewiß nicht so direkt auf sie losfahren wollen? Warum nicht warten, bis sie herauskommen?«

»Weil ich mir vorgenommen habe, mein Junge, Blondkopf, sie heute nacht heimzuführen. Die Freunde der Braut werden von der Heirat nicht begeistert sein, und darum muß ich sie noch in dieser Nacht entführen. Sie hat eine entzückende schlanke Taille, nicht wahr, so durchs Glas betrachtet? Oh, ich muß sie an mein Herz drücken!«

Er steuerte geradenwegs in die Einfahrt wie ein Landsmann und glitt langsam auf die ›Drake‹ zu, unter wenig Segeln, den Anker bereit zum Auswerfen und die Enterhaken fertig zum Festhalten. Aber der Wind war zu stark, der Anker fiel nicht im rechten Augenblick. Die ›Ranger‹ kam drei Steinwürfe vom arglosen Feind entfernt zum Stillstand, wie ein friedlicher Kauffahrer aus Kanada, der mit harmlosem Bauholz beladen ist.

»Ich werde sie doch nicht gleich heiraten«, flüsterte Paul, als er seinen Plan für diesmal gescheitert sah. Er blickte mit verwegener Gelassenheit hinüber auf die feindlichen Decks, gab liebenswürdig die Anrufe zurück, alles in vollkommener Selbstbeherrschung, und dann ließ er die Kette wieder einholen und das Schiff zur offenen See wenden, als hätte er nur zufällig Anker geworfen. Er wollte aber sogleich zurückkommen, um sich wieder in den schon einmal besessenen Vorteil zu setzen; sein Plan war nämlich, sich plötzlich quer vor den Bug der ›Drake‹ zu werfen, so daß alle ihre Decks offen und ungeschützt unter seinem Musketenfeuer lagen. Aber wieder kamen die Winde dazwischen. Ein Schneesturm brach los, und er mußte das Vorhaben aufgeben.

So war Paul ohne jeden Anschein kriegerischen Wesens und ohne Aufsehen zu erregen wie ein unsichtbarer Geist bei Nacht an Land geglitten und hatte tatsächlich einen Augenblick in Rufweite eines englischen Kriegsschiffes vor Anker gelegen; so war er herangekommen, hatte geankert, Zurufe beantwortet, die Verhältnisse ausgekundschaftet und bedacht, sich entschlossen und zurückgezogen, ohne den leisesten Verdacht hervorzurufen. Seine Absicht war gewesen, den Feind durch Kettenschuß zu vernichten. So leicht kann sich der tödlichste Feind, wenn er nur geschickt ist, in menschliche Häfen und Herzen einschleichen, und niemand versieht sich dessen. Und nicht das erwachende Gewissen, sondern die reine List läßt ihn wieder verschwinden, ohne Unheil anzurichten. Als es Tag wurde, ahnte keine Seele in Carrickfergus, daß in der Nacht ein Teufel mit einer Schottenmütze ganz dicht vorbeigefahren war.

Kaum je war die Tollkühnheit eines Königsmörders so seltsam mit der Umsicht eines Achtzigjährigen gepaart wie in vielen Raubüberfällen Pauls. Diese Einheit scheinbar unvereinbarer Eigenschaften stellt ihn in eine Reihe mit den größten Kriegern.

Bei Tagesanbruch hatte sich der Sturm gelegt. Die Sonne sah die ›Ranger‹ mitten im Kanal im nördlichen Teil der Irischen See liegen. England, Schottland und Irland mit ihren hohen Klippen waren gleichzeitig so deutlich über der grasgrünen See zu erkennen wie die City Hall, die St.-Pauls-Kirche und das Astorhaus in New York vom dreieckigen Park in New York aus. Die drei Königreiche waren mit Schnee bedeckt, so weit das Auge reichte.

»Ach, Blondkopf«, sagte Paul lächelnd, »sie zeigen die weiße Flagge, die Feiglinge. Und während die weiße Flagge auf diesen Höhen liegt, wollen wir nach Whitehaven fahren, mein Junge. Ich habe versprochen, dort einen kurzen Besuch abzustatten, bevor ich das Land für immer verlasse. Israel, mein Junge, ich gedenke höchstpersönlich an Land zu gehen und das Spiel zu mischen. Hast du jemals Nägel eingeschlagen?«

»Seinerzeit habe ich Spikernägel in die Egge geschlagen«, antwortete Israel, »aber das war, bevor ich zur See ging.«

»Gut. Eggen nageln ist eine gute Vorbereitung für das Vernageln von Geschützen. So einen wie dich brauche ich gerade. Leg dein Glas weg. Geh zum Zimmermann, hole hundert Nägel und einen Hammer und bring alles in einem Eimer hierher.«

Als es dunkel wurde, war in der Ferne das große Vorgebirge von St. Bee's Head mit seinem Leuchtturm zu sehen. Aber der Wind ließ so nach, daß Paul sein Schiff in einer Stunde nicht so dicht heranbringen konnte, wie er beabsichtigt hatte. Er hatte den Überfall und den Rückzug noch vor Tagesanbruch zu Ende bringen wollen. Obwohl dieser Plan fehlgeschlagen war, gab er das Vorhaben doch nicht auf, denn eine solche Gelegenheit kam nicht wieder.

Während die Nacht voranschritt und das Schiff unter einer sehr schwachen Brise näher und näher auf sein Ziel zuglitt, rief Paul nach Israel, um den Eimer einer letzten Prüfung zu unterziehen. Da ihm einige Nägel zu lang schienen, ließ er sie ein bißchen abfeilen. Er kümmerte sich um die Laternen und um den Brennstoff. Wie Peter der Große achtete er auf die kleinsten Einzelheiten und war dabei Genie genug, das Ganze im Auge zu behalten. Aber man kann beaufsichtigen, soviel man will; gegen die Nachlässigkeit der Untergebenen ist doch kaum anzukommen. Mit den schärfsten Augen kann man nicht entdecken, was im Rücken vorgeht. So wird sich noch zeigen, daß bei den Vorbereitungen für Whitehaven etwas Wichtiges vergessen wurde.

Zu jener Zeit hatte die Stadt etwa sechs- bis siebentausend Einwohner und war befestigt. Um Mitternacht ruderten Paul Jones, Israel Potter und neunundzwanzig andere in zwei Booten hinüber, um die sechs- oder siebentausend Einwohner von Whitehaven anzugreifen. Sie hatten lange Zeit zu rudern, verhielten sich aber ganz leise. Kein Laut war zu hören, nur die Ruder in den Dollen. Nichts außer den beiden Leuchtfeuern des Hafens war zu sehen. Die zwei vollbeladenen Boote schwammen durch Stille und Dunkelheit wie zwei geheimnisvolle Wale aus dem Nördlichen Eismeer. Als sie die äußerste Reede erreichten, konnten die Männer ihre Gesichter erkennen. Die Dämmerung kam. Die Takler und die anderen Handwerker auf den Schiffen würden in kurzer Zeit auf den Beinen sein. Unwichtig.

Das Haupterzeugnis, das Whitehaven damals ausführte, war die Kohle, wie heute noch. Die Stadt ist von Bergwerken umgeben, auf Schächten erbaut; die Schiffe liegen auf Gruben vor Anker. Die Stollen durchziehen das Land nach allen Richtungen wie eine Honigwabe und strecken ihre Gänge zwei Meilen weit als Grotten ins Meer hinaus. Durch den Einsturz der älteren Bergwerke sind zahlreiche Häuser wie von einem Erdbeben verschlungen worden, so daß sich eine Panik ausbreitete wie 1755 in Lissabon. So unsicher und heimtückisch war der Ort, der jetzt von einem Wagehals angegriffen werden sollte, der wie die Kohle mitten in ihm großgeworden war.

An ruhigen Tagen an der Mündung der Themse, wenn der Wind günstig für die Einfahrt steht, wird der Fremde manchmal ganze Reihen von Schiffen sehen können, alle von gleicher Größe und Takelung, wie eine große Koppel Pferde, die paarweise zusammengebunden sind und auf den Markt getrieben werden. Das sind Kohlenkähne auf dem Weg nach London.

Etwa dreihundert solcher Schiffe lagen in Whitehaven dicht zusammengepfercht. Es war Ebbe, und sie saßen völlig hilflos im seichten Wasser auf Grund. Sie waren ganz verrußt. Ihre schwarzen Rahen waren wie Speere steil hochgekippt, um Zusammenstöße zu vermeiden. Die dreihundert schmutzigen Rümpfe wälzten sich im Schlamm wie ein schlafendes Rudel Flußpferde im Nilschlamm. Ihre segellosen aufragenden Masten und gekippten Rahen schienen ein Wald von Fischspießen, die man jenen Nilpferden ins Leder getrieben hatte. Eine Seite der festgesetzten Flotte wurde zum Teil von einem Fort gedeckt, dessen Batterien höher als das Ufer lagen. Auf einem kleinen Strandstreifen am Fuß des Forts lag eine Anzahl kleiner, rostiger Geschütze, ohne Lafetten und unordentlich übereinandergehäuft wie ein Wurf junger Hunde. Darüber ragten die erhöhten Kanonen hervor.

Paul landete mit seinem eigenen Boot unterhalb dieses Forts. Das andere schickte er zur Nordseite des Hafens mit der Anweisung, die Schiffe dort in Brand zu stecken. Er ließ zwei Mann am Ufer zurück und schritt dann zur Besetzung der Festung.

»Halte den Eimer fest, und stütz mir deine Schulter hin!« sagte er zu Israel. Indem er Israel als Leiter benutzte, hatte er die Mauer im Nu erklettert. Der Eimer und seine Leute folgten nach. Vorsichtig ging er zum Wachhaus voran, sprang hinein und fesselte die Posten im Schlaf. Dann verteilte er seine Mannschaft und ließ vier Männer die Kanonen dort vernageln.

»Nun nimm deinen Eimer, Israel, und komm mit zur

anderen Festung.« Sie gingen etwa eine Viertelmeile lang allein.

»Kapitän Paul«, sagte Israel unterwegs, »können wir beide wohl mit den Wachen fertig werden?«

»In der Festung, zu der wir jetzt gehen, sind keine.«

»Sie kennen den Ort genau, Kapitän?«

»Ich sollte meinen, daß ich mich hier recht gut auskenne. Komm. Ja, mein Junge, ich bin leidlich vertraut mit Whitehaven. Und an diesem Morgen will ich Whitehaven eine kleine Ahnung von *mir* verschaffen. Komm, wir sind da.«

Sie kletterten über die Mauer und standen unwillkürlich einen Moment im Anblick der Szene still. Im grauen Licht der Dämmerung erschienen die dichtgedrängten Häuser und die zusammengepferchten Schiffe mit fahlen, scharfen Umrissen.

»Nagel und Hammer, mein Junge. So. Nun komm mir immer nach und gib mir für jede Kanone einen Nagel. Ich werde diesen Donnerern die Zunge im Hals festklemmen. Sprich nie wieder!« Damit vernagelte er die erste Kanone. »Sei stumm!« Die zweite. »Dein Maul ist dir gestopft!« Die dritte. So immer weiter, während Israel ihm mit dem Korb folgte wie ein Diener oder ein Wohltätigkeitsapostel mit einem Korb voller Almosen.

»So das wäre getan. Siehst du das Feuer im Süden schon, mein Junge? Ich nicht.«

»Keinen Funken, Kapitän. Aber im Osten funkelt der Tag herauf.«

»Blitz und Feuer über diese Hunde! Was machen sie da nur? Schnell, laß uns zur anderen Festung zurückgehen. Vielleicht ist etwas passiert, und sie sind dort.«

Tatsächlich fanden Paul und Israel bei der Rückkehr von ihrer Arbeit das andere Boot zurückgekommen und die Mannschaft in Verwirrung. Ihre Laterne war im selben Moment ausgebrannt, da sie sie gebraucht hätten. Ein gleiches Mißgeschick hatte die andere Laterne in Pauls Boot auch verlöschen lassen. Sie hatten kein Feuerzeug mitgebracht, nur Schwefelhölzer. Die modernen Streichhölzer waren damals noch unbekannt.

Der Tag kam schnell herauf. »Kapitän Paul«, sagte der Leutnant vom zweiten Boot, »es wäre Wahnsinn, noch länger zu bleiben. Sehen Sie doch!« Er wies zur Stadt hin, die nun klar in dem grauen Licht zu unterscheiden war.

»Verräter, Feigling!« schrie Paul. »Wie konnten die Laternen ausgehen! Israel, mein Löwe, nun beweise deine Herkunft. Verschaff mir Feuer, nur einen Funken!«

»Hat jemand eine Pfeife und ein bißchen Tabak bei sich?« fragte Israel.

Sofort holte ein Matrose einen alten Pfeifenstummel und Tabak hervor.

»Das genügt.« Damit lief Israel auf die Stadt zu.

»Was hat dieser Kerl mit der Pfeife vor?« sagte einer. Und ein anderer: »Wo will er hin?«

»Laßt ihn nur machen«, sagte Paul.

Der Eindringling teilte seine Leute nun so ein, daß sie sich im nächsten Augenblick auf den Rückzug machen konnten. Israel, in allen Notlagen und Listen tapfer und erfahren, wagte es inzwischen, einen Einwohner Whitehavens um Feuer zu bitten, um alle Wohnstätten Whitehavens in Flammen aufgehen zu lassen. Etwas abseits von der Stadt stand ein einsames Haus, die Unterkunft irgendeines armen Arbeiters. Israel, die Pfeife im Mund, trommelte an die Tür und bat die Bewohner um Feuer für seinen Tabak.

»Zum Teufel!« schrie eine Stimme von drinnen, »wie kann man einen Menschen zu dieser Nachtzeit aus dem

Schlaf klopfen, um seinen Tabak anzustecken? Weg mit dir!«

»Mein Freund, heute morgen hast du verschlafen«, sagte Israel. »Es ist heller Tag. Los, gib mir Feuer. Schäm dich, kennst du deinen alten Freund nicht mehr? Mach die Tür auf.«

Es erschien ein schläfriger Mann, der den Riegel zurückschob, und Israel stelzte in den dämmerigen Raum, steuerte geradenwegs auf den Herd los, scharrte die Asche weg, zündete seine Pfeife an und verschwand wieder. Es ging schnell wie der Blitz. Der verschlafene Mann hatte verständnislos und verwirrt zugesehen. Er taumelte zur Tür, aber Israel hatte sich hinter einen Ziegelstapel geduckt und war längst nicht mehr zu sehen.

»Gut gebrüllt, Löwe«, begrüßte ihn Paul, der während seiner Abwesenheit soviel Pfeifen wie möglich aufgetrieben hatte, um die Glut zu verteilen und zu vervielfachen. Beide Boote ruderten nun zu einer günstigen Stelle der Hauptpier, um die ein Flügel der Kohlenkähne zusammengedrängt lag.

Die Männer begannen zu murren über die Durchsetzung des Unternehmens, weil es jetzt nicht länger unentdeckt bleiben konnte. Sie fürchteten sich, an Bord der düsteren Kohlenkähne zu klettern und sich in die Rümpfe hinunterzutasten, um dort Feuer anzulegen. Es erschien ihnen wie ein freiwilliger Eintritt in Kerker und Hölle.

»Folgt mir alle, nur zehn Mann bleiben bei den Booten zurück«, sagte Paul, ohne auf ihr Murmeln zu achten. »Und nun wollen wir allen künftigen Mordbrennereien in Amerika durch eine einzige große Feuersbrunst in der englischen Schiffahrt ein Ende setzen. Vorwärts, Jungens! Pfeifen und Schwefelhölzer voran!«

Er hätte die Männer aufgeteilt, um mehrere Schiffe an verschiedenen Punkten anzustecken, wenn nicht die vorgeschrittene Stunde einen solchen Plan als verrückt und waghalsig verboten hätte. Paul ließ seine Mannschaft bei einem der an der Windseite gelegenen Kähne zurück und sprang mit Israel an Bord.

Im Handumdrehen hatten sie den Kasten des Bootsmanns aufgebrochen und waren mit großen Bäuschen Kalfaterwerg, das so fein und trocken war wie Zunder, unter Deck gelaufen. Während Paul das Feuer anzündete, rannte Israel umher und holte die Teertöpfe zusammen. Über die brennenden Schwefelhölzer, das Werg und das Holz gegossen, ließen sie die Flammen bald hoch auflodern.

»Das ist noch nicht sicher genug«, sagte Paul. »Wir müssen ein ganzes Faß Teer haben.«

Sie suchten, bis sie eins fanden, schlugen Deckel und Boden ein und stellten es wie einen Märtyrer mitten in die Flammen. Dann zogen sie sich durch die vordere Luke zurück, während aus der hinteren dichte Rauchwolken hervorbrachen. Erst jetzt hörte Paul die Schreie seiner Leute, die ihm zuriefen, daß die Einwohner nicht nur wach, sondern in Massen auf dem Weg zum Pier waren.

Als er aus dem Rauch heraus an die Reling des Kohlenkahns eilte, sah er unter der aufgegangenen Sonne Tausende Leute. Einzelne liefen dicht an das brennende Schiff heran. Paul sprang herunter und ermahnte seine Leute, ruhig stehenzubleiben. Er lief vor ihre Front, ging etwa dreißig Schritt vor und richtete seine Pistole auf das tobende Whitehaven.

Die Leute, die zum Löschen eines vermeintlich zufälligen Feuers herangestürzt waren, blieben, vor der Drohung des Brandstifters zu stumpfsinniger Untätigkeit gelähmt, stehen und hielten ihn für einen Seeräuber, der unversehens vom Mond herniedergefallen sei. Während Paul so die beginnende Feuersbrunst bewachte, sprang Israel ohne eine einzige Waffe wie wild auf die Menge am Ufer zu.

»Komm zurück!« schrie Paul. »Komm zurück!«

»Nicht bevor ich diese Schafe auseinandergejagt habe, wie mich ihre Wölfe so oft gehetzt haben!«

Als er barhäuptig und wie ein Wahnsinniger auf die Menge zustürzte, breitete sich Schrecken aus. Sie flohen vor dem unbewaffneten Israel weiter zurück als vor Pauls Pistole.

Die Flammen erfaßten nun die Takelung und wanden sich um die Masten. Am einen Ende des Hafens brannte das ganze Schiff, während auf der anderen Seite die Sonne schon ziemlich hoch erglühte. Angst und Entsetzen regierten jetzt die Welt, der Schlaf war vorbei. Es war Zeit zum Rückzug.

Sie booteten sich ohne Widerstand ein, nachdem sie ein paar Gefangene freigelassen hatten, da die Boote sie nicht tragen konnten. Als Israel ins Boot sprang, sah er den Mann, in dessen Haus er die Glut geholt hatte. Er glotzte ihn an wie blöde.

»Das war eine gute Saat, die du mir da gegeben hast«, rief Israel. »Sieh mal, was für ein Ertrag«, und er wies auf die Flammen. Dann warf er sich ins Boot. Nur Paul blieb auf der Pier zurück. Die Männer riefen nach ihrem Führer und beschworen ihn, sich nicht aufzuhalten.

Aber Paul blieb noch schweigend gegenüber dem Lärm der Menge unter ihm stehen. Er winkte verächtlich mit der Hand, wie mit einem Tomahawk, zu den umliegenden Hügeln hin, die auch von Einwohnern überlaufen waren.

Als die Angreifer ein gutes Stück fortgerudert waren, rannten die Engländer in Massen zu ihren Festungen, mußten dort aber merken, daß ihre Geschütze nicht mehr wert waren als Alteisen. Schließlich jedoch begannen sie zu schießen. Entweder hatten sie ein paar Schiffsgeschütze herangeholt oder die verrosteten alten Hunde am Fuß des ersten Forts auf Lafetten gesetzt. In ihrem Eifer feuerten sie blindlings drauflos. Die Schüsse gingen daneben und taten nicht den geringsten Schaden. Pauls Leute lachten laut auf und schossen mit ihren Pistolen in die Luft.

Während des ganzen Unternehmens flog kein Splitter, wurde nicht ein einziger Tropfen Blut vergossen. Der vorsätzlichen Harmlosigkeit dieses Ausgangs (was die Menschenleben anging) war nur die Tollkühnheit der Tat an die Seite zu stellen. Offenbar war es charakteristisch für die mitleidige Verachtung, die Paul für die Stadt hatte, daß er so väterlich für Leib und Leben ihrer Bewohner Sorge trug.

Hätte er ein paar Stunden früher landen können, so wäre nicht ein Schiff und kein einziges Haus davongekommen. Aber es kam nicht auf den Mißerfolg an, sondern auf die Erfahrung. Der angerichtete Schaden reichte aus, um zu zeigen, daß die Katastrophen, die durch mutwillige Brandstiftung und Überfälle an der amerikanischen Küste entstanden, den Feind leichtlich im eigenen Land heimsuchen konnten: wie Paul dem Weisen in Paris erklärt hatte. Wenn die Rächer allerdings von Paul Jones angeführt wurden, entsprach die Vergeltung nicht der Herausforderung, denn ein großmütiger und ritterlicher, obgleich gewissenloser Gegner übte sie aus.

17

Sie sprechen beim Grafen von Selkirk vor. Danach schlagen sie sich mit dem Kriegsschiff ›Drake‹

Die ›Ranger‹ nahm nun Kurs durch den Solwaysund auf die schottische Küste. Am Nachmittag desselben Tages landete Paul mit Israel, zehn Mann und zwei Offizieren auf der Insel St. Mary, einem der Sitze des Grafen von Selkirk. In drei aufeinanderfolgenden Tagen fiel dieses kriegerische Unwetter über die Häfen oder die Ufer jedes der drei Königreiche her.

Der Tag war strahlend klar. Die Insel St. Mary schimmerte in der Sonne. Die leichte Schneekruste war geschmolzen und hatte das junge Gras und die lieblichen Frühlingsblüten, die die Felshänge bedeckten, freigegeben.

Als er mit seiner Schar auf das Haus zurückte, ahnte Paul gleich nichts Gutes für seinen Plan. Die Gegend war so verlassen, keine Menschenseele ließ sich sehen. Aber er setzte seine Mütze in eleganter Schräge zurecht und ging weiter. Geräuschlos stellte er seine Leute rund um das Haus auf und meldete sich dann, begleitet von Israel, an der Tür an.

Nach einiger Zeit erschien ein grauhaariger Diener.

»Ist der Graf zu Hause?«

»Er ist in Edinburgh, Sir.«

»Ach, wirklich? Ist die Gräfin zu Hause?«

»Jawohl, Sir. Wen soll ich anmelden?«

»Einen Herrn, der seine Aufwartung machen möchte. Hier, nehmen Sie meine Karte.« Und er überreichte dem Mann seine private Visitenkarte, die in Pariser Arbeit gestochen und goldverziert seinen Namen trug.

Israel wartete in der Vorhalle, während der alte Diener Paul in ein Empfangszimmer führte. Kurz darauf erschien die Gräfin.

»Bezaubernde Dame, ich wünsche Ihnen einen ausgezeichneten Morgen.«

»Mit wem habe ich die Ehre zu sprechen, Sir?« sagte die Dame und richtete sich unwillig auf vor der allzu vertraulichen Höflichkeit des Fremden.

»Madame, ich ließ Ihnen meine Karte überreichen.«

»Sie macht mich nicht klüger, Sir«, sagte die Dame kühl und drehte die vergoldete Pappe in den Fingern.

»Ein Eilbote nach Whitehaven, reizende Dame, könnte Ihnen genauere Aufklärung bringen über den Mann, der die Ehre hat, von Ihnen empfangen zu werden.«

Da sie nicht begriff, was dies heißen sollte, und durch Pauls eigentümliches Benehmen sehr verärgert, wenn nicht leicht beunruhigt war, erwiderte die Gräfin nicht ganz unbefangen: Wenn der Herr gekommen sei, die Insel zu besichtigen, so stehe ihm dies frei. Sie werde sich empfehlen und ihm einen Führer schicken.

»Gräfin Selkirk«, sagte Paul und trat einen Schritt vor, »ich möchte den Grafen sprechen. Es handelt sich um eine wichtige Angelegenheit, die keinen Aufschub duldet.«

»Der Graf ist in Edinburgh«, sagte die Gräfin unruhig und wollte sich von neuem zurückziehen.

»Geben Sie mir Ihr Ehrenwort, daß es sich verhält, wie Sie sagen?«

Die Dame sah ihn unsicher und vorwurfsvoll an.

»Entschuldigen Sie, Madame. Ich möchte in das Wort einer Dame nicht den leisesten Zweifel setzen. Ich dachte nur, Sie könnten den Anlaß meines Besuches vermuten, und wenn Sie in diesem Fall versuchen würden, mir die Anwesenheit des Grafen auf der Insel zu verheimlichen, wäre es das verzeihlichste Verhalten in der Welt.«

»Ich ahne nicht, was Sie mit diesen Worten sagen wollen«, sagte die Dame, entschieden beunruhigt. Trotz ihrer Bestürzung wahrte sie jedoch tapfer ihre Würde; sie schritt eher näher zur Tür, als daß sie floh.

»Madame«, sagte Paul hierauf und hob beschwörend seine Hand. Er nestelte versunken an seiner goldbebänderten Mütze herum, während sein gelbes Gesicht einen lyrischen und sentimentalen Ausdruck annahm. »Es kann nicht bitter genug beklagt werden, daß der edelmütige und empfindsame Offizier im Waffenhandwerk mitunter zu öffentlichen Handlungen gezwungen ist, gegen die sein Zartgefühl sich empört. Ich bin in einer solchen Lage. Madame, Sie sagen, der Graf ist nicht hier. Ich glaube Ihnen. Es sei mir fern, den zauberischen Lauten, die aus einer so reinen Quelle kommen, zu mißtrauen.«

Das sagte er wahrscheinlich, weil der Mund der Dame außerordentlich schön war. Er verbeugte sich sehr tief, während die Gräfin ihn mit unruhigen und widerstreitenden Gefühlen betrachtete und über sein eigentliches Anliegen durchaus nicht im klaren war. Aber ihre erste Bestürzung hatte sich gelegt, denn sie hatte bemerkt, daß Pauls Huldigung zwar seemännisch übertrieben war, aber ohne den leisesten Anflug von Unehrerbietigkeit. Bei aller Übersteigerung seiner Gesten und Phrasen war sein ganzes Benehmen doch sehr beherrscht und ergeben.

Paul fuhr fort: »Da der Graf, der einzige Anlaß meines Besuches, nicht hier ist, brauchen Sie nicht das geringste zu fürchten, wenn ich Ihnen nun mitteile, daß ich die Ehre habe, ein Offizier der amerikanischen Marine zu sein, und daß ich auf der Insel gelandet bin, um die Person des Grafen Selkirk als Geisel für die Sache Amerikas sicherzustellen. Ihrer Versicherungen wegen muß ich diesen Plan aufgeben. Trotz dieser Enttäuschung bin ich glücklich: denn sie hat mir eine längere Unterhaltung mit der edlen Dame vor mir verschafft und erlaubt mir, ihren Hausfrieden ungestört zu lassen.«

»Sprechen Sie wirklich die Wahrheit?« sagte die Dame, ohne ihr Erstaunen zu verbergen.

»Madame, wenn Sie einen Blick durch das Fenster werfen, so werden Sie das amerikanische Kolonialkriegsschiff ›Ranger‹ sehen, das zu befehligen ich die Ehre habe. Mit meinen besten Empfehlungen an den Grafen und tiefem Bedauern über seine Abwesenheit gestatte ich mir, Ihre Hand zu küssen und mich zurückzuziehen.«

Aber die Dame gab vor, diesen Pariser Antrag nicht zu hören, und verbarg ihre Hand geschickt und wie unabsichtlich. Sie bat ihren Besucher in versöhnlichem Ton, doch eine Erfrischung vor seiner Abreise anzunehmen, und dankte ihm gleichzeitig für seine große Höflichkeit. Aber Paul schlug das gastfreundliche Angebot aus, verbeugte sich dreimal und verließ den Raum.

In der Vorhalle traf er Israel, wie er mit offenem Mund vor einer stählernen Zielscheibe aus dem Hochland stand, über der ein Breitschwert und ein Florett gekreuzt waren.

»Sieht aus wie eine Zinnschüssel mit Messer und Gabel, Kapitän Paul.«

»Tatsächlich, mein Löwe. Aber komm. Der alte Hahn ist ausgeflogen. Hat eine hübsche Henne im Nest zurückgelassen. Hilft aber nichts, wir müssen mit leeren Händen weiter.«

»Was, Mr. Selkirk ist nicht da?« fragte Israel mit spitzbübischem Interesse.

»Mr. Selkirk? Du meinst: Alexander Selkirk. Nein, mein Junge, er ist nicht auf St. Mary, er ist weit weg, als Einsiedler auf der Insel Juan Fernandez. Desto bedauerlicher! Komm!«

In der Tür stießen sie auf die beiden Offiziere. Paul unterrichtete sie kurz über die Verhältnisse und erklärte, es bleibe nichts übrig, als rasch wieder abzuziehen.

»Mit rein nichts für unsere ganze Mühe?« murrten die Offiziere.

»Was möchten Sie denn gerne haben?«

»Beute natürlich. Silberzeug.«

»Pfui. Ich dachte, wir seien Männer von Ehre.«

»Das sind die englischen Offiziere in Amerika auch. Und dennoch verschaffen sie sich aus den Wohnhäusern des Feindes Silber, wo sie es nur bekommen können.«

»Nun, nun, verleumden Sie niemanden«, sagte Paul. »Diese Offiziere, von denen Sie sprechen, sind nur zwei von zwanzig, bloße Einbrecher und Langfinger, die den Rock des Königs nur als Deckmantel für ihr schändliches Gewerbe benutzen. Die übrigen sind Ehrenmänner.«

»Kapitän Paul Jones«, erwiderten die beiden, »wir haben nicht an dieser Expedition teilgenommen wegen einer Aussicht auf regelmäßige Löhnung, aber wir haben doch auf anständige Plünderung gerechnet!«

»Anständige Plünderung! Das ist mir neu.«

Aber die Offiziere ließen sich nicht zur Umkehr bewegen. Es waren die tüchtigsten auf dem Schiff. Da Paul sie entschlossen sah, mußte er schließlich aus Klugheit nachgeben, um sie nicht aufzubringen. Er selbst aber wollte mit der Angelegenheit durchaus nichts zu tun haben. Er machte es den Offizieren zur Pflicht, unter keinem Vorwand jemand ins Haus zu lassen, und es solle keine Durchsuchung gemacht und nichts mitgenommen werden, als was die Gräfin ihnen auf ihre Forderungen hin anbieten würde. Er winkte Israel und ging ärgerlich zum Ufer. Dann überlegte er es sich und schickte ihn zum Haus zurück, damit er mit ins Haus ging und das Silber für alle in Empfang nahm, da Israel natürlich von allen der zuverlässigste war.

Die Gräfin geriet nicht wenig in Verwirrung, als sie die Offiziere empfing. Sie teilten ihre Ansprüche kühl und entschieden mit. Ein Ausweg ließ sich da nicht finden. Die Gräfin zog sich zurück. Der Butler erschien, und bald wurden einiges Silbergeschirr und andere Wertgegenstände schweigend vor den Augen der Offiziere und Israels im Empfangsraum niedergelegt.

»Herr Butler«, sagte Israel, »lassen Sie mich in die Milchkammern gehen und die Milchschüsseln tragen helfen.«

Aber der Butler, empört über diese Ungezogenheit oder Schuftigkeit (er wußte nicht, über was mehr), war finster wie eine Gewitterwolke wegen der Beleidigung überhaupt, die einem herrschaftlichen Haushalt von einem Trupp bewaffneter Diebe, wie es ihm schien, angetan wurde, nahm Israel die republikanische Vertraulichkeit übel und lehnte jede Hilfeleistung ab. Nach einer Viertelstunde verließen die Offiziere mit ihrem Raub das Haus.

An der Tür trafen sie auf ein rotbackiges Mädchen, das sie verächtlich ansah und ihrer Last noch zwei Kinderklappern aus Silber und Korallen hinzufügte, mit den Empfehlungen ihrer Herrin. Nun war der eine Offizier ein Franzose, der andere ein Spanier. Der Spanier warf seine Klapper ärgerlich zu Boden. Der Franzose ergriff die seine recht vergnügt, küßte sie und versicherte dem Mädchen, er werde die Korallen lange aufheben, als Erinnerung an ihre rosigen Wangen.

Als sie zum Strand zurückkamen, sahen sie Kapitän Paul mit dem Bleistift ein Stück Papier beschreiben, das er gegen die glatte Seite eines Felsen hielt. Dann schien er seine Unterschrift darunterzusetzen. Er warf den Offizieren einen vorwurfsvollen Blick zu, übergab den Zettel Israel und trug ihm auf, sofort damit zum Haus zu laufen und ihn der Gräfin Selkirk selbst zu übergeben.

Der Brief hatte folgenden Wortlaut:

›Madame,
ich bedaure, Ihren so höflichen Empfang nicht anders erwidert zu haben als mit der Ungezogenheit einiger Leute unter meinem Kommando, die Sie soeben erfahren haben – Handlungen, die nicht nur zu dulden, sondern bis zu einem gewissen Punkt sogar zu begünstigen ich durch mein Waffenhandwerk verpflichtet bin. Aus tiefstem Herzen, verehrte gnädige Frau, beklage ich diese schlimmste Unumgänglichkeit meiner heiklen Lage. So wenig vornehm das Ansinnen dieser Leute war, konnten sie doch von mir eine Gefälligkeit verlangen für ihre durchweg gute Führung und ihre Tapferkeit bei anderen Gelegenheiten. Ich bin überzeugt, ich habe dadurch, daß ich ihnen willfahren mußte, weniger dem Eigentum Ihrer Hoheit als meinem eigenen verletzten Zartgefühl Unrecht getan. Aber mein Herz verbietet mir, mehr zu sagen. Erlauben Sie mir, Ihnen zu versichern, verehrte gnädige Frau, daß ich das Silber unter allen Umständen zurückkaufen und glücklich

sein werde, es Ihnen zurückzuerstatten in einer Weise, die Sie hiernach selbst bestimmen mögen.

Ich fahre ab, Madame, um morgen Seiner Majestät Schiff ‚Drake', zwanzig Kanonen stark, anzugreifen, das jetzt vor Carrickfergus liegt. Ich würde dem Feind mit ungewöhnlicher Entschiedenheit entgegentreten, wenn ich mir schmeicheln dürfte, daß dies ungebührliche Betragen meiner Offiziere mir nicht die Geringschätzung der edlen Gräfin auf der Insel St. Mary eingetragen hat. Und ich wäre so unbesieglich wie Mars, wenn ich wagen dürfte zu hoffen, daß die Gräfin Selkirk in einem grünen Winkel ihres bezaubernden Landsitzes ein barmherziges Gebet verrichtet für einen, teure Gräfin, der kam, um gefangenzunehmen, und selbst in Gefangenschaft geriet.

Ihr von Verehrung erfüllter Feind

John Paul Jones.‹

Wie die Dame diesen leidenschaftlichen Brief aufnahm, berichtet die Geschichte nicht. Aber sie hat festgehalten, daß Paul sich nach der Rückkehr der ›Ranger‹ nach Frankreich eifrig bemüht hat, die Beute Stück für Stück den Leuten abzukaufen, die sie unter sich verteilt hatten, und das Silbergeschirr im vollen Wert, nicht ohne Einbußen an seinem privaten Vermögen, bis auf die Knöpfe zweier Pfefferbüchsen pünktlich zurückerstattete. Damit nicht genug; als der Graf die Einzelheiten erfuhr, schrieb er Paul großherzig einen Brief und dankte ihm für seine Ritterlichkeit. Nach Ansicht des edlen Grafen war Paul ein Mann von Ehre. Es wäre unklug, mit einer so hochgeborenen Persönlichkeit nicht einer Meinung zu sein.

Als sie auf das Schiff zurückgekehrt waren, nahmen sie sofort Kurs zur irischen Küste hinüber. Am folgenden Morgen kam Carrickfergus in Sicht. Paul wäre geradenwegs in den Hafen gefahren; aber Israel kundschaftete ihn mit dem Fernglas aus und teilte Paul mit, ein großes Schiff, wahrscheinlich die ›Drake‹, sei gerade am Ausfahren.

»Was meinst du, Israel, ob sie wohl wissen, wer wir sind? Gib mir das Glas.«

»Jetzt setzen sie ein Boot aus, Sir«, sagte Israel. Er nahm das Glas von den Augen und reichte es Paul.

»Tatsächlich. Sie erkennen uns nicht. Ich werde das Boot längsseits locken. Schnell, sie kommen auf uns zu. Nimm jetzt selbst das Steuer, mein Löwe, und halte das Heck stetig gegen das herankommende Boot gerichtet. Sie dürfen unsere Breitseite keinesfalls zu Gesicht bekommen.«

Das Boot kam näher. Ein Offizier im Bug beobachtete die ›Ranger‹ die ganze Zeit durch das Fernglas. Bald war das Boot in Rufweite.

»Schiff ahoi! Wer seid ihr?«

»Kommt doch längsseits!« antwortete Paul durch das Sprachrohr kurz und ungezwungen, wie ein etwas mürrischer Freund, den es verdrießt, als Feind verdächtigt zu werden.

Wenige Augenblicke später kam der Offizier die Gangway der ›Ranger‹ hinauf. Paul schob seine Mütze elegant zurecht, trat auf ihn zu, verbeugte sich höflich und sagte: »Guten Morgen, Sir, guten Morgen. Erfreut, Sie zu sehen. Sie haben da einen hübschen Degen. Zeigen Sie einmal her, bitte.«

»Ich verstehe«, sagte der Offizier erbleichend, als er die Bewaffnung des Schiffes bemerkt hatte. »Ich bin Ihr Gefangener.«

»Nein – mein Gast«, gab Paul freundlich zurück. »Bitte, darf ich Sie von Ihrem – Ihrem Stock befreien?«

Voller Humor nahm er den Degen des Offiziers entgegen.

»Und nun sagen Sie mir bitte, Sir«, fuhr er fort, »warum läuft Seiner Majestät Schiff ›Drake‹ an diesem schönen Morgen aus? Um ein bißchen an die Luft zu gehen?«

»Es ist auf der Suche nach Ihnen. Aber als ich vor einer halben Stunde abstieß, ahnte noch niemand, daß das Schiff vor dem Hafen das gesuchte war.«

»Sie haben heute nacht Neuigkeiten aus Whitehaven bekommen, nicht wahr?«

»Ja, durch Eilboten. Es wurde berichtet, gewisse Mordbrenner seien dort am Morgen gelandet.«

»Wie? Was für Leute waren dort, wie sagten Sie doch?« fragte Paul. Er stieß seinen Hut ärgerlich in die Stirn und trat dicht an den Offizier heran. Spöttisch fügte er hinzu: »Entschuldigen Sie. Ich hatte vergessen, daß Sie mein *Gast* sind. Israel, führe den unglücklichen Herrn nach unten und seine Leute nach vorn.«

Jetzt sah man die ›Drake‹ unter einer leichten Brise langsam herankommen, begleitet von fünf kleinen Vergnügungsschiffen, die mit Flaggen und Wimpeln geschmückt und dicht voll buntgekleideter Leute waren, die ihre Fahrt aus ähnlichen Gründen angetreten hatten, wie sie den Zirkusbesucher anziehen.

»Setzt das gekaperte Boot achtern aus«, sagte Paul. »Wollen sehen, welchen Eindruck das auf diese fröhlichen Reisenden macht.«

Kaum hatten die Vergnügungsschiffe das leere Boot wahrgenommen, als sie schon die Wahrheit ahnten, in aller Eile wendeten und in den Hafen zurückfuhren. Kurze Zeit danach erschienen Alarmrauchsignale auf beiden Seiten des Kanals.

»Sie wittern uns endlich, Kapitän Paul«, sagte Israel.

»Es wird noch viel Rauch geben, bevor der Tag zu Ende ist«, erwiderte Paul ernst.

Der Wind stand genau auf das Land, die Flut war ungünstig. Die ›Drake‹ arbeitete sich sehr langsam heran.

Wie ein heißblütiger Duellpartner bei frostigem Tagesanbruch auf sein dringendes Verlangen pocht und lange vor der Tür warten muß, weil seinem zögernden Gegner schaudert vor dem Gedanken, aufstehen zu müssen und in Stücke gehauen zu werden – genauso kreuzte die ›Ranger‹ unter besserem Wind ungeduldig im Kanal hin und her. Als das englische Schiff endlich die Landspitze sicher umfahren hatte, fuhr Paul voran und führte es höflich hinaus in die Mitte des Kanals, wie ein Kavalier seine Dame im Ballsaal, und ließ es auf Rufweite herankommen.

»Er hißt jetzt seine Flagge, Sir«, sagte Israel.

»Zeig ihm das Sternenbanner, mein Junge.«

Freudig lief Israel zur Back und befestigte die Flagge an den Leinen. Der Wind frischte auf. Aufrecht stand er da, und die strahlende Fahne umwehte ihn. Ein ruhmvolles Gewand hüllte ihn in Streifen und Sterne wie in lodernde Zungen und Flammenfunken.

»Ich habe diese Flagge als erster auf einem amerikanischen Schiff gehißt und war der erste Sterbliche, der ihr zu Salut verhalf. Wenn ich heute nacht umkomme, wird der Name Paul Jones bleiben. Horch! Sie rufen uns an.«

»Was seid ihr für ein Schiff?«

»Eure Gegner. Los doch! Was verspricht sich der Kerl noch von Vorreden und Vorstellung?«

Die Sonne ging gerade still unter über den grünen Flächen Irlands. Der Himmel war klar, die See ruhig. Der Wind reichte eben aus, die beiden Schiffe stetig und sanft vorwärtszutreiben. Nach der ersten Salve und ein paar kleinen Manövern glitten die beiden Schiffe gelassen nebeneinander her und tauschten in der milden Luft ihre todbringenden Breitseiten, wie zwei Freunde auf ihren Schlachtrossen plaudernd über die Ebene trabend. Als dieses Rückzugsgefecht eine Stunde gedauert hatte, war das Gespräch beendet. Die ›Drake‹ gab auf. Wie hatte sich das große Schiff in sechzig Minuten verändert! An Deck sah es jetzt aus wie in einem wilden westlichen Waldgebiet, in dem die Holzfäller gehaust hatten. Ihre gestürzten Masten und Rahen standen durcheinander wie ein Stäbchenspiel. Mehrere Segel zogen aufgebläht im Wasser hinterher wie große gekappte Baumkronen. Der schwarze Rumpf und die zerschmetterten Maststümpfe waren verschrammt und durchlöchert, als hätte ein Riesenspecht sie zerhackt.

Die ›Drake‹ war das größere Schiff, hatte mehr Kanonen und mehr Leute. Sie hatte weit mehr Tote und Verwundete aufzuweisen. Ihr tapferer Kapitän und ihr Leutnant waren auf den Tod verwundet. Der erstere starb, als die Prise geentert wurde, der letztere zwei Tage danach.

Es war Zwielicht, das Wetter noch immer unverändert. Keine Schlacht, ja überhaupt nichts, wozu der unvernünftige Mensch imstande ist, kann die stoische Gelassenheit der Natur erschüttern, wenn sie Ruhe haben will. Dies Wetter hielt noch den folgenden Tag an und erleichterte die Wiederinstandsetzung der Schiffe sehr. Dann segelten sie rund um das nördliche Irland mit Kurs nach Brest. Wiederholt wurden sie von englischen Kreuzern verfolgt, erreichten aber wohlbehalten den Ankergrund in den französischen Gewässern.

»Eine sehr angenehme vierwöchige Segelfahrt«, meinte Paul Jones, als die ›Ranger‹ vor Anker ging und einige französische Offiziere an Bord kamen. »Ich bringe zwei Reisende mit, meine Herren«, fuhr er fort. »Erlauben Sie, daß ich Ihnen meinen besonderen Freund Israel Potter, vormals in Amerika, vorstelle, und Seiner Britischen Majestät Schiff ›Drake‹, früher in Carrickfergus, Irland.«

Diese Kreuzfahrt machte Paul sehr bekannt, besonders am französischen Hof. Der König sandte ihm sogar einen Degen und eine Medaille. Aber der arme Israel, der auch ein Schiff gekapert hatte, und zwar ohne jede Hilfe – was bekam er?

18

Die Expedition aus Groix

Drei Monate nach der Ankunft in Brest hatten Doktor Franklins Verhandlungen mit dem französischen König und Pauls unermüdlicher Eifer ein Geschwader von neun Schiffen unterschiedlicher Stärke in der Meerenge von Groix zu einem neuerlichen Angriff auf die britischen Küsten bereitgestellt. Diese Schiffe waren auf die verschiedenste Weise aufgebracht worden: die Mannschaften waren zusammengewürfeltes Gesindel, die Offiziere meistens Franzosen, die einander nicht kannten und heimlich auf Paul eifersüchtig waren. Die Expedition hatte von Anfang an Meuterei und Fehlschlag in sich. Das bereitete einem Geist wie Paul Bitterkeit und Qual. Aber er blieb standhaft, und obwohl seine Befürchtungen später in vielen Fällen mehr als bestätigt wurden, wollte sein Herz den Kampf doch nicht aufgeben.

Die Laufbahn dieses hartnäckigen Abenteurers erweist sinnfällig den Grundsatz: Wer im Großen Erfolg haben will, darf nicht auf glatte See warten, die es nicht gegeben hat und nicht geben wird, sondern er muß mit der zufälligen Methode, über die er nun einmal verfügt, und mit aller Verblendung auf sein Ziel zustürzen und das übrige dem Glück überlassen; denn alle menschlichen Verhältnisse sind von Natur aus unübersichtlich, da sie einer Art halb beherrschtem Chaos entspringen und von ihm unterhalten werden.

Obwohl Paul dem Namen nach die Befehlsgewalt über das Geschwader hatte, übte er sie doch nicht wirklich aus. Fast alle seine Kapitäne waren eingebildet genug, ein unumschränktes Kommando zu verlangen. Einer von ihnen erwies sich geradezu als Verräter. Von den übrigen waren nur wenige zuverlässig.

Was die Schiffe angeht, so ist das von Paul befehligte ein gutes Beispiel für diese Flotte. Es war ein alter Indienfahrer, schwerfällig und morsch, und roch stark nach den Ladungen früherer Frachten: nach Tee, Nelken und Arrak. Schon damals nahm es sich mit seiner ehrwürdigen Absonderlichkeit aus wie heute ein Dreispitz zwischen gewöhnlichen Filzhüten. Seinen elefantenartigen Rumpf überragte eine mit Zinnen bewehrte Kampanje, die dem Schiefen Turm von Pisa ähnlich war. Der arme Israel, der mit dem Fernglas an den Augen auf der Höhe dieses Decks stand, sah mehr als nach einem Seemann nach einem Astronomen aus, der nicht mit den Wellenbergen, sondern mit den Mondkarten zu tun hat: Galilei auf Fiesole.

Eigentlich war es ein Schiff mit nur einem Deck; das heißt, es trug die Bestückung auf einem einzigen Geschützdeck. Aber Paul hatte im Heck Stückpforten angebracht und dort sechs alte Achtzehnpfünder eingerammt, deren rostige Mündungen gerade über der Wasserlinie hervorlugten, wie eine Schar schmutziger

Mulatten aus einem Kellergang. Es hieß ›Duras‹, bekam aber vor der Abfahrt jenen anderen Namen, unter dem dieser unansehnliche Kasten dann unsterblich wurde. Obwohl man weiß, daß bei dieser Namenswahl an ein Kompliment für Doktor Franklin gedacht war, wird das ganze Geheimnis der Angelegenheit hier doch zum erstenmal aufgedeckt.

Es war an einem Abend in der Meerenge von Groix. Nach einem anstrengenden und erschöpfenden Tagewerk, das in der Mühe bestanden hatte, die eifersüchtige Gegnerschaft seiner Offiziere zu beschwichtigen, und im Kampf mit endlosen Schwierigkeiten (denn die Rudel abgefeimter Makler und Agenten an Land fraßen die Zeit) den Proviant für die Flotte zu beschaffen, saß Paul mit fast entmutigten Gedanken in seiner Kabine, während Israel im Schneidersitz zu Füßen seines Befehlshabers hockte und alte Signalwimpel flickte.

»Kapitän Paul, der Name unseres Schiffes gefällt mir nicht. Duras – was soll das heißen? Duras? In einem Schiff mit dem Namen Duras eingesperrt zu sein, das kann einem ja vorkommen, als sei man in einem schimpflichen Gefängnis!«

»Wahrhaftig, mein Löwe. Das ist mir noch gar nicht aufgefallen. ›Duras‹ – das Gefängnis. Ich halte das zwar für Aberglauben, aber ich werde es ändern. Na, Löwenmähne, wie wollen wir es denn nennen?«

»Sie mögen doch Doktor Franklin, nicht wahr, Kapitän Paul? Hat *er* nicht diese Flotte zusammengebracht? Darum sollten wir es ›Doktor Franklin‹ taufen.«

»Ach nein. Das würde ihn gerade im gegenwärtigen Augenblick zu sehr in den Vordergrund rücken, und der Arme Richard möchte bei dieser Angelegenheit lieber mehr im Schatten bleiben.«

»Der Arme Richard! Dann nennen Sie es doch den

Armen Richard!« rief Israel aus. Plötzlich hatte dieser Gedanke ihm eingeleuchtet.

»Bei Gott, du hast es gefunden«, antwortete Paul. Er sprang auf, und jede Spur seiner kleinmütigen Stimmung schwand. »›Der Arme Richard‹ soll es heißen, zu Ehren des Sprichwortes ›Hilf dir selbst, so hilft dir Gott‹, wie der Arme Richard sagt.«

Auf diese Weise kam das Schiff zu dem Namen ›Bon Homme Richard‹; denn da man eine französische Fassung des neuen Namens für angemessen hielt, gab man ihm diese Form.

Wenige Tage später segelte das Geschwader ab. Da die Kapitäne sich aber widerspenstig verhielten, nahmen die Verhältnisse eine so ungünstige Wendung, daß Paul zunächst nach Groix zurückkehren mußte. Zum Glück wurden jedoch in diesem Augenblick mehr als hundert amerikanische Seeleute von England ausgeliefert, die sich fast bis auf den letzten Mann unter Pauls Flagge anwerben ließen.

Als das Geschwader wieder ausgelaufen war, standen die alten Schwierigkeiten von neuem auf. Die meisten Begleitschiffe verweigerten den Gehorsam und trennten sich schließlich von der ›Bon Homme Richard‹. Schließlich geriet Paul mit nur noch zwei Begleitschiffen vor der zerklüfteten Südostküste Schottlands in heftige Stürme. Aber weder die Meuterei noch das Toben der Elemente machten ihn in seinem Vorsatz irre. Gerade in dieser kritischen Lage faßte er den Plan zu seinem kühnsten Angriff überhaupt.

Die Cheviotberge waren in Sicht. Es waren verschiedene Schiffe mit Kurs in den Firth of Forth bemerkt worden, an dessen Südküste, tief in der Meerenge, Leith liegt, der Hafen von Edinburgh, nur ein oder zwei Meilen von der Hauptstadt entfernt. Er entschloß sich,

Leith zu überfallen und eine Kontribution einzutreiben oder es in Asche zu legen. Er rief die Kapitäne der beiden ihm verbliebenen Begleitschiffe zu sich an Bord, um die Einzelheiten zu besprechen. Diese Helden wußten so manches an diesem Plan auszusetzen. Nachdem Paul viel Zeit damit verloren hatte, ihre weisen Überlegungen zu einem Ergebnis zu bringen, stachelte er ihre Habgier an und erreichte, was alle Beschwörungen ihrer Kavaliersehre nicht zustande bringen konnten. Er rief keine geringere Summe als zweihunderttausend Pfund als den Hauptgewinn der Lotterie von Leith aus; das war der Betrag der Kontribution. Das genügt. Die drei Schiffe fahren kühn und unschuldig in die Meerenge, als beförderten sie Quäker zu einem Friedenskongreß.

An beiden Ufern breitete sich der Schrecken über ihre Ankunft aus wie die Cholera. Die drei verdächtigen Schiffe hatten so lange vor der Küste stillgelegen, daß niemand mehr zweifelte, der wagemutige Wikinger Paul Jones führe sie an. Um fünf Uhr des folgenden Morgens sah man sie deutlich von der schottischen Hauptstadt aus, wie sie ruhig die Bucht heraufsegelten. Bei Leith wurden hastig Batterien aufgeworfen, aus dem Schloß von Edinburgh wurden Waffen herbeigeschafft, in allen Richtungen wurden Alarmfeuer angezündet. Aber Paul führte seine Schiffe mit einer so friedlichen Unverschämtheit und tarnte ihr kriegerisches Aussehen in den Grenzen des Möglichen so gut, daß sie abermals für Kauffahrer gehalten und als solche von vorüberkommenden Schiffen angerufen wurden.

An diesem Nachmittag hatte Israel seinen Posten auf dem Turm von Pisa und meldete ein Ruderboot, das mit fünf Männern besetzt von der Küste von Fife auf die ›Richard‹ zukam.

»Sie bringen uns heiße Haferkuchen«, sagte Paul,

»laß sie nur herankommen. Zeig ihnen die englische Flagge, Israel, damit sie Mut fassen.«

Bald war das Boot längsseits. »Nun, liebe Freunde, was kann ich heute nachmittag für euch tun?« sagte Paul und lehnte sich leutselig über die Reling.

»Ja, Kapitän, wir kommen im Auftrag des Lords von Crokarky, der Pulver und Blei kaufen möchte.«

»Was wollt ihr denn mit Pulver und Blei?«

»Ach! Haben Sie nicht gehört, daß dieser verdammte Seeräuber Paul Jones sich hier irgendwo an der Küste herumtreibt?«

»Ja, das schon; aber er wird euch nichts tun. Er geht nur mit seinem alten Hut unter den Völkern umher und sammelt Kontributionen. Darum macht, daß ihr fortkommt, ihr braucht ihm nicht Pulver und Blei zu geben. Er brandschatzt Silber, nicht Blei. Verseht euch mit Silber, rate ich euch.«

»Nein, Kapitän, der Lord hat uns Befehl gegeben, wir sollten nicht ohne Pulver und Blei zurückkommen. Sehen Sie, hier ist das Geld. Vielleicht bedeutet es die Niederlage dieses verdammten Piraten, wenn Sie uns geben, was wir haben wollen.«

»Also gut, reicht ihnen ein Faß hinüber«, sagte Paul, aber er änderte seinen Befehl mit einem listigen Flüstern für Israel wieder ab. »Steckt das Geld nur ein, ich schenke es euch.«

»Blei, Kapitän; was nützt uns Pulver ohne Blei?« rief einer der Kerle, als das Faß hinuntergehievt wurde. »Wir brauchen Blei!«

»Bei Gott, du brüllst ja laut genug. Macht euch fort mit dem, was ihr habt. Paßt auf euer Faß auf, und hört, wenn ihr diesen Schurken Paul Jones trefft, gebt ihm keinen Pardon.«

»Aber Kapitän, sehen Sie doch«, rief einer der Bootsleute, »hier ist ein Versehen passiert. Das ist ein Faß mit Sauergurken, nicht mit Pulver. Sehen Sie doch!« Er griff in das Spundloch und holte eine grüne Gurke hervor, die von Salzwasser tropfte. »Nehmen Sie das hier zurück, und geben Sie uns das Pulver.«

»Ach was!« sagte Paul. »Das Pulver ist ganz unten am Boden. Eingepökeltes Pulver. Das ist die beste Aufbewahrung. Jetzt los mit euch, und auf diesen verdammten Betrüger Paul Jones!«

Das war am Sonntag. Die Schiffe fuhren weiter. Am Nachmittag brachte ein langer Kreuzschlag die ›Richard‹ dicht an die Küste von Fife in die Gegend des wohlhabenden Hafens Kirkaldy. Israel sah durch das Glas und sagte: »Da auf dem Ufer ist eine große Menschenmenge, Kapitän Paul. Es scheint, daß da ein altes Weib auf einer Fischtonne steht und was an die Leute versteigert, aber ich kann es noch nicht genau erkennen.«

»Zeig mal her«, sagte Paul und nahm das Glas, als sie näher kamen. »Ganz klar, das ist eine alte Dame, eine alte Quacksalberin, wie mir scheint, und auch noch im schwarzen Kleid. Ich muß sie anrufen.«

Er ließ das Schiff weiter den Hafen ansteuern, zog in geringer Entfernung Segel ein, um langsam vorüberzugleiten, ergriff das Sprachrohr und rief: »Ahoi, alte Dame! Worüber reden Sie? Wie heißt Ihr Text?«

»Der Gerechte wird sich freuen, wenn er solche Rache sieht, und wird seine Füße baden im Blute des Gottlosen.«

»Oh, wie wenig barmherzig. Nun hören Sie meinen Text: Hilf dir selbst, so hilft dir Gott – wie der Arme Richard sagt.«

»Ruchloser Räuber, ein Sturm soll kommen und dich als Wrack aus unseren Gewässern jagen.«

»Der kräftige Wind Eures Hasses bläht meine Segel wohl.« Er winkte mit der Mütze. »Adieu. Erzähl uns den Rest in Leith!«

Am nächsten Morgen waren die Schiffe fast in Schußweite der Stadt. Die Landungsmannschaft war in den Booten. Israel hatte das Ruder des ersten und wartete, daß sein Kapitän einstieg. Plötzlich, als Paul eben auf die Gangway trat, packte eine Bö alle drei Schiffe, schleuderte die Boote gegen sie und richtete ein unbeschreibliches Durcheinander an. Die Bö wuchs sich zu einem heftigen Sturm aus. In aller Eile nahm Paul seine Leute wieder an Bord und tat sein Bestes, um der Wut des Sturmes zu widerstehen, aber er blies ungünstig und mit zunehmender Stärke. In geringer Entfernung ging ein Schiff darin unter. Der enttäuschte Eindringling mußte vor dem Sturm umkehren und sein Vorhaben aufgeben.

Bis auf diesen Tag glaubt das Volk an den Küsten des Firth of Forth, die kräftige Fürbitte des Pfarrers von Kirkaldy, Mr. Shirrer, habe bewirkt, daß die Elemente vor dem gefährdeten Hafen von Leith aufstanden.

Wegen der üblen Eigenschaften der ihm beigegebenen Kapitäne: wegen ihrer Feigheit, die mit seinem Wagemut nicht Schritt halten konnte, wegen ihrer Eifersucht, die gegen seine Überlegenheit blind war; dazu die Verringerung seiner Streitmacht, die jetzt von neun auf drei Schiffe zusammengeschrumpft war, und schließlich wegen der Ungunst des Meeres und der Winde – wegen all dieser Umstände sah der Angreifer, da er nun nicht von einer Flotte, sondern von einem Sturm aus den schottischen Gewässern vertrieben war, die Demütigung voraus, daß eine Fahrt, die am Anfang so furchterregend erschienen war, zu Ende gehen würde ohne eine weitere Leistung, die den mit früheren Großtaten erworbenen Ruhm stützen würde. Dennoch, er verlor nicht den Mut. Er suchte sich das Glück gewogen zu machen, aber nicht durch Nachgiebigkeit, sondern durch Entschiedenheit. Und als sei diese wankelmütige Macht durch seine Geduld für ihn eingenommen, ging sie plötzlich vom Feind zu ihm über, so unvermittelt wie der federngeschmückte Marschall Ney zu der ausdauernden Standarte Napoleons, als er mit neuen Kräften von Elba auf Paris marschierte. Kurz, das Glück (dies ist das richtige Wort) warf Paul unversehens das große Ereignis seines Lebens in den Weg: die ungewöhnlichste aller Seeschlachten, den einzigartigen Kampf auf Tod und Leben mit der ›Serapis‹.

19

Sie kämpfen mit der ›Serapis‹

Die Schlacht zwischen der ›Bon Homme Richard‹ und der ›Serapis‹ ist der erste bedeutende Zusammenstoß zur See zwischen Engländern und Amerikanern in der Geschichte. Eine solche Hartnäckigkeit, diesen gegenseitigen Haß und solche Kühnheit kennt die Geschichte des Meeres weder vorher noch in der Folge. Lange hing die Entscheidung in der Schwebe, aber endlich strich der Engländer seine Flagge.

In diesem Kampf läßt sich etwas einzigartig Charakteristisches erkennen. Er kann gleichzeitig als Modell, als Gegenstück und als Prophezeiung aufgefaßt werden. Vom selben Blut wie England und doch sein geschworener Feind in zwei Kriegen; im Grunde nicht willens, einen alten Groll zu vergessen; verwegen, grundsatzlos, ehrgeizig, im Äußeren zivilisiert, aber mit dem Herzen eines Wilden – so ist Amerika ein Paul Jones unter den Nationen oder mag doch dafür gelten.

Wenn man die Schlacht zwischen der ›Bon Homme Richard‹ und der ›Serapis‹, die an sich schon recht eigentümlich ist, so auf das Symptomatische hin ansieht, verdient sie recht wohl unser Interesse.

Ein so verworrenes Gefecht hat es nie vorher gegeben. Die Verwicklung ihrer Umstände, die einer Entwirrung durch den Erzähler spottet, ist mit der unerhörten Verklammerung aller Rahen und Anker der beiden Schiffe, durch die sie in ein Chaos der Zerstörung gestürzt wurden, nicht unangemessen angedeutet.

Wer eine eingehende Darstellung des Gefechtes oder überhaupt einen geordneten Bericht erwartet, muß ihn an anderer Stelle suchen. Der Erzähler sieht sich nur veranlaßt, die Schlacht zu erwähnen, weil er den Schicksalen des armen Abenteurers, dessen Leben er wiedergibt, in allen Einzelheiten folgen muß. Das bedingt natürlich eine allgemeine Darstellung jedes bemerkenswerten Ereignisses, das ihm widerfährt.

Verschiedene Umstände der Örtlichkeit und des Zeitpunktes statteten den Kampf mit einer gewissen szenischen Atmosphäre aus, die ein nahezu poetisches Licht in die düstere Wildnis seines tragischen Ausgangs bringt. Der Kampf wurde zwischen sieben und zehn Uhr nachts ausgetragen und erreichte seinen Höhepunkt unter einem herbstlichen Vollmond, vor den Augen Tausender Zuschauer, die in der Ferne auf den hohen Klippen von Yorkshire standen.

Vom Tees zum Humber bietet die Ostküste von England fast überall einen wilden, schwermütigen und kalabresischen Anblick. Sie ist in ständigem Verfall begriffen. Die Insel, die fast jeden anderen Feind zurückwirft, unterliegt jedes Jahr den hunnischen Angriffen des

Meeres. Hier und da ist der Fuß der Klippen mit Felsmassen übersät, die von den Wellen unterwühlt wurden und kopfüber in die Tiefe stürzten, wo sie vom Wasser umspült als ein Trümmergewirr abgesprengter Brocken, Pyramiden und Obelisken halb aus der Brandung ragen – ein Tadmor der Seewüste. Nirgends auf der Welt ist es so wüst und trostlos wie an diesen fünfzig Meilen Küste zwischen dem Flamborough Head und dem Spurm.

Unangefochten von dem Sturm, der sie von Leith vertrieben hatte, beschäftigten sich Pauls Schiffe ein paar Tage lang mit der Jagd auf verschiedene Kauffahrer und Kohlenkähne; sie kaperten einige, versenkten andere und schlugen den Rest in die Flucht. Vor der Humbermündung kreuzten sie erfolglos, um eine königliche Fregatte herauszulocken, die innen vor Anker liegen sollte. Ein anderes Mal stießen sie auf eine große Flotte, die von einigen Kriegsschiffen begleitet wurde. Aber die Angst ließ das Geschwader dicht an den gefährlichen Sandbänken am Ufer entlangsegeln, wo Paul sie nicht belästigen durfte, weil er keinen ortskundigen Lotsen hatte. Noch in derselben Nacht sichtete er zwei fremde Schiffe weiter draußen auf dem Meer und jagte sie bis drei Uhr morgens, bis er ganz nahe herankam und ahnte, daß die Schiffe aus seinem eigenen Geschwader sein mußten, die sich vor der Einfahrt in den Firth of Forth seinem Oberbefehl entzogen hatten. Im Tageslicht wurde seine Vermutung bestätigt. Nun waren wieder fünf Schiffe des ursprünglichen Geschwaders zusammen. Gegen Mittag erschien eine Flotte von vierzig Handelsschiffen, die das Kap von Flamborough umsegelte, begleitet von zwei englischen Kriegsschiffen, der ›Serapis‹ und der ›Gräfin von Scarborough‹. Als die fünf Kreuzer in Sicht kamen, flatterten die vierzig Segel wie vierzig Küken unter die Fittiche des Ufers. Ihre bewaffneten Beschützer verließen tapfer die Landnähe und trafen Vorbereitungen für den Kampf. Paul nahm die Herausforderung sofort an, gab seinen Gefährten das Zeichen und drängte heftig vorwärts. Aber so dringend es ihm auch war, es wurde doch sieben Uhr abends, ehe das Gefecht begann. Inzwischen setzten sich seine Begleiter über seine Signale hinweg und segelten ohne ihn davon. Wir wollen uns im Augenblick nicht um sie kümmern und uns eine Weile nur mit den großen Partnern des Kampfes, der ›Richard‹ und der ›Serapis‹ beschäftigen.

Die Mannschaft der ›Richard‹ war buntscheckig, und um sie in Disziplin zu halten, waren hundertundfünfunddreißig Soldaten, wieder ein gemischtes Rudel, an Bord genommen worden, die unter dem Befehl französischer Offiziere niederen Ranges standen. Ihre Ausrüstung war ähnlich unterschiedlich: Kanonen aller Art und jeden Kalibers, aber im ganzen der einer Fregatte mit zweiunddreißig Geschützen doch ungefähr vergleichbar. Der Geist gefährlicher Uneinheitlichkeit durchdrang dies Schiff ganz und gar.

Die ›Serapis‹ war eine Fregatte mit fünfzig Kanonen, von denen mehr als die Hälfte die Kanonen der ›Richard‹ an Kaliber übertraf. Ihre Besatzung bestand aus etwa dreihundertzwanzig geschulten Marinesoldaten.

Es gibt einen wesentlichen Unterschied zwischen einem Seegefecht und einem an Land. Die See hat mitunter, was man ›Wellenberge‹ und ›Wellentäler‹ nennt, aber sie hat keine Flüsse, weder Wälder noch Ufer, weder Städte noch Gebirge. Bei ruhigem Wetter ist sie eine glatte Fläche. Kriegslisten, wie die ausgebildeter Armeen, oder Hinterhalte, wie die der Indianer, sind hier nicht möglich. Alles ist offen, übersehbar, im Fluß.

Das gleiche Element, das die Kämpfenden trägt, gibt unter dem Streich einer Vogelfeder nach. Derselbe Wind, dieselbe Flut erfassen jeden, der hier kämpft. In dieser Schlichtheit ist der Kampf zweier Kriegsschiffe mit ihren riesigen weißen Schwingen den Miltonischen Kämpfen verwandter als den verhältnismäßig schmutzigen Raufereien an Land.

Als die Schiffe sich einander näherten, hing trübe Dunkelheit über dem Wasser. Der Mond war noch nicht aufgegangen. Nur mit Mühe konnte man etwas unterscheiden. Von einer sanften feuchten Brise über kleine Wellen getragen, kamen sie einander bis auf Pistolenschußweite nahe. Wegen der Dunkelheit und weil die ›Serapis‹ andere Schiffe in der Nähe wußte, war sie im ungewissen, wer die ›Richard‹ sei. In dem trüben Nebel ragte jedes Schiff vor dem anderen gewaltig, aber undeutlich empor, wie das Gespenst von Morven. Das Echo entschlossener Schritte schallte zurück von jedem Schiff, ihre festen Decks widerhallten dumpf wie Trommeln im Trauermarsch.

Die ›Serapis‹ fragte an. Eine Breitseite war die Antwort. Eine halbe Stunde lang manövrierten die beiden Gegner ruhig, wechselten unablässig ihre Stellung, blieben aber immer in Schußweite. Die ›Serapis‹, die der bessere Segler war, umlauerte die ›Richard‹, machte dann und wann einen zögernden Vorstoß und zog sich ebenso plötzlich zurück; der Haß ließ sie kreisen wie den Hahn um die Henne, den ein entgegengesetzter Drang antreibt. Obwohl sie in Rufweite blieben, wechselten sie doch inzwischen keine weitere Silbe; nur eine unaufhörliche Kanonade wurde aufrechterhalten.

In diesem Moment kam ein anderes Schiff heran, die ›Scarborough‹, die anscheinend ihrem Schwesterschiff beistehen wollte. Aber die natürliche Finsternis der

Nacht war nun durch dicken Rauch verstärkt. Die ›Scarborough‹ unterschied undeutlich zwei Schiffe. Ihr regelmäßiges Feuer war klar zu erkennen, aber es ließ sich nicht feststellen, welches Schiff die ›Serapis‹ war. Bei aller Hilfsbereitschaft durfte die ›Scarborough‹ keine Kanone abfeuern, wenn sie nicht die Partei des Feindes ergreifen wollte, ohne es zu wissen. Wie ein Habicht und eine Krähe hoch in der Luft mit Klauen und Schnabel kämpfen und eine zweite Krähe heranfliegt, um sich an dem Kampf zu beteiligen, aber keine rechte Gelegenheit zur Einmischung findet und schließlich den Wäldern zufliegt: so verhielt sich die ›Scarborough‹ nun. Die Vorsicht gebot diesen Entschluß, denn mehrere Zufallstreffer waren bereits eingeschlagen, ohne daß sie wußte, von welchem Schiff sie kamen. Um sich also nicht sinnlos der Gefahr auszusetzen, zog der Freund verwirrt und nutzlos davon.

Nicht lange danach erhob sich eine unsichtbare Hand und stellte eine ungeheure gelbe Lampe im Osten auf. Ungesehen langte die Hand hinter dem Horizont hervor und setzte die Lampe genau auf seinem Rand nieder, wie auf eine Türschwelle, als wolle sie damit ausdrücken: Meine Herren Krieger, erlauben Sie mir, diese recht düstere Angelegenheit ein wenig aufzuhellen. Die Lampe war der herbstliche Vollmond, das einzige einsame Rampenlicht der Szene. Aber die Lichtstrahlen durchdrangen kaum den trägen Dunst. Was man vorher mit Mühe wahrgenommen hatte, schimmerte nun täuschend. In geisterhafte Nebel eingebettet, warf das große Rampenlicht einen unsicheren, halb dämonischen Strahl über das Wasser, wie durch die blauen und grünen Scheiben eines Apothekerfensters im nächtlichen Regen ein trügerischer Lichtschein auf das Londoner Straßenpflaster fällt. Durch diesen hämischen Nebel blickte das Gesicht des Mannes im Monde direkt zu den Kämpfenden hinüber, als stünde er in einer Versenkung und lehnte müßig auf seinen Armen, die er betrachtsam auf dem Rand des Horizonts gekreuzt hatte – dieses seltsame Gesicht zeigte einen feierlichen und äffisch selbstzufriedenen Ausdruck, als hätte der Mann im Mond auf irgendeine heimliche Weise die Schiffe zum Kampf gegeneinander aufgebracht und sei in den Tiefen seiner gehässigen alten Seele von den Ergebnissen seiner Ränke nicht wenig angetan. Da stand der Mann im Mond, grinsend, das Gesicht gerade noch sichtbar über der See, wie Mephistopheles als Souffleur auf der Bühne.

Eines der Begleitschiffe der ›Richard‹, die ›Pallas‹, die weit außerhalb des Gefechtsbereichs kreuzte, erkannte nun im Licht des Mondes undeutlich die verdächtigen Umrisse eines einsamen unbekannten Seglers. Sie entschloß sich, ihn anzugreifen, wenn er sich als Feind erweise. Aber bevor sie noch zusammentrafen, bekam das unbekannte Schiff (das sich als die ›Scarborough‹ erwies) aus größerer Entfernung eine Breitseite von einem anderen Trabanten der ›Richard‹, der ›Alliance‹. Die Ladung schwirrte durch den weiten Zwischenraum wie Federbälle durch eine große Halle. Sofort begannen die Raketts beider Batterien zu arbeiten, und heftige Artigkeiten flogen wie Federbälle hin und her. Die sich gegenüberstehenden Trabanten der beiden großen Gegner fochten mit der ganzen Wut leidenschaftlicher Parteigänger, die in verzweifelten Kämpfen die Sache ihres Anführers zu ihrer eigenen machen. Der Mann im Mond, der von der ›Richard‹ und der ›Serapis‹ durch diese kleine Nebenhandlung abgelenkt wurde und zu sehen begierig war, was da vorging, stieg ein wenig aus seiner Versenkung und grinste stärker. Inzwischen kniff die ›Alliance‹ aus, während die ›Pallas‹ heranstürmte und der ›Scarborough‹ aus nächster Nähe einen Kampf lieferte, der nach kaum einer Stunde damit endete, daß sie die Flagge streichen mußte.

Mit der ›Serapis‹ und der ›Richard‹ verglichen, waren die ›Pallas‹ und die ›Scarborough‹ die beiden Knappen zweier Ritter. Auf ihre unreife Art bewiesen sie denselben Charakter wie ihre erwachsenen Herrn.

Jetzt stieg der Mann im Mond noch höher, um sich eine bessere Übersicht über die Ereignisse zu verschaffen.

Aber der Mann im Mond war nicht der einzige Zuschauer. Von den hohen Uferklippen und besonders vom großen Vorgebirge des Flamborough Head her waren die Inselbewohner scharenweise Zeugen des Vorgangs. Die Neugier, mit der die Bauern das Schauspiel betrachteten, war verständlich. Weit in der ununterscheidbaren Entfernung füllten die Flotten ängstlicher Kauffahrer den unteren Rand des Himmels, wie Schneeflocken in einem nächtlichen Sturm. In anderer Richtung sah man einige von Pauls Trabanten, die sich aus dem Kampf heraushielten, verstreut und unentschlossen kreuzen. Mehr in der Nähe war eine einzelne Nebelwolke, die die ›Pallas‹ und die ›Scarborough‹ einhüllte – ein Nebelgebilde, das langsam auf dem Meer entlangtrieb wie eine schwimmende Insel, in der von Mal zu Mal Feuerfunken aufstrahlten und Kanonendonner dröhnte. In größerer Entfernung, im tieferen Wasser, lag eine finstere Wolke, die unablässig zu blitzenden Fetzen aufriß, wieder zusammenschmolz und abermals zerspalten wurde. Bis jetzt stand diese Wolke weder still, noch trieb sie langsam dahin, wie die anderen; sondern voller chaotischer Gewalt schob sie sich hierhin und dorthin, überschäumend mit Feuer, wie eine mächtige Windhose an der Küste von Malabar entlangstürmt.

Um eine Vorstellung von den Ereignissen in dieser Wolke zu bekommen, müssen wir uns in sie hineinbegeben; wir müssen hingehen und sie besitzen, wie ein Geist in einen Körper fährt oder der Teufel in die Schweine, daß sie über das Steilufer ins Meer rennen und ertrinken, genauso, wie es der ›Richard‹ ergehen sollte.

Bis jetzt hatten die ›Serapis‹ und die ›Richard‹ manövriert und einander verfolgt wie Partner in einem Kotillon, während sie unablässig dem Austausch geschwinder Schlagfertigkeiten hingegeben waren. Da Paul aber schließlich erkannte, daß die größere Beweglichkeit des feindlichen Schiffes ihm die Überlegenheit über den schwerfälligen alten Indienfahrer, die ›Richard‹, verschaffte, versuchte er, rasch entschlossen wie immer, Stellung zu beziehen und den Vorteil des Gegners auszugleichen, indem er ihn aus der Nähe angriff. Aber der Versuch, die ›Richard‹ quer vor den Bug der ›Serapis‹ zu legen, ging ganz anders aus, indem nämlich der Klüverbaum des Gegners gerade über dem großen ›Turm von Pisa‹ schwenkte, wo Israel seinen Posten hatte. Der ergriff ihn begierig und hielt sich einen Augenblick an dem schlaffen Segel fest wie einer, der ein Pferd bei der Mähne packt, um sich in den Sattel zu schwingen.

»Gut so, halt fest, mein Junge!« schrie Paul und sprang ihm mit einer Taurolle zur Seite. Mit wenigen schnellen Schlägen knotete er sich an seinem Gegner fest. Nun drückte der Wind in die Segel der ›Serapis‹ und schob sie in ihrer ganzen Länge, vom Bug bis zum Heck, Wange an Wange längsseits neben die ›Richard‹. Die vorstehenden Kanonen scharrten, und die Rahen verhakten sich ineinander, nur die Rümpfe berührten sich nicht. Eine lange Bahn schwärzlichen Wassers lag eingekeilt zwischen ihnen, wie ein enger Kanal in Venedig zwischen dunklen Mauern brütet und hoch oben unversehens von der Seufzerbrücke überquert wird. Wo aber die sechs Rahenarme sich oberhalb ineinander wölbten, sah und hörte man drei Seufzerbrücken, je mehr Mond und Wind sich hoben.

In diesen Lethefluß, der verglichen mit der umgebenden See so ruhig lag wie ein Fischteich, fiel manche arme Seele in dieser Nacht; fiel hinein und war für ewig verschollen.

Wie eine auf vulkanische Ebene an einer umstrittenen Grenzlinie aufgerissene Spalte, so war dieser trennende Abgrund der Rachen des Todes für beide Seiten. Er war so eng, daß die Ladestöcke oft in die feindlichen Stückpforten gestoßen werden mußten, um sie in die Mündung der eigenen Kanonen einführen zu können. Es schien mehr ein Bürgerkrieg als ein Kampf zwischen Fremden. Oder noch eher: als hätten die siamesischen Zwillinge ihre geschwisterliche Bindung vergessen und wüteten in unnatürlicher Feindschaft gegeneinander.

20

Sie kämpfen mit der ›Serapis‹ (Fortsetzung)

Es dauerte nicht lange, und eine fürchterliche Explosion war zu hören, die für einen Augenblick das Geschützfeuer übertönte. Zwei der alten Achtzehnpfünder, die, wie schon erzählt, in aller Eile unter dem Hauptdeck der ›Richard‹ in Stellung gebracht worden waren, flogen in Stücke, töteten die Bedienungsmannschaft sämtlich und zerschmetterten den ganzen Teil des Rumpfes, als seien zwei explodierte Dampfkessel an beiden Seiten aus ihm herausgeflogen. Die Wirkung war, als seien die Wände eines Hauses eingefallen. Der große ›Turm von Pisa‹ wurde nur noch von ein paar nackten Stützpfosten gehalten. Von da an müssen nicht wenige Geschosse der ›Serapis‹ geradenwegs durch die ›Richard‹ hindurchgesaust sein, ohne sie zu streifen. Es war, als feuerte man mit Rehposten durch die Rippen eines Skeletts.

Aber weiter vorn wirkten die Breitseiten aus den schweren Batterien der ›Serapis‹ – lauter Kernschüsse aus gleicher Höhe und sozusagen direkt in Schlund und Eingeweide der ›Richard‹ hinein – so tödlich, daß sie alles wegrissen. Die Männer auf dem überdachten Geschützdeck der ›Richard‹ flohen nach oben wie Bergleute vor dem Grubengas. Sie sammelten sich auf dem Vorderdeck und setzten den Kampf mit Granaten und Musketen fort. Die Soldaten saßen auch in den Toppmasten und unterhielten ein ununterbrochenes Feuer; sie ließen ihre Salven herniederprasseln wie glühende Lavaströme von den Klippen.

Die Lage der Mannschaften auf den beiden Schiffen war nun genau umgekehrt. Denn während die ›Serapis‹ die ›Richard‹ unter Deck zu Stücken zerfetzte und beinah den letzten Mann aus dem gedeckten Teil weggefegt hatte, beherrschte die Masse der Musketen auf der ›Richard‹ vollständig das obere Deck der ›Serapis‹, so daß ein Mann sich dort nur als Leiche längere Zeit aufhalten konnte. Obwohl die Toppmasten der ›Serapis‹ anfangs nicht ohne Schützen gewesen waren – der überlegene Kugelregen von der ›Richard‹ hatte sie doch längst heruntergeholt. Verschiedene, denen eine Kugel das Bein oder den Arm zerschmettert hatte, sah man undeutlich herabstürzen von ihrem schwindligen Sitz wie im Flug erlegte Tauben.

Wie geschäftige Schwalben an Scheunentraufen und Firstbalken kamen jetzt einige Schützen der ›Richard‹ aus ihren Mastkörben hervor und gingen weit hinaus auf ihren Rahen, die die ›Serapis‹ überragten. Von da ließen sie Handgranaten auf Deck fallen, wie Äpfel, die auf einem Feld gewachsen sind und nun über den Zaun eines anderen fallen. Andere warfen dieselbe bittere Frucht in die offenen Stückpforten der ›Serapis‹. Ein Hagelsturm entzündeter Luft senkte sich herab und schlug schräg auf der ›Serapis‹ ein, während waagerechte Donnerkeile kreuz und quer durch die unteren Räume der ›Richard‹ rollten. Die Gegner waren nicht mehr im üblichen Wortsinne ein englisches und ein amerikanisches Schiff. Es war eine vereinigte und genossenschaftliche Verbrennungs-Aktiengesellschaft; bei aller gemeinsamen Teilhaberschaft aber noch getrennt. Die beiden Schiffe glichen zwei Häusern, deren Brandmauer durchschlagen war, und in denen die eine Familie, die Welfen, jetzt das Untergeschoß, und die andere, die Gibellinen, das obere Stockwerk besetzt hielt.

Unterdessen rannte der entschlossene Paul hierhin und dorthin wie der meteorische St.-Elms-Feuerball, der in Stürmen am Rand und auf den Spitzen der Schiffsspieren flackert und tanzt. Wo er auch auftauchte, schien er ein fahles Licht über alle Gesichter zu werfen. Seine Schottenmütze, geschwärzt und versengt, war auf seinem Kopf zu einem Geschützpfropfen zerquetscht. Sein Pariser Rock, dessen goldverzierte Manschetten er abgelegt hatte, enthüllte vollständig die blaue Tätowierung auf seinem Arm, der zuweilen mit hitzigen Bewegungen den Rauch der Kanonade durchschlug, von kabbalistischer Grausigkeit wie die magische Standarte Satans. Dennoch war seine Raserei weniger Ausdruck innerer Erregung, sondern sollte vielmehr die Männer anfeuern und bis zur Tollheit aufreizen. Als einige ihn so erblickt hatten, zogen sie in einem Gefühl der Todesverachtung alles aus, bis auf die Hosen, und boten ihre nackten Körper den ebenso nackten Kugeln dar. Ein gleiches geschah auf der ›Serapis‹, wo man mehrere Geschütze von ihrer nackten Mannschaft wie von Faunen und Satyrn umringt sah.

Zu Beginn des Kampfes, bevor die Schiffe sich ineinander verklammerten, erschien auf dem Geschützdeck der ›Serapis‹ in den Rauchschwaden, die über die Schiffe trieben wie über Bergwipfel, hier und da aufklaffend, eine für Augenblicke in allen Stellungen der Furchtlosigkeit erstarrte Gruppe von Mamorstatuen: fechtende Gladiatoren. Voller Aufmerksamkeit vornübergebeugt, ein Bein nach hinten gespreizt, den vorgestreckten Arm um das Kanonenrohr gewunden, tat der Lader seine Arbeit. Aus der anderen Seite der Lafette, in der gleichen gebeugten Haltung, aber mit beiden Händen seine lange schwarze Stange haltend wie einen Spieß, stand der fleißige Rammer und Putzer, zu sofortigem Eingreifen bereit, während auf der Schwanzschraube der wachsame Geschützmeister kauerte und mit scharfem Blick wie ein Leopard die Schußbahn verfolgte: und hinter allen stand groß und aufrecht, wie der ägyptische Gott des Todes, der Luntenführer, für den Augenblick reglos, die langgriffige Lunte nach unten gekehrt. In der Reihe bis an ihre beiden langohrigen, todausteilenden Batterien standen die gedrillten Leute der ›Serapis‹ im magischen Zwang der Disziplin. Sie bedienten diese Geschützreihen wie Lowell-Mädchen die Webstuhlstraßen einer Baumwollfabrik. Die Parzen arbeiteten nicht systematischer, Atropos nicht mörderischer, der Roboter-Schachspieler nicht verantwortungsloser.

»Sieh mal, Junge, ich brauche eine Granate, die jetzt in ihre Hauptluke geworfen wird. Ich habe da große Stapel von Kartuschen gesehen. Die Pulverträger haben sie schneller heraufgeschleppt, als sie verbraucht werden können. Hol mir einen Eimer mit Sprengzeug und laß sofort von dir hören!«

Diese Worte Pauls waren an Israel gerichtet. Israel tat, wie ihm befohlen wurde. Wenige Minuten später hing er pulvergeschwärzt und mit dem Eimer in der Hand sechzig Fuß hoch in der Luft wie Apollyon an der äußersten Spitze der Rahe über dem verdammten Abgrund der Luke. Wenn man durch die Rauchwirbel in diese Mördergrube hinunterblickte, glaubte man vom Rand eines Katarakts in den schäumenden Pfuhl an seinem Grund zu blicken. Er wartete den günstigsten Augenblick ab und warf dann eine Granate mit einer so fehlerlosen Genauigkeit, daß sie ihr Ziel traf und die ›Serapis‹ von einer vulkanischen Explosion zerrissen wurde. Die lange Reihe aufgestapelter Kartuschen war in Brand gesetzt. Das Feuer lief waagerecht vorwärts, wie ein Schnellzug auf den Schienen. Mehr als zwanzig Männer waren auf der Stelle tot, nahezu vierzig verwundet. Dieser Schlag brachte die Siegesaussichten, die vorher auf seiten der ›Serapis‹ gewesen waren, zurück.

Aber der sinkende Mut der Engländer lebte plötzlich wieder auf, durch ein Ereignis, das alles Bisherige auf einen Höhepunkt brachte: Eines der Begleitschiffe der ›Richard‹ beging eine so unglaubliche Gemeinheit, daß ein Mensch darin lieber ein unbegreifliches Versehen als verrückte Bosheit ihres Urhebers erkennen möchte.

Der vorsichtige Vorstoß und Rückzug eines Trabanten der ›Serapis‹, der »Scarborough‹, vor Mondaufgang ist schon erwähnt worden. Es muß nun erzählt werden, daß ein Trabant der ›Richard‹, die ›Alliance‹, ebenso heránkam und zurückwich, als der Mond schon mehr als eine Stunde am Himmel stand. Dieses Schiff unter dem Befehl eines Franzosen, der in seiner eigenen Marine berüchtigt war und in der Einheit, zu der er jetzt gehörte, unbeliebt; dieses Schiff, das als erstes gegen Paul gemeutert hatte und das sich in der Hauptsache wie ein Feigling vor dem Kampf gedrückt hatte – diese ›Alliance‹ war jetzt nahe herangekommen. Als Paul sie sah, hielt er die Schlacht für entschieden. Aber zu seinem Schrecken schoß die ›Alliance‹ eine Breitseite genau in das Heck der ›Richard‹, ohne die ›Serapis‹ zu streifen. Paul schrie ihr zu, sie möchten doch um Gottes willen nicht die ›Richard‹ zerstören. Als Antwort kamen eine zweite, eine dritte, und eine vierte Breitseite, die auf dem Bug, im Heck und mittschiffs der ›Richard‹ einschlugen. Eine der Salven tötete mehrere Soldaten und einen Offizier. Mittlerweile bohrten die Geschütze der ›Serapis‹ wie Zimmermannsbohrer oder die Seeschlange Remora an demselben verdammten Rumpf herum. Als sie ihre namenlose Heldentat vollbracht hatte, segelte die ›Alliance‹ davon und tat nichts weiter. Sie war wie das große Feuer von London, das der Pest auf den Fersen folgte. Inzwischen hatte die ›Richard‹ so viele Einschußlöcher unter der Wasserlinie, daß sie wie ein Sieb abzusacken begann.

»Streicht ihr die Flagge?« schrie der englische Kapitän.

»Ich habe noch gar nicht angefangen zu kämpfen!« brüllte der sinkende Paul.

Diese Aufforderung und Ablehnung wirbelten durch Rauch und Flammen. Beide Schiffe standen jetzt in Brand. Beide Mannschaften wußten kaum noch, ob sie lieber den Feind vernichten oder sich selbst retten sollten. Und plötzlich tauchten hundert Menschen, die bis jetzt unsichtbar und unbewußt gewesen waren, mitten unter den anderen auf. Etwa hundert englische Kriegsgefangene, die bis jetzt im Raum der ›Richard‹ eingesperrt gewesen waren und die der Schiffsprofos in seiner Verwirrung freigelassen hatte, brachen aus den Luken. Einer davon, der Kapitän eines Kaperschiffes, das Paul vor der schottischen Küste genommen hatte, kroch durch eine Pfortluke, wie ein Einbrecher durch ein Fenster, und unterrichtete den englischen Kapitän über den Stand der Dinge.

Während Paul und seine Offiziere diesen Gefangenen entgegentraten, kam der Geschützmeister von unten heraufgerannt, und da er seine Vorgesetzten nicht sah, meinte er, sie seien tot, hielt sich für den einzig überlebenden Offizier und sprang zum ›Turm von Pisa‹, um die Flagge einzuholen. Aber sie war schon längst heruntergeschossen und schleppte im Wasser nach wie das Arbeitshemd eines Seemanns. Als Israel den Geschützmeister im Rauch umhertasten sah, fragte er ihn, was er da suche.

In diesem Augenblick sprang der Geschützmeister an die Reling und rief zur ›Serapis‹ hinüber: »Gnade! Gnade!«

»Ich will dich begnadigen!« schrie Israel und schlug mit der flachen Seite seines Säbels auf den Mann ein.

»Streicht ihr die Flagge?« kam es von der ›Serapis‹.

»Ja, ja, ja!« schrie Israel unwillkürlich, während er über den Geschützmeister einen Hagel von Schlägen niedergehen ließ.

»Streicht ihr die Flagge?« wurde abermals von der ›Serapis‹ her wiederholt. Angesichts der zunehmenden Verwirrung an Bord der ›Richard‹, die durch die Freisetzung der Gefangenen entstanden war, und unter dem Eindruck des Berichtes, den ihm sein neuester

Gast von der Pfortluke gegeben hatte, zweifelte der Kapitän der ›Serapis‹ nicht, daß der Feind sich gleich werde ergeben müssen.

»Streicht ihr die Flagge?«

»Jawohl! Ich zahle die Streiche zurück!« schrie Paul, der die Aufforderung jetzt überhaupt zum erstenmal verstanden hatte.

Aber der englische Kapitän glaubte, diese rasende Antwort komme wie die anderen von einer gar nicht dazu befugten Person, und ließ seine Entermannschaft antreten. Die meisten sprangen sofort auf die Reling der ›Richard‹, aber Paul warf ihnen den tätowierten Arm und an dessen Ende einen Säbel entgegen und zeigte ihnen, wie Entertruppen von Entertruppen zurückgeworfen werden. Die Engländer zogen sich zurück, aber erst, als ihre Reihen wie Frühlingsradieschen gelichtet waren, unter dem unaufhörlichen Feuer aus den Toppmasten der ›Richard‹.

Ein Offizier der ›Richard‹, der bemerkte, daß die Masse der Gefangenen über die plötzliche Befreiung und vor Angst ganz außer Fassung war, trieb sie mit dem Degen an die Pumpen und hielt so das Schiff mit derselben Mißlichkeit flott, die sicheren Untergang versprochen hatte. Die Schiffe brannten jetzt so lichterloh in der Takelung, daß beide Seiten vom Kampf abließen, um den gemeinsamen Feind zu bändigen.

Als die Ordnung auf der ›Richard‹ wieder notdürftig hergestellt war, wuchsen ihre Aussichten auf den Sieg, während die der Engländer, die unter Deck getrieben waren, in gleichem Maße abnahmen. Schon zu Anfang des Kampfes hatte Paul eigenhändig eine seiner größten Kanonen gegen den feindlichen Hauptmast gerichtet. Der Schuß hatte getroffen. Der Mast schwankte nun ganz offenbar. Dennoch schien es, als könne in diesem Kampf keine Seite Sieger sein. Gegenseitige Vertilgung von der Wasseroberfläche schien der einzig natürliche Abschluß solcher Feindseligkeiten. Es ehrt daher den Kapitän der ›Serapis‹, Pearson, als Menschen und setzt ihn als Offizier nicht herab, daß er seine Flagge mit eigener Hand einholte, um diesem Blutbad ein Ende zu setzen. Aber gerade als ein Offizier der ›Richard‹ sich an Bord der ›Serapis‹ schwang und auf den englischen Kapitän zuging, kam der Erste Leutnant der ›Serapis‹ von unten herauf und fragte, ob die ›Richard‹ aufgegeben habe, da ihre Geschütze schwiegen.

So unentschieden war der Kampf, daß nach der Kapitulation für einen der beteiligten Soldaten (der das Einholen der englischen Flagge zufällig nicht bemerkt hatte) sich die Frage erheben konnte und sich erhob, ob die ›Serapis‹ vor der ›Richard‹ oder die ›Richard‹ vor der ›Serapis‹ kapituliert hatte. Ja, sogar als der Offizier von der ›Richard‹ schon liebenswürdig mit dem englischen Kapitän plauderte, rannte ein ahnungsloser Enterer der ›Serapis‹ einem Seekadetten der ›Richard‹, der seinem Vorgesetzten an Bord des kapitulierenden Schiffes gefolgt war, die Pike durch den Oberschenkel, während zur gleichen Zeit die Geschütze unter Deck des formal besiegten Schiffes gegen den formalen Sieger weiterdonnerten.

Obwohl die ›Serapis› sich ergeben hatte, gab es an Bord der ›Richard‹ zwei menschenfeindliche Gegner, die sich nicht so leicht unterwerfen würden: Feuer und Wasser. Die ganze Nacht lang waren die Sieger damit beschäftigt, das Feuer einzudämmen, und erst bei Tagesanbruch waren die Flammen erstickt. Aber obwohl die Pumpen unablässig arbeiteten, stieg das Wasser im Rumpf immer noch.

Wenige Stunden nach Sonnenuntergang wurde die

›Richard‹ aufgegeben. Ihre Mannschaft wechselte auf die ›Serapis‹ und die anderen Schiffe von Pauls Geschwader hinüber. Gegen zehn Uhr rollte die ›Richard‹ schwer, des Gemetzels müde, wälzte sich lange und ging dann, wie Gomorra von Schwefelstürmen verzehrt, langsam unter.

Der Verlust an Menschenleben war auf beiden Schiffen ungefähr gleich: Die Hälfte aller Beteiligten war entweder tot oder verwundet.

Im Angesicht dieser Schlacht kann man sich fragen: Was unterscheidet den gebildeten Menschen vom Wilden? Ist die Zivilisation etwas Besonderes, oder ist sie eine fortgeschrittene Stufe der Barbarei?

21

Das Weberschiffchen

Eine Zeitlang schießt Paul Jones durch das im übrigen armselige Lebensgewebe Israels hin und her wie ein roter Faden. Noch einmal mischt er sich kurz hinein, und dann kehren wir zum einfachen, alten, selbstgewebten Wolltuch zurück.

Nach dem Sieg nahm das Geschwader Kurs auf Texel, wo es in Sicherheit anlangte. Wir übergehen alle Antrengungen und Mühen der Zwischenzeit und begnügen uns zu sagen, daß Paul und Israel (die aus verschiedenen Gründen beide die Heimkehr nach Amerika wünschten) nach einigen Monaten völliger Untätigkeit auf kriegerischem Gebiet mit der ›Ariel‹ nach diesem Lande absegelten, Paul als Kommandant, Israel als Steuermannsmaat.

Als sie zwei Wochen auf See waren, stießen sie bei

Nacht auf ein fregattenähnliches Schiff, das vermutlich zum Feind gehörte. Sie kamen einander auf Rufweite nahe und zeigten, mit der Absicht gegenseitiger Täuschung, die englische Flagge, als gehörten sie zur englischen Marine. Eine ganze Stunde lang tauschten die Kapitäne doppelsinnige Reden durch ihre Sprachrohre aus. Es war in der Tat eine sehr beherrschte, listige, irreführende staatsmännische Unterhaltung. Schließlich zeigte Paul ein geringfügiges Mißtrauen gegen die Behauptungen des Fremden und brachte den Wunsch vor, er möge ein Boot aussetzen und an Bord kommen, um sein Patent vorzuzeigen, worauf der Fremde sehr liebenswürdig antwortete, daß sein Boot leider im höchsten Grade leck sei. Mit gleicher Höflichkeit bat Paul ihn, die Gefahr zu erwägen, die in einer Weigerung liege, was den anderen so aufbrachte, daß er unvermittelt zurückrief, er spreche für zwanzig Kanonen, und sowohl er als auch seine Leute seien waschechte Engländer. Darauf erklärte Paul, er wolle ihm genau fünf Minuten für eine nüchterne, überlegte Antwort Zeit lassen. Als diese kurze Zeit vorbei war, zog Paul die amerikanische Flagge auf, segelte dicht vor das Heck des anderen Schiffes und beschoß es. Dieser seltsame Streit wurde um acht Uhr abends mitten im Ozean um ein Nichts begonnen. Warum können die Menschen nicht Frieden halten auf dieser großen Allmende? Oder will die Natur den Menschen in diesen ungestümen Nachtschwärmern, den Wellen, nur ein schlimmes Beispiel geben?

Nach zehn Minuten strich der Fremde die Flagge und rief, die Hälfte seiner Leute sei tot. Die Mannschaft der ›Ariel‹ rief Hurra. Die Enterleute wurden zusammengerufen, um das Schiff in Besitz zu nehmen. In diesem Augenblick veränderte die Prise ihre Lage, so daß ihr Bug sich abkehrte und ihr langer Besanbaum leewärts quer über das Heck der ›Ariel‹ zu liegen kam. Israel, der in der Nähe stand, ergriff ihn unwillkürlich – ebenso wie er den Klüverbaum der ›Serapis‹ festgehalten hatte –, hörte im selben Moment den Befehl zum Entern, sprang in der heftigen Erregung der Situation hinauf auf die Spiere und wollte an Deck des Fremden, natürlich in der Meinung, die gewöhnlichen Enterleute würden ihm auf dem Fuß folgen. Aber die Segel des fremden Schiffes blähten sich plötzlich, und es begann voranzugleiten, ohne daß sein Besanbaum, der sich überhaupt nicht festgehakt hatte, daran hinderte. Israel, der sich in der Mitte des Baumes festklammerte, sah sich von der ›Ariel‹ bald durch einen Zwischenraum getrennt, der nicht mehr zu überspringen war. Inzwischen hatte Paul schon unredliches Spiel gewittert und ließ alle Segel setzen, aber der Fremde hatte schon Vorsprung und setzte alles an ein Gelingen der Flucht, obwohl der betrogene Eroberer ihn hartnäckig verfolgte.

Im Durcheinander hatte niemand den Sprung unseres Helden bemerkt. Als die Schiffe sich aber mehr voneinander entfernten, sah einer der Offiziere des fremden Schiffes einen Mann auf der Spiere, hielt ihn für einen der eigenen und fragte, was er da treibe.

»Die Signalfallen klarmachen, Sir«, gab Israel zur Antwort und machte sich mit der Leine zu schaffen, die zufällig in seiner Nähe baumelte.

»Na, faß zu und komm herunter, sonst wirst du bald die Buggeschütze auf dem Hals haben.« Das bezog sich auf die Buggeschütze der ›Ariel‹.

»Jawohl, Sir«, sagte Israel, war im nächsten Augenblick an Deck gesprungen und fand sich mitten unter ungefähr zweihundert englischen Seeleuten in einem großen Kaperschiff. Er bemerkte sofort, daß die Geschichte mit der halben getöteten Mannschaft eine bloße Finte war, die ein Entkommen hatte begünstigen sollen. Ständig wurden Befehle gegeben, dies oder jenes Tau anzuziehen, da das Schiff zur Flucht alle Segel setzte. Wie die anderen kam Israel diesen Befehlen unverzüglich nach und zog so kräftig am Takelwerk wie die Besten unter ihnen; und der Himmel weiß, daß sein Herz tiefer und tiefer sank mit jedem Ruck, der den Abgrund zwischen ihm und der Heimat erweiterte.

Von Zeit zu Zeit überlegte er, was er tun sollte. Die Dunkelheit der Nacht und die große Mannschaftszahl, auch der Umstand, daß er ungefähr dieselbe Kleidung trug, würde ihm helfen, bis zum Morgen gut und gern als einer von ihnen zu gelten. Aber das Tageslicht würde ihn gewiß verraten, wenn er sich nicht auf einen geschickten Plan verlassen konnte. Wenn herauskam, wer er war, erwartete ihn bei der Ankunft des Schiffes im Hafen nichts Besseres als das Gefängnis.

Es war eine vezweifelte Lage, und nur ein ebenso verzweifeltes Mittel konnte helfen. Eins war sicher, verbergen konnte er sich nicht. Als er merkte, daß die Mannschaft, die nicht zur gewöhnlichen Marine gehörte, keine Uniform trug und daß seine Jacke das einzige Kleidungsstück war, das ihn von ihnen unterschied, zog unser Abenteurer sie aus und ließ sie heimlich über Bord fallen, so daß er nur noch sein dunkelblaues Wollhemd und die blaue Tuchweste trug.

Was Israel zu dem nächsten Schritt ermutigte, war der Umstand, daß dies kein französisches oder sonst ein ausländisches Schiff war und daß die Mannschaft, obwohl aus Feinden bestehend, die gleiche Sprache redete wie er.

So steigt er schließlich sehr gelassen in den Großmars, setzt sich dort auf ein altes Segel neben acht oder zehn Toppgasten und bittet einen davon ganz unbefangen um Tabak. »Hast du einen Priem für mich, Kamerad?« sagt er, als er sich niederläßt.

»Hallo!« sagte der fremde Seemann, »wer bist du? Raus aus dem Mastkorb. Die vom Vormars und vom Kreuzmars lassen uns auch nicht in ihre Körbe, und ich will verdammt sein, wenn wir einen von ihnen hier reinlassen. Los. Mach, daß du wegkommst.«

»Du bist blind, mein Junge, oder verrückt«, sagt Israel. »Ich bin ein Toppgast, nicht wahr, ihr?« und wandte sich an die übrigen.

»Zu unserer Wache gehören nur zehn Großtoppgäste. Wenn du auch einer bist, sind es elf«, sagte ein anderer. »Raus mit dir!«

»Das ist nicht nett, Kameraden«, rief Israel, »einen alten Toppgast so zu behandeln. Hört schon auf. Ihr seid ja nicht ganz vernünftig. Gib mir einen Priem.« Noch einmal wandte er sich mit der größten Vertraulichkeit an den Matrosen neben ihm.

»Hör mal«, sagte der andere, »wenn du nicht verschwindest, du Schleicher und Spion vom Kreuzmars, dann lassen wir dich an Deck fallen wie einen Leesegelfallblock.«

Als er die Gesellschaft so entschlossen sah, stieg Israel mit ein paar halbherzigen Scherzworten wieder ab.

Der Grund, aus dem er diesen Plan versucht hatte und trotz des Fehlschlags abermals versuchen wollte, war dieser: Auf Kriegsschiffen ist die Mannschaft gewöhnlich gruppenweise bestimmten Posten und Aufgaben zugewiesen. Wenn Israel nicht schließlich doch entdeckt werden wollte, mußte er auf irgendeine Weise als einer dieser Gruppen zugehörig anerkannt werden; einem unbekannten Einzelgänger hingegen wäre die

Entdeckung bald sicher, besonders bei der nächsten großen Musterung. Gewiß war diese Hoffnung ziemlich aussichtslos, aber es war seine einzige, darum mußte er sie erproben.

Er mischt sich eine Weile unter die Hauptwache, dann geht er auf das Vordeck zu den Rüstankerleuten, die gerade kritisch alle Umstände des letzten kühnen Gefechts erörtern und meinen, bei Tagesanbruch werde der feindliche Verfolger gänzlich hinter dem Horizont verschwunden sein.

»Aber sicher wird er das!« rief Israel aus und mischte sich unter die Gruppe. »Ist doch bloß ein altes Großmaul. Aber wir haben ihm Pfeffer gegeben, was, Jungens? Hat jemand einen Priem für mich? Wie viele sind verwundet, weiß das einer? Keiner tot, soviel ich gehört habe. Haben wir die nicht fein hinters Licht geführt? Haha! Aber gebt mir doch einen Priem.«

Im überschwenglichen brüderlichen Patriotismus des Augenblicks reichte einer der alten Ehrenmänner unserem Abenteurer bereitwillig seinen Tabak. Er bediente sich, gab ihn zurück und wiederholte die Frage nach den Toten und Verwundeten.

»Na«, sagte der mit dem Tabak, »Jack Jewboy hat mir gerade eben gesagt, es sind bloß sieben Mann zum Doktor runtergebracht worden, aber keine Seele tot.«

»Großartig, Jungens!« rief Israel und stieg hinauf zu einer der Geschützlafetten, auf der drei oder vier Männer saßen. »Rutscht beiseite, Jungens, macht einem alten Wachkameraden Platz bei euch.«

»Alles voll hier, mein Lieber. Versuch's bei der nächsten Kanone.«

»Knaben, rückt mal weiter«, sagte Israel und schritt wie einer von der Familie auf das Geschütz zu.

»Wer zum Teufel bist du, daß du diesen Lärm hier

machst?« fragte ein finsterer alter Bursche, der Kommandant des Vordecks. »Scheint mir, du machst beträchtlichen Lärm. Gehörst du zum Vordeck?«

»Wenn der Bugspriet hierhergehört, dann ich auch«, gab Israel gelassen zur Antwort.

»Dann laß dich mal ansehen!« Der alte Kämpfer holte eine Gefechtslaterne unter einem Geschütz hervor und trat dicht an Israel heran, bevor er der Prüfung ausweichen konnte.

»Da hast du was!« sagte der Frager. Er versetzte Israel einen fürchterlichen Schlag und trieb ihn mit Schimpf und Schande vom Vordeck, denn er hielt ihn für einen unbekannten Eindringling aus irgendeinem anderen Teil des Schiffes.

Mit der gleichen hartnäckigen Unverschämtheit versuchte Israel es bei anderen Posten. Aber mit dem gleichen üblen Ergebnis. Vom Gruppengeist besessen, wollte kein freundlicher Kreis ihn aufnehmen. Eine letzte Zuflucht suchte er bei den Schiffsraumarbeitern.

Ein paar saßen in den dunklen Höhlen des Schiffes um eine Laterne zusammen, wie eine Gruppe von Köhlern in einem Tannenwald um Mitternacht. »Na, Jungens, was gibt es für gute Nachrichten?« sagte Israel. Er näherte sich vertraulich, hielt sich aber soweit als möglich im Schatten.

»Die gute Nachricht ist«, erwiderte ein nörgeliger Alter, »daß du am besten dahin gehst, wo du hingehörst, an Deck, und nicht hier rumspionierst, wo du *nicht* hingehörst. Ich glaube, du hast dich beim Gefecht auch auf diese Weise gedrückt.«

»Ach, du bist ja ganz schön brummig heute nacht«, sagte Israel heiter. »Dir liegt das Essen noch im Magen.«

»Raus hier mit dir!« brüllte der andere. »An Deck, oder ich rufe den Profos!«

Abermals zog Israel sich zurück. Er machte einen allerletzten Versuch, sich offen unter die Mannschaft zu mischen: Er ging zu den Kuhlgasten, obwohl ihm das sehr gegen den Strich ging. Das ist die niedrigste Schicht in der Mannschaft eines Kriegsschiffes, bloßer Auswurf und Bodensatz – das sind die Parias des Meeres, bei denen all die Faulen, all die Erfolglosen, all die Unglücklichen und Verdammten, all die Schwermütigen, all die Kranken, all die rheumatischen Taugenichtse, Tunichtgute, all die Verlorenen Söhne, die düsteren Gesichter und Schweinehirten der Mannschaft zu finden sind, solche in fürchterlichen Lumpen nicht ausgenommen.

Eine unglückliche, zerlumpte, gelangweilte Reihe saß kläglich auf dem Geschützdeck, wie eine Schar entmutigter Strolche, die aus der zivilisierten Gesellschaft ausgeschlossen sind.

»Kopf hoch, Jungens«, sagte Israel heiter. »Wir fahren ja heimwärts. Macht mir mal Platz bei euch, Freunde.«

»Ach, setz dich auf deinen Kopf«, gab ein mürrischer Kerl in der Ecke zur Antwort.

»Nun laßt doch das Knurren. Wir fahren heimwärts. Hallo, meine Lieben!«

»Wir fahren ins Arbeitshaus, wolltest du sagen«, murmelte eine andere traurige Gestalt in geflicktem Hemd.

»Ach, seid doch nicht so trübsinnig, Jungs. Wir wollen den Kopf oben behalten. Sing doch mal einer was, und ich mache den Chor.«

»Sing doch, wenn dir so ist; ich werde mir jedenfalls die Ohren zustopfen«, sagte ein anderer, dem die Zehen aus den Seestiefeln stachen, und die übrigen stimmten ihm sämtlich mit feindseligem Gelächter bei.

Aber Israel ließ sich nicht entmutigen und fing an: »Halt ein, rauher Nord, und laß dein Geheul!«

»Und du läßt dein Gequietsche, ja?« rief einer mit verbeultem Hut. »Hast du 'ne Kugel in die Luftröhre gekriegt, daß du so hustest, schlimmer als ein zerbrochener Blasebalg? Hör auf mit deinem Gestöhn, es ist ja wie Todesröcheln.«

»Jungs, so behandelt ihr einen Wachgenossen, der seine Freunde ein bißchen aufheitern will?« fragte Israel vorwurfsvoll. »Ihr solltet euch schämen. Kommt, machen wir es uns gemütlich. Erzähl mal einer von euch was. Unterdessen kann mir einer den Rücken reiben.« Er lehnte sich ganz vertraulich an seinen Nachbarn.

»Schieb ab, ja?« brüllte sein Freund und drückte ihn fort.

»Wer ist eigentlich dieser singende und quatschende Bursche, der sich hier anbiedern will? Wer bist du? Bist du ein Kuhlgast oder nicht?«

Mit diesen Worten taumelte einer von dieser mürrischen, dummen Bande dicht an Israel heran. Aber über ihnen war ein Deck und unter ihnen auch; außerdem hing die Laterne weit weg. Es war zu trübes Licht, man konnte nichts genau erkennen.

»Zu uns gehört keiner, der singt, das ist klar«, stellte er schließlich dogmatisch fest, als er ihn ohne rechtes Ergebnis betrachtet hatte. »Segle ab hier!«

Und abermals wurde der arme Israel mit einem Stoß hinausgeworfen.

Aus jeder Gruppe verstoßen, ging er entmutigt an Deck. Solange wenigstens die Nacht ihn verbarg und er sich auf gelegentliches Wechseln des Standorts beschränkte, war alles sicher; dagegen konnte der Eifer, sich mit jeder beliebigen Gruppe zu verbrüdern, ihm nur schaden. Erschöpft fand er sich schließlich im Zwischendeck, wo die Freiwachen schliefen. Hundertundfünfzig Hängematten hingen da. Als er eine leere sah, sprang er hinein und dachte, das Glück möchte ihm doch auf irgendeine Weise gewogen sein. Die Schwüle im Raum ließ ihn in tiefen Schlaf fallen. Er wurde wach, als ein wilder bärtiger Kerl von der anderen Wache ihn am Gürtel packte, ihn auf die gemeinste Weise herauszerrte und ihn wütend anschrie, er sei ein Drükkeberger.

Israel sprang auf die Füße und merkte an dem Gedränge und Lärm im Zwischendeck, das nun belebt war mit Männern, die in ihre Hängematten stiegen, statt voller friedlich dösender Schläfer, daß Wachwechsel war. Er ging nach oben und erneuerte auf verschiedenen Posten seine Versuche, sich mit den jetzt dort versammelten Matrosen zu verbrüdern; aber jedesmal wurde er wie vorhin abgewiesen. Schließlich, gerade als der Tag anbrach, fiel einem jähzornigen Matrosen (dessen hartnäckige Feindseligkeit Israel lange vergebens zu beschwichtigen versucht hatte) im grauen Morgenlicht ein irgendwie fremdes Aussehen an Israel auf, und er nötigte ihn sehr grob, ausführlich über seine Person Rede zu stehen. Die Antworten bestärkten seinen Verdacht. Andere Matrosen stellten sich zu ihnen, bald hatte sich ein Kreis gebildet. Matrosen aus entfernteren Teilen des Schiffes kamen heran. Einer, und dann ein anderer, und noch einer erklärten, sie wären auf ihren Posten von einem Strolch belästigt worden, der versucht habe, sich anzubiedern und sich in anständige Gesellschaft einzuschleichen. Israel leugnete vergebens. Wie das Tageslicht kam die Wahrheit klarer und klarer hervor. Sie forschten ihn immer eindringlicher aus. Schließlich kam der Augenblick, da alle Mann an Deck erschienen. Die erste Wache, bei der Israel es anfangs versucht hatte, kam wieder herauf, erfuhr, worum es sich bei der Auseinandersetzung handelte, und bestätigte, irgendein Unbekannter habe über Nacht auch sie belästigt und täuschen wollen; wahrscheinlich sei es dieser Mann hier. Am Ende erschien der Profos mit seinem Bambusstock, packte den armen Israel kurzerhand am Kragen und führte ihn als geheimnisvollen Verbrecher zum Deckoffizier.

Als der die Anklage gehört hatte, fragte er ihn ganz verblüfft aus, sagte, er kenne diese Gestalt überhaupt nicht, und forderte die jüngeren Offiziere auf, ihr Teil zur Aufklärung beizutragen. Die waren aber nicht weniger in Verlegenheit.

»Wer zum Teufel sind Sie?« fragte der Deckoffizier immer bestürzter. »Woher kommen Sie? Was ist Ihr Dienst? Wo haben Sie Ihren Posten? Wie heißen Sie? Wer sind Sie eigentlich? Wie kommen Sie hierher, und wohin wollen Sie?«

»Sir«, erwiderte Israel sehr demütig, »ich will an meinen gewöhnlichen Dienst gehen, wenn Sir nur erlauben wollten. Ich gehöre zum Großmars und müßte jetzt damit beschäftigt sein, das Bramleesegel zum Aufhissen klarzumachen.«

»Sie gehören zum Großmars? Aber die Leute hier sagen, Sie haben versucht, sich beim Großmars, beim Kreuzmars, auf dem Vorderkastell, im Schiffsraum, in der Kuhl und an jeder anderen Stelle im Schiff einzuschleichen. Das ist doch seltsam!« sagte er und wandte sich an die jüngeren Offiziere.

»Er muß nicht ganz bei sich sein«, antwortete einer von ihnen, der Navigationsoffizier.

»Nicht ganz bei sich?« sagte der Deckoffizier. »Er ist überhaupt nicht bei Vernunft! Weder im menschlichen Wissen noch in der Erinnerung kommt er vor! Keiner kennt ihn, niemand hat ihn vorher gesehen, nicht einmal die Phantasie in ihrem wildesten und verrücktesten Alpdruck hat je von ihm geträumt. Wer sind Sie?« fragte er wieder, außer sich vor Erstaunen. »Wie heißen Sie? Stehen Sie in den Schiffsbüchern oder überhaupt in den Verzeichnissen der Natur?«

»Mein Name, Sir, ist Peter Perkins«, sagte Israel, der es für klüger hielt, seinen wirklichen Namen zu verheimlichen.

»Diesen Namen habe ich ganz gewiß noch nie gehört. Bitte, sehen Sie nach, ob ein Peter Perkins in den Gefechtsrollen steht«, trug er einem Seekadetten auf. »Schnell, bringen Sie das Buch her.«

Als er es bekommen hatte, fuhr er mit dem Finger an den Spalten entlang, warf das Buch hin und erklärte, dort sei kein solcher Name eingetragen.

»Sie sind nicht eingetragen. Es gibt hier keinen Peter Perkins. Sagen Sie mir augenblicklich, wer Sie sind!«

»Es wäre möglich, Sir«, sagte Israel feierlich, »daß ich in einer Art Geistesabwesenheit den Namen einer anderen Person angegeben habe, statt meinen eigenen, denn ich war betrunken, als ich an Bord kam.«

»Also gut, welchen Namen führen Sie denn bei Ihren Schiffskameraden, seit Sie an Bord sind?«

»Peter Perkins, Sir.«

Darauf wandte sich der Offizier an die umstehenden Männer und fragte, ob ihnen der Name Peter Perkins als der eines Schiffskameraden bekannt sei. Alle antworteten mit Nein.

»Es verfängt nicht, Sir«, sagte der Offizier. »Sie sehen, es verfängt nicht. Wer sind Sie?«

»Ein armer verfolgter Kerl in Ihren Diensten, Sir.«

»Wer verfolgt Sie?«

»Alle, Sir. Alle Matrosen scheinen gegen mich zu sein. Keiner will sich an mich erinnern.«

»Sagen Sie mir«, fragte der Offizier ernsthaft, »wie lange reicht Ihr eigenes Gedächtnis zurück? Erinnern Sie sich an gestern morgen? Sie müssen durch Selbstentzündung im Schiffsraum auf die Welt gekommen sein. Oder hat der Feind Sie gestern in einer Kartusche abgefeuert? Erinnern Sie sich an gestern?«

»Jawohl, Sir.«

»Was haben Sie gestern getan?«

»Ja, Sir, ich glaube jedenfalls, ich hätte die Ehre einer kleinen Unterhaltung mit Ihnen gehabt.«

»Mit *mir*?«

»Ja, Sir, es war gegen neun Uhr morgens. Die See war glatt, und das Schiff lief seine sieben Knoten, sollte ich meinen, da kamen Sie in den Großmars, zu dem ich gehöre, und zu meinem Vergnügen fragten Sie mich nach der besten Art, ein Oberbramleesegel zu setzen.«

»Er ist verrückt! Er ist verrückt!« sagte der Offizier, fast irr vor Überzeugung. »Bringen Sie ihn weg, bringen Sie ihn weg, bringen Sie ihn weg, Profos – irgendwohin. Warten Sie, noch eine Prüfung. Zu welcher Messe gehören Sie?«

»Nummer zwölf, Sir.«

»Mr. Tidds«, sagte er zu einem Seekadetten, »holen Sie die Messe Nummer zwölf vor den Mast.«

Zehn Matrosen kamen der Aufforderung nach und stellten sich vor Israel auf.

»Leute, gehört dieser Mann zu eurer Messe?«

»Nein, Sir. Wir sehen ihn jetzt zum erstenmal.«

»Wie heißen diese Leute?« fragte er Israel.

»Ja, Sir, ich stehe auf so vertrautem Fuß mit

ihnen –«, dabei sah er sie alle freundlich an –, »daß ich sie nie mit ihrem richtigen Namen anrede, sondern mit ihrem Spitznamen. Und weil ich ihre richtigen Namen nie gebraucht habe, habe ich sie vergessen. Die Spitznamen, unter denen ich sie kenne, sind Lauser, Flauser, Brauser und Grauser.«

»Das genügt. Verrückt wie ein Märzhase. Bringen Sie ihn weg. Nein, halt!« setzte er wieder hinzu. Das unergründliche Rätsel hielt ihn seltsam fest.

»Wie lautet *mein* Name?«

»Nun, Sir, einer meiner Meßgenossen hat Sie eben Leutnant Williamson genannt, und ich habe niemals gehört, daß Sie mit einem anderen Namen angerufen wurden.«

›In seiner Narrheit ist Methode‹, dachte der Offizier im stillen. »Wie heißt der Kapitän?«

»Na, Sir, als er gestern abend den Feind anrief mit seinem Sprachrohr, hörte ich ihn sagen, er sei Kapitän Parker; und er wird ja seinen Namen am besten wissen.«

»Jetzt habe ich Sie. Das ist nicht der richtige Name des Kapitäns.«

»Er kann selbst am besten entscheiden, wie er heißt, glaube ich.«

Der Offizier wandte sich mit ernster Miene an seine Kollegen und sagte: »Wenn eine solche Vermutung nicht aus anderen Gründen absurd wäre, würde ich für gewiß annehmen, daß dieser Mann auf irgendeine unbekannte Weise gestern vom Feind herübergekommen ist.«

»Wie sollte das möglich sein?« fragte der Navigationsoffizier.

»Weiß der Himmel. Aber unser Besanbaum streifte das andere Schiff, als wir den Bug freimanövrierten.«

»Aber wenn wir annehmen, er *könnte* auf diese Weise an Bord gekommen sein, was unter allen Umständen ganz unmöglich ist, welches Motiv könnte ihn denn dann bewegt haben, freiwillig an Bord des Feindes zu springen?«

»Lassen Sie ihn selbst antworten«, sagte der Offizier und drehte sich plötzlich zu Israel um, in der Absicht, ihn durch selbstverständliche Voraussetzung des fraglichen Punktes aus der Fassung zu bringen. »Antworten Sie. Warum sind Sie gestern vom Feind herübergesprungen?«

»Herübergesprungen, Sir, vom Feind? Aber Sir, meine Gefechtsstation ist doch Geschütz Nummer drei, hier auf dem unteren Deck.«

»Er ist verrückt! Oder ich bin übergeschnappt und die ganze Welt dazu! Bringen Sie ihn weg!«

»Aber wohin soll ich ihn bringen, Sir?« fragte der Profos. »Er scheint nirgends hinzugehören, Sir. Wohin? Wohin mit ihm, Sir?«

»Aus meinen Augen!« sagte der Offizier, den die eigene Verlegenheit zornig machte. »Aus meinen Augen, sage ich!«

»Dann komm mit, du Gespenst«, sagte der Profos. Er ergriff das Gespenst am Kragen und führte es von hier nach da, ohne zu wissen, was er mit ihm anfangen sollte.

Es vergingen etwa fünfzehn Minuten. Dann kam der Kapitän aus seiner Kajüte und sah den Profos Israel so ziellos umherführen. Er fragte nach dem Grund solchen Vorgehens und setzte hinzu, es verstoße gegen seinen ausdrücklichen Befehl, daß man neue und entwürdigende Strafen für seine Leute erfinde.

»Kommen Sie her, Profos. Zu welchem Ende führen Sie diesen Mann umher?«

»Zu keinem Ende in der Welt, Sir. Ich führe ihn umher, weil er nirgends hingehört.«

»Herr Deckoffizier, was soll das heißen? Wer ist dieser Fremde? Ich wüßte nicht, daß ich ihn kenne. Wer ist das? Und was soll dies Umherführen bedeuten?«

Darauf nahm der Deckoffizier eine tragische Haltung an und gab selbst einen Bericht über das ganze Geheimnis, sehr zum Erstaunen des Kapitäns, der sich sofort entrüstet an das Phantom wandte.

»Du Schurke, versuche nicht, mich zu betrügen. Wer bist du, und wo kommst du zuletzt her?«

»Sir, mein Name ist Peter Perkins, und jetzt komme ich vom Vordeck, wohin der Profos mich zuletzt geführt hat, bevor wir hierher kamen.«

»Keine faulen Witze!«

»Sir, mir ist nicht nach faulen Witzen zumute.«

»Haben Sie die Stirn zu behaupten, Sie wären als regelrecht angeworbener Mann an Bord dieses Schiffes gewesen, seit wir vor zehn Monaten von Falmouth abgesegelt sind?«

»Sir, da ich mir unbedingt einen Platz unter einem so ausgezeichneten Kapitän sichern wollte, ließ ich mich unter den ersten anwerben.«

»Welche Häfen haben wir angelaufen?« fragte der Kapitän etwas sanfter.

»Häfen, Sir? Häfen?«

»Jawohl, Sir. Häfen.«

Israel begann in seinen gelben Haaren zu kratzen.

»Welche Häfen?«

»Na, Sir – Boston, zum Beispiel.«

»Richtig«, flüsterte ein Kadett.

»Welcher Hafen war der nächste?«

»Also, Sir, ich habe doch gesagt, Boston sei der *erste* Hafen gewesen, nicht wahr? – und –«

»Ich will den zweiten Hafen hören.«

»Na, New York doch.«

»Stimmt auch«, flüsterte der Kadett.

»Und zu welchem Hafen wollen wir jetzt?«

»Warten Sie mal, heimwärts ... Falmouth, Sir.«

»Was ist Boston für eine Stadt?«

»Ein ziemlich großer Ort, Sir.«

»Sehr gerade Straßen, nicht wahr?«

»Jawohl, Sir. Kuhwege, gekreuzt von Schaftriften und überquert von Hühnerpfaden.«

»Wann haben wir das erste Geschütz abgefeuert?«

»Na, Sir, gerade als wir von Falmouth abfuhren. Die Signalkanone, Sir.«

»Wo haben wir das erste mit Kugeln geladene Geschütz abgefeuert und wie hieß das Kaperschiff, das wir bei dieser Gelegenheit genommen haben?«

»Kommt mir vor, als wäre ich damals auf der Krankenliste gewesen. Ja, Sir, das muß zu der Zeit gewesen sein. Ich hatte Gehirnentzündung und war eine Zeitlang ohne Besinnung.«

»Profos, führen Sie diesen Mann fort.«

Er legte die Hand an die Mütze. »Wohin soll ich ihn bringen, Sir?«

»Bringen Sie ihn aufs Vordeck an die frische Luft.«

So nahmen sie ihre Irrwanderungen wieder auf. Schließlich stiegen sie ins Zwischendeck hinunter. Da es gerade Frühstückszeit war, stellte der Profos, ein gutmütiger Mensch, unseren Helden seiner Messe ganz freundlich vor und ließ ihn mitessen. Während des Frühstücks bemühte er sich vergeblich, mit allerhand feinen Liebenswürdigkeiten sein Geheimnis aus ihm herauszuziehen.

Am Ende wurde er auf freien Fuß gesetzt. Und wann immer es eine wichtige Aufgabe gab, meldete Israel sich so fröhlich als Freiwilliger und erwies sich als ein so lenksamer und ausgezeichneter Seemann, daß er die Anerkennung sämtlicher Offiziere und auch des Kapitäns gewann, und sein zutrauliches Wesen zog zuletzt auch die mißtrauischen Gemüter der Matrosen auf seine Seite. In Anbetracht seiner guten Eigenschaften sowohl als Seemann wie auch als Mensch setzte sich der Großmarsälteste für seine Zulassung zu diesem Posten des Schiffes ein; und dort tat unser Held bis zum Ende der Reise Dienst und erhöhte seinen guten Ruf noch.

An einem schönen Nachmittag, dem letzten der Reise, als das Schiff sich dem Kap Lizard näherte, einige wenige Segelstunden vom Hafen entfernt, sah der Deckoffizier zufällig zum Großmars hinauf und bemerkte dort Israel, der ziemlich träge über der Reling lehnte und mild hinunterblickte auf die Stelle, an der der Offizier stand.

»Na, Peter Perkins, es scheint, Sie gehören am Ende doch zum Großmars.«

»Das habe ich immer gesagt«, sagte Israel und lächelte freundlich auf ihn herunter. »Aber zuerst Sir, Sie werden sich erinnern, wollten Sie es ja nicht glauben.«

22

Simson unter den Philistern

Als das Schiff endlich an drei oder vier vor Anker liegenden Schiffen vorbei zur Reede glitt – eins, ein Kriegsschiff, beschlug gerade die Segel – und der Stadt Falmouth näher kam, sah Israel von seinem luftigen Sitz aus eine erregte Menschenmenge am Ufer, und die Dächer in der Nähe waren mit Schaulustigen besetzt.

Gerade landete ein großer Kutter von einem Kriegsschiff, unter dessen Besatzung außer dem Leutnant und der Bootsmannschaft eine Korporalswache und drei weitere Offiziere waren. Als die Gruppe zum Teil an Land war und eine Art Spalier inmitten der Menschenmenge gebildet hatte, standen zwei kräftige Soldaten, bis an die Zähne bewaffnet, von den Heckbänken auf, und zwischen ihnen ein kriegerischer Mann von patagonierhaftem Körperbau, ihr zerlumpter und gefesselter Gefangener, dessen trotziger Kopf sie überragte wie die St.-Pauls-Kathedrale ihre niedrigeren Türme. Sofort schrie die Menge auf und drängte neugierig heran zu dem riesenhaften Fremden, so daß vier Soldaten ihren folgenden Kameraden, die den Hünen führten, mit gezogenen Säbeln den Weg frei halten mußten.

Als das Kaperschiff noch dichter herankam, hörte Israel den verantwortlichen Offizier der Gruppe an Land rufen: »Zum Schloß! Zum Schloß!«, und so marschierte die Gruppe, von Lärm und Gedränge umgeben, vorn die drei gezogenen Säbel, die von Zeit zu Zeit gegen die Schreier geschwungen wurden, auf einen riesigen, grimmigen Hausklotz auf einer Klippe zu, der etwa eine Meile von der Landestelle entfernt war. Solange sie in Sicht waren, ragte von Zeit zu Zeit die massige Gestalt des Gefangenen schwankend über die blitzenden Säbel und Bajonette hinaus, wie ein großer Wal in einen Schwarm feindlicher Schwertfische einbricht. Manchmal verhöhnte er sie mit barbarischer Verachtung, indem er mit seinen gefesselten Händen hilflos herumfuchtelte.

Als das Schiff endlich gegenüber einem alleinstehenden, verlassenen Lagerhaus, das etwas entfernt lag, vor Anker gegangen war, herrschte wieder Ruhe; und da die Arbeit des Löschens im Laderaum sofort anfing und bis in die Nacht hinein dauerte, hatte jeder an etwas anderes zu denken.

Der nächste Tag war ein Sonntag, und am Mittag bekam Israel mit einigen anderen die Erlaubnis, zu einem Spaziergang an Land zu gehen. Die Stadt lag ruhig. Da ihn dort nichts anzog, ging er allein über die Felder an der Küste entlang, und bald war er dabei, den Felsen zu ersteigen, auf dem der düstere Gebäudehaufen stand, von dem vorhin die Rede war.

»Was ist das da?« fragte er einen entgegenkommenden Bauern.

»Schloß Pendennis.«

Als er auf den kurzen, trockenen Rasen an den Mauern kam, schrak er zusammen vor einem lauten Geräusch von innen, das wie das Brüllen eines gefolterten Löwen klang. Bald wurden die Laute deutlicher, und er verstand die folgenden Worte, mit erstaunlicher Gewalt hervorgestoßen: »Brüste dich nicht mehr, altes England; bedenke, du bist nur eine Insel! Ruf deine geschlagenen Bataillone zurück! Geh nach Hause und bereue in Asche! Lange genug haben deine bestochenen Torys überm Meer den Herrn, ihren Gott, vergessen und sich gebeugt vor Howe und Knyphausen – dem Hessen! Hände weg, rothäutiger Schakal! Wer wie ich das Geschirr des Königs trägt, hat alle Wut der Welt auf euch Briten.«

Dann kam ein Klirren, wie von einer Kette; erbitterte Laute durcheinander, ein Ringkampf. Dann wieder die Stimme: »Ihr habt mich aus meinem Kerker in diesen Garten geholt – eine Beleidigung für die Sonne des Sabbats – um zu erfahren, wie ein Rebell aussieht. Aber ich zeige euch, wie ein wahrer Ehrenmann und Christ sich unter Feinden zu benehmen weiß. Zurück, ihr Hunde. Achtet einen Ehrenmann und Christen, auch wenn er in Lumpen geht und nach Bilgewasser riecht.«

Sehr verwundert über diese Worte, die hinter einer großen dicken Mauer hervordrangen, anscheinend von einem offenen Exerzierplatz, ging Israel weiter und kam bald an einen düsteren Bogengang, der durch einen Turm unterirdisch weit hinein auf eine Rasenfläche führte. Wie die Stoßzähne eines Wildschweins standen zwei Schildwachen zu beiden Seiten des offenen Bogenrachens. Sie musterten unseren Abenteurer einen Augenblick und bedeuteten ihm dann, er dürfe hinein.

Am Ende des Bogenganges im Sonnenschein angekommen, blieb Israel wie gebannt vor dem Anblick stehen.

Da kauerte der patagonierhafte Gefangene, immer noch mit Handschellen, wie ein Stier in der Arena. Das Gras rund um ihn war von seinen Bewegungen und denen der umstehenden Leute niedergetreten und aufgeschunden. Von ein paar Soldaten und Matrosen abgesehen, schienen es meist Leute aus der Stadt zu sein, die die Neugier hier zusammengebracht hatte. Der Unbekannte war fremdländisch gekleidet; er trug die traurigen Reste eines halb indianischen, halb kanadischen Anzugs: eine Jacke aus Rehhaut (das Fell nach außen gekehrt und in abgerissenen Klumpen herunterhängend), einen halbverfaulten rindenartigen Wampumgürtel, eine abgetragene Hose aus Sagathy, geflickte Strümpfe bis ans Knie, alte durchlöcherte Mokassins, deren Metallbesatz das Salzwasser mit gelbem Rost überzogen hatte, eine verblichene rote Wollmütze, die einer russischen Schlafmütze oder einem grausigen, blutigen Vollmond nicht unähnlich war, ganz verschmutzt und mit halbvermoderten Strohhalmen bedeckt. Er schien gerade aus den Todesverliesen der geächteten Adullam-Höhle Davids ausgebrochen. Unrasiert, sein Haar und Bart dicht und wirr wie ein verhageltes Kornfeld, bot er den entstellten Anblick eines wilden Tieres, aber eines königlichen Tieres, das der Kerker nicht gebrochen hat.

»Ja, starrt nur, starrt! Wenn man mich auch gestern abend aus dem Schiffsraum gezerrt hat wie ein schmutziges Faß und heute morgen von der Streu eurer Baracken wie einen Mörder – deswegen könnt ihr doch ruhig Ethan Ticonderoga Allen anstarren, den unbesiegten Kämpfer, beim ...! Ihr Türken habt noch nie einen Christen gesehen. Starrt doch! Ich bin jener, der – als euer Lord Howe einen Patrioten bestechen wollte, damit er vor ihm niederfiel und ihn anbetete für den Rang eines Generalmajors und fünftausend Morgen ausgesuchten Bodens im alten Vermont, ha! Dreimal drei Hochs auf das glorreiche, alte Vermont und meine Jungen aus den Grünen Bergen! Hurra! Hurra! Hurra! – Ich bin derjenige, sage ich, der eurem Lord Howe antwortete: Sie, *Sie* bieten *unser* Land feil? Sie sind wie der Teufel in der Heiligen Schrift, der alle Königreiche in der Welt versprach, und die verd... Seele besaß keinen Fleck auf der ganzen Erde! Starrt nur!«

»Hören Sie, Rebell, Sie sollten besser etwas vorsichtiger reden über General Lord Howe«, warf hier ein dünner, wespentailliger Schloßoffizier mit Epauletten dazwischen, der herantrat und seinen Degen schwang wie ein Schulmeister seine Rute.

»General Lord Howe? Ich soll vorsichtiger reden über diesen krötenherzigen Speichellecker des Königs, über diese scharlachrote Memme? Über das gemeinste Kriechtier in Gottes Wurmhöhle hier unten? Ich versichere Sie, ganze Rudel rothaariger Teufel schnauben ungeduldig danach, Lord Howe mit seiner ganzen

Bande, Sie eingeschlossen, in die siedendste Soße der Hölle zu löffeln!«

Dieser Ausbruch warf den wespentailligen Offizier zurück wie die plötzliche Explosion eines Dampfkessels. Er stolperte krummen Rückens davon und murmelte ungefähr, es sei unter seiner Würde, weitere Worte mit einem gemeinen Rebellen zu wechseln.

»Beruhigen Sie sich doch, Oberst Allen«, sagte nun ein mild blickender Mann in geistlicher Kleidung, »nützen Sie diesen Tag besser als mit solchen Reden über vergangene Dinge. Wenn Sie jetzt sterben müssen oder, was wahrscheinlicher ist, in der nächsten Woche am Towerholm aufgehängt würden, wüßten Sie nicht, was in der Ewigkeit aus Ihnen werden sollte.«

»Herr Pfarrer« – dies mit einer spöttischen Verbeugung –, »als ich nichts Besseres zu tun hatte, als meinen Bart zu pflegen, habe ich ein bißchen in Ihrer theologischen Wissenschaft herumgepfuscht. Und ich will Ihnen sagen, Herr Pfarrer« – dies mit leiserer und eindringlicherer Stimme –, »was die geistige Welt betrifft, auf die Sie anspielen, so weiß ich zwar nichts über die Art und die Eigenschaften dieser Welt, nicht mehr als Sie auch, aber ich nehme doch an, daß ich da ebensogut wie jeder andere Ehrenmann von meinen Verdiensten behandelt werde, wenn ich da ankomme. Das heißt, um vieles anständiger, als ihr Briten einen amerikanischen Offizier und demütigen Christen zu behandeln wißt, der in einem ehrenhaften Krieg gefangengenommen wurde, beim …! Jeder sagt mir, was Sie selbst gerade andeuteten und was mir bei der Überfahrt jede Woge in die Ohren schrie, daß man mich, Ethan Allen, aufhängen wird wie einen Dieb. Wenn es so sein soll, werden der große Jehova und der Kongreß der dreizehn Kolonien mich rächen; und ich für mein Teil werde euch noch am Baum beweisen, wie ein christlicher Ehrenmann zu sterben versteht. Inzwischen, Sir, wenn Sie der Pfarrer sind, nach dem Sie aussehen, kommen Sie Ihrer Pflicht zu trösten nach und verschaffen einem unglücklichen christlichen Ehrenmann, der sterben soll, ein Glas Punsch.«

Der gutmütige Fremde wollte seine christliche Hilfsbereitschaft nicht vergebens angerufen wissen und schickte unverzüglich seinen Diener, der neben ihm stand, nach dem Getränk aus.

In diesem Augenblick erhob sich ein leise rauschendes Geräusch, wie von einer Armee, die mit ihren Fahnen voranmarschiert. Seide, Schärpen und Bänder flatterten im Hintergrund. Bald kam eine strahlende Schar schöner Damen heran, in der Begleitung ihrer Liebhaber, die aus Falmouth hergeritten waren.

»Ach«, sagte eine zarte Stimme, »was für eine seltsame Feldbinde, eine Pelzweste, und was für Leopardenzähne, und Flachshaar, aber alles voller Stockflekken – ist er das?«

»Jawohl, er ist es, liebliche Dame«, sagte Allen, beugte seinen breiten Stierschädel wie ein Türke und hauchte die Worte wie eine Laute. »Er ist es, Ethan Allen, der Soldat; dreifach gefangen, seit Damenaugen ihn betrachten.«

»Aber er spricht ja wie ein Kavalier im Salon, dieser wilde moosige Amerikaner aus den Wäldern«, flüsterte eine andere schöne Dame ihrem Begleiter zu. »Aber ist er auch wirklich der, den wir sehen wollten? Ich muß eine Locke von seinem Haar haben.«

»Er ist es, angebetete Delilah; aber fürchten Sie nicht, selbst wenn der Feind Sie schickt, daß Sie mir meine Stärke rauben, indem Sie mir die Locken abschneiden.« Er wandte sich an einen Offizier: »Geben Sie mir Ihren Säbel, Mann! Ach! ich bin gefesselt. Tun Sie es selbst, meine Dame.«

»Nein, nein – ich –«

»Sie fürchten sich, wollten Sie sagen? Sie fürchten sich vor dem geschworenen Freund und Beschützer aller Damen in der ganzen Welt? Nein, nein, kommen Sie unbesorgt her.«

Die Dame trat heran, bezwang bald ihre Furchtsamkeit und fuhr mit ihrer schaumweiß glänzenden Hand durch die wirren Wogen seines Flachshaars.

»Oh, das ist ja, als schnitte man verknotete Fäden von einer goldenen Tresse!« rief sie aus. »Aber seht, die Hälfte ist Stroh.«

»Aber der sie trägt, ist kein Strohmann, meine Dame. Wäre ich frei, und Sie hätten zehntausend Feinde, Reiter, Fußvolk und Dragoner – wie könnte ich da als Freund für Sie kämpfen. Sie haben mir mein Haar geraubt – nun lassen Sie mich den Preis rauben von Ihrer zarten Hand. Wie, fürchten Sie sich wieder?«

»Nein, das nicht, aber –«

»Ich verstehe; Sie erlauben es, mögen es aber nicht sagen. Wie alle Damen. So, nun ist es geschehen. Der Kuß war süßer als das bittere Innere einer Kirsche.«

Als diese Dame schließlich ging, redete sie nicht wenig auf ihre Begleiter ein, daß man das harte Los eines so ritterlichen Unglücklichen in irgendeiner Weise erleichtern müsse. Darauf schlug ein würdiger, verständiger Herr in mittleren Jahren, der zur Begleitung gehörte, eine Flasche Wein täglich und saubere Leinenwäsche jede Woche vor. Das ließ diese vornehme englische Dame, die zu gut und zu höflich war, um ihn zu verurteilen, Ethan Allen tatsächlich jede Woche schicken, solange er Gefangener in ihrem Lande war.

Eine andere Szene löste den Aufbruch dieser Gesellschaft ab.

Ein schwitzender Mann in Stulpenstiefeln, eine Reitpeitsche in der Hand, mit dem Benehmen eines reichen Bauern, drängte sich wie ein verirrter junger Stier unter die Leute, um den Hünen anzusehen; er war gerade durch den Torweg hereingekommen, als die Damen hinausgingen.

»Als ich hörte, daß der Mann, der Ticonderoga genommen hat, hier in Schloß Pendennis ist, bin ich fünfundzwanzig Meilen geritten, um ihn zu sehen; und morgen wird mein Bruder vierzig Meilen zu demselben Zweck zurücklegen. Also lassen Sie mich zuerst zu ihm! Sir«, fuhr er fort und wandte sich an den Gefangenen, »darf ich Ihnen ein paar klare Fragen stellen und frei heraus mit Ihnen sprechen?«

»Frei mit mir sprechen? Von ganzem Herzen. Ich liebe die Freiheit über alles. Ich bin bereit, für sie zu sterben; ich denke, es steht mir bevor. Also sprechen Sie so frei, wie Sie mögen. Was wünschen Sie?«

»Dann gestatten Sie mir die Frage: Was ist Ihre Beschäftigung im Leben – ich meine, in Friedenszeiten?«

»Sie reden wie ein Steuereinnehmer«, erwiderte Allen und blinzelte boshaft. »Was meine Beschäftigung im Leben ist? Nun, in jüngeren Jahren habe ich Theologie studiert, aber gegenwärtig bin ich Zauberer von Beruf.«

Darüber lachte alles, sowohl über die Worte als auch darüber, wie sie ausgesprochen wurden, und der verwirrte Bauer entgegnete gereizt: »Zauberer, was? Na, Sie haben danebengezaubert, als Sie gefangen wurden.«

»Trotz allem war es nicht so sehr daneben wie bei euch Briten, als ich Ticonderoga nahm, mein Lieber.«

In diesem Augenblick kam der Diener mit dem

Punsch, und sein Herr schickte ihn damit zu dem Gefangenen.

»Nein, Sir! Geben Sie ihn mir mit Ihren eigenen Händen und tun Sie mir Bescheid wie ein Ehrenmann dem anderen.«

»Ich darf einem Staatsgefangenen nicht zutrinken, Oberst Allen. Ich will Ihnen den Punsch aber mit eigener Hand reichen, da Sie darauf bestehen.«

»Sie sprechen und handeln wie ein wahrer Edelmann, Sir. Ich danke Ihnen.«

Er nahm den Becher in seine gefesselten Hände. Das Eisen klirrte gegen das Porzellan. Er hob es an seine Lippen und sagte: »Hiermit gestehe ich der britischen Nation zu, daß ich eine halbe Minute lang anständig behandelt wurde.« Dann leerte er den Becher in einem Zug.

»Der Aufrührer schüttet es runter wie ein gieriges Schwein am Trog«, höhnte ein dicker Wachsoldat, der gerade Freizeit hatte.

»Schämen Sie sich!« rief der Spender des Punsches.

»Ach, Sir, sein roter Rock ist seine ewige Scham wie für die ganze scharlachrote britische Armee.« Er wandte sich spöttisch an den Soldaten. »Dir gefällt es nicht, wie ich mir etwas nehme, nicht wahr? Ich fürchte, ich kann es dir nie recht machen. Du hattest auch etwas gegen die Art, in der ich Ticonderoga nahm, und gegen die Art, in der ich Montreal nehmen wollte. Wenn schon! Aber sag mal, wenn ich dich so ansehe ... bis du nicht der Held, den ich im Hemd überraschte, als er sich auf der Viehkoppel im Fort umherdrückte? Bei Tagesanbruch, weißt du?«

»Hör mal, Yankee«, schimpfte der aufgebrachte Soldat. »Sei still, oder ich werde dir dein altes Rehfell mit dem flachen Säbel gerben.« Und wie zur Probe ließ er ihn wie eine Peitsche, aber nicht heftig, quer über den Rücken des Gefangenen fallen.

Der Hüne sprang herum wie ein Tiger, packte den Stahl mit den Zähnen, wand ihn aus dem Griff des Soldaten, warf ihn mit einem einzigen Schlag seiner Fesseln in die Luft wie einen Taschenspielerdolch und sagte: »Geh noch einmal einen gefesselten Ehrenmann mit deinem dreckigen Feiglingsmesser an, und« – er erhob seine Fäuste – »sie werden die Ramme des Todes für dich sein!«

Der Soldat war nun ohne alle Besinnung und hätte ihn mit aller Kraft geprügelt, aber mehrere Männer aus der Stadt warfen sich dazwischen und erinnerten ihn daran, daß es schändlich sei, einen gefesselten Gefangenen anzugreifen.

»Oh«, sagte Allen, »das bin ich gewöhnt, und darum komme ich ihnen zuvor. Und was ich auch Schlimmes gegen Britannien sage, es ist nicht gegen euch gerichtet, gute Freunde, sondern gegen meine gegenwärtigen und zukünftigen Peiniger.« Dann erkannte er unter den Leuten, die eingeschritten waren, den Spender des Punsches, wandte sich ihm mit höflicher Verneigung zu und sagte: »Ich danke Ihnen vielmals, guter Herr. Es wird Ihnen nichts schaden, denn unsere Welt ist unbeständig, so daß niemand weiß, wann er der Hilfe eines anderen bedürfen wird.«

Da aber der Soldat keine Ruhe geben wollte und der Tumult sich ausbreitete, erschien ein höherer Offizier, der den Auftritt beendete, indem er den Gefangenen in seine Zelle zurückbeorderte und die Leute aus der Stadt mit allen Fremden, darunter auch Israel, fortschickte und die Schloßtore hinter ihnen schließen ließ.

23

Weiteres von Ethan Allen. Israels Flucht in die Wildnis

Eine der denkwürdigsten Episoden des Revolutionskrieges ist die Ethan Allens in England. Der Vorfall wie der Mann waren gleichermaßen außergewöhnlich.

Allen scheint die merkwürdige Vereinigung eines Herkules, Joe Miller, Bayard und Tom Hyer gewesen zu sein. Er hatte eine Gestalt wie die belgischen Riesen, trug in sich die Musik der Berge wie ein Schweizer und war so unerschütterlich wie Richard Löwenherz. Er war in Neuengland geboren, obwohl sein Benehmen nicht darauf hindeutete. Er war freimütig, prahlerisch und gesellig wie ein Heide, festfreudig wie ein Römer, herzhaft wie der Oktober. Er war von ausgesprochen westlicher Geistesart, und hierauf beruhte sein besonders amerikanisches Wesen: denn der Geist des Westens ist der wahre Geist Amerikas oder wird es sein. Es gibt nur den einen.

Allens Auftreten in England war meistenteils herausfordernd und ungebärdig bis zum äußersten; es war ausgezeichnet durch jene wilde und heroische Spielart von Leichtsinn, ohne den eine solche Natur unter den Umständen der Bedrängnis und der Gefahr nicht zu denken ist; es ist die beste Art, mit der ein solcher Mensch seine heidnische Verachtung für Ungeschick ausdrücken kann und wie heiter und geringschätzig er den Haß seiner Feinde beurteilt, selbst wenn sie überlegen sind. Abgesehen von der unvermeidlichen Selbstsicherheit, die Kiefern, Kirchtürmen und Riesen in gleicher Weise eigen ist, gab es vielleicht noch zwei Gründe für das unvergleichliche Auftreten des hünenhaften Vermonters im Ausland. Gefangengenommen, als er vor Montreal ein verlorenes Unternehmen anführte, wurde er mit unentschuldbarer Grausamkeit und so schimpflich behandelt, als sei er in die Hände der Dajaken gefallen. Unmittelbar nach seiner Gefangennahme hätte man ihn besten Gewissens mit den verbündeten Indianern auf der Stelle abschlachten lassen, hätte er sich nicht mit dem Mute der Verzweiflung auf seine außergewöhnliche Kraft verlegt und einen englischen Offizier an sich gepreßt, den er dann als lebende Zielscheibe gegen die mörderischen Tomahawks der Wilden um sich schleuderte. Als er kurz danach von den Bajonetten der Wache umgeben in die Stadt abgeführt wurde, schwang der feindliche Befehlshaber, ein Oberst McCloud, seinen Stock über dem Kopf des Gefangenen und versprach ihm unter zügellosen Schmähungen den Strick eines Rebellen auf Tyburn. Auf seiner Überfahrt in demselben Schiff, mit dem auch Oberst Guy Johnson, der unversöhnliche Tory, reiste, wurde er in schweren Ketten im Schiffsraum gehalten und in jeder Hinsicht wie ein gemeiner Meuterer behandelt oder vielleicht noch eher wie ein asiatischer Löwe, der noch in seinem Käfig zu schrecklich war, als daß man ihm ohne Furcht und Zittern und die selbstverständlichen Grausamkeiten nahezukommen wagte. Zumindest die Furcht nimmt nicht wunder. Denn als er einmal, an Händen und Füßen gefesselt, von einem Offizier an Bord verhöhnt wurde, zerrte er mit den Zähnen den Bolzen heraus, der in der Nute seiner Handschellen steckte, und forderte so mit freien Armen seinen Beleidiger zum Kampf heraus. Oft, wie im Schloß Pendennis, wenn er sich anders nicht rächen konnte, pflegte er seine Feinde mit solchen Stürmen von Fluch und Verdammung anzugreifen, daß sie sich erschrocken zurückzogen. Ähnliche Beweggründe veranlaßten ihn sowohl an Bord als auch in England, immer wieder die stimmgewaltigsten Anspielungen auf Ticonderoga und die Rolle zu machen, die er bei der Einnahme dieser Stadt gespielt hatte, denn er wußte, daß von allen amerikanischen Namen zu jener Zeit Ticonderoga den Engländern am bekanntesten und am bittersten in den Ohren klang.

Die Leute der feinen Gesellschaft, die Tanzmeister und die Absolventen der Albe Bellgarde mögen über Allens rauhes Benehmen in England mit den betreßten Achseln zucken. Es ist wahr, er stand mit seinen Kerkermeistern durchaus nicht gut; wenn aber Bescheidenheit und Anstand nur auf der einen Seite zu finden sind, ziehen sie den kürzeren: etwa wenn Lord Chesterfield vor einem wütenden Bullen den Hut zieht und sich lächelnd verbeugt in der Hoffnung, seine Höflichkeit würde erwidert. Wenn du unter wilden Tieren bist, und sie drohen dir, sei ein wildes Tier. Wahrscheinlich war das Allens Auffassung. Denn abgesehen von dem bitteren Willen zur Selbstbehauptung, den eine solche Behandlung bei einem Manne wie ihm hervorrufen mußte, wird die Erfahrung ihn gelehrt haben, daß er in der Rolle eines spaßhaften, unbekümmerten und sogar prahlerischen Wilden sich besser gegen mutwillige Gefängniswärter durchsetzen konnte als mit unterwürfiger Gelassenheit. Man darf auch nicht außer acht lassen, daß der Feind, neben den geringfügigen Bosheiten persönlicher Art, jede internationale Sitte von Recht und Anstand verletzte, indem er einen angesehenen Kriegsgefangenen behandelte wie einen Sträfling für die Botany-Bay. Wenn gegenwärtig in einem ähnlichen Streitfall derselben Staaten an eine Wiederholung solcher Schändlichkeiten nicht zu denken ist, so nur, weil Nationen sich wie einzelne Menschen verhalten: Vermeintliche Armut fordert Unterdrückung und Verachtung heraus; ist dieselbe Armut aber zu Wohlstand gediehen, so behandelt sogar der vormalige Beleidiger sie mit politischer Hochachtung.

Wie sich später erwies, war Allen mit seinem Verhalten im Recht. Denn obwohl seine Feinde im Anfang nur von seiner schimpflichen Hinrichtung oder zumindest von langer und übler Einkerkerung sprachen und er selbst sich nichts anderes erwartete, so verzogen sich doch diese Absichten und Drohungen, und durch seinen ätzenden Hohn, mit dem er ihren Spott unter den schlimmsten Qualen zurückwies, zwang er seinen reumütigen Feinden schließlich doch eine anständige Behandlung ab. Am Ende wurden ihm die Ketten abgenommen, und er durfte auf dem Achterdeck desselben Schiffes, in dessen Raum er einst eingesperrt war, auf und ab gehen, als es ihn nach Amerika zurückbrachte. Kurz danach wurde er in New York bei einem regelmäßigen Gefangenenaustausch mit allen Ehren ausgeliefert.

Israel war mit ganz ungewöhnlicher Anteilnahme Augenzeuge der Vorgänge auf dem Schloßhof gewesen. Sein Mitgefühl wurde alles andere als gemindert durch die Notwendigkeit, seinem tapferen Landsmann aus den heimatlichen Bergen zu verheimlichen, daß ein Freund dicht vor ihm stand. Als die Menge endlich fortgeschickt war und er mit den anderen zur Stadt ging, erfuhr er, es seien noch vierzig oder mehr gemeine amerikanische Soldaten auf dem Felsen eingesperrt. Hierauf kehrte er unter einem Vorwand um und drückte sich an den Mauern herum, in der Hoffnung, die Gefangenen vielleicht zu Gesicht zu bekommen. Plötzlich, als er zu einer vergitterten Scharte im Turm hochblickte, fuhr er zurück vor einer bekannten

Stimme, die ihn anrief: »Potter, bist du es wirklich? Um Gottes willen, wie kommst du hierher?«

Diese Worte machten einen Wachposten auf unseren betroffenen Abenteurer aufmerksam. Er brachte sein Gewehr in Anschlag und forderte ihn auf, stehenzubleiben. Im nächsten Augenblick war Israel verhaftet. Als er den vierzig Gefangenen gegenübergestellt wurde, die auf moderndem Stroh lagen, das wie in einer Hundehütte mit abgenagten Knochen übersät war, erkannte er unter ihnen einen gewissen Singles, jetzt Sergeant Singles, denselben Mann, den er nach der Heimkehr von seiner letzten Fahrt um Kap Hoorn mit seiner Jenny von den Bergen verheiratet gefunden hatte. Ein Sturm von Gefühlen durchzog ihn. Nicht so wie Damon, als er Pythias fand, sondern weit merkwürdiger, weil sie ganz anderen Ursprungs waren. Denn nicht nur war dieser Singles ihm fremd gewesen, soweit der Verkehr überhaupt gegangen war, sondern er hatte ihn auch instinktiv als den erfolgreichen und vielleicht heimtückischen Nebenbuhler verachtet. Es war durchaus anzunehmen, daß Singles diese Gefühle erwidert hatte. Jetzt aber, als rollte der atlantische Ozean nicht zwischen zwei Erdteilen, sondern zwischen zwei Welten – zwischen dieser und dem Jenseits – schmolzen diese fremden Seelen in eins und vergaßen den Haß.

Unter solchen Umständen war die Täuschung schwer aufrechtzuerhalten, um so mehr, wenn man solche Voreiligkeiten wie die des Sergeanten glaubhaft zurückzuweisen hatte. Dennoch verkehrte Israel sein echtes Erstaunen in täuschendes Befremden und erklärte Singles in Gegenwart der Wache: Singles müsse einem unerklärlichen Irrtum zum Opfer gefallen sein. Denn er (Potter) sei kein Yankee-Rebell, dem Himmel sei Dank, sondern ein treuer Diener seines Königs; kurz, ein anständiger Engländer, in Kent geboren und nun im Dienst seines Landes, indem er dessen Feinden soviel Schaden wie möglich zufüge. Er befehlige nämlich eine Haubitze auf einem Kaperschiff, das gerade im Hafen liege.

Der Gefangene stand einen Augenblick verblüfft. Als er Israel aber näher ansah und einen heimlichen Blick wahrnahm, begriff er, daß er einen Landsmann, der unzweifelhaft nicht weniger unglücklich war als er selbst, gedankenlos in unnötige Gefahr gebracht hatte. Er griff das Stichwort auf, heuchelte mürrisch Bedauern wegen des Irrtums und setzte eine enttäuschte und beschämte Miene auf. Es ging aber nicht ohne viele Schwierigkeiten, anschließende Untersuchungen und Verhöre durch einen Offiziersrat ab, vor den er in der Folge gestellt wurde, bis er schließlich das Schloß verlassen durfte.

Dies unselige Abenteuer erstickte nicht nur den Keim eines kleinen Plans, den er sich zur materiellen Unterstützung Ethan Allens und seiner Kameraden ausgedacht hatte, sondern machte auch seinen weiteren Aufenthalt in Falmouth äußerst gefährlich. Und als wäre das noch nicht genug, kam am nächsten Tag, als er beim Anstreichen des Schiffsrumpfes außen hing und vor einem Besuch der Schloßbesatzung zitterte, das Gerücht an Bord, das Kriegsschiff im Hafen wolle ein Drittel der Mannschaft des Kaperschiffes in seinen Dienst pressen, obwohl sich das letztere schon auf eine weitere Fahrt vorbereitete. Da Israel an Bord eines privaten bewaffneten Schiffes war, hatte er sich nicht träumen lassen, daß er den Eingriffen des Staates genauso ausgesetzt sein könnte wie der unbedeutendste Kauffahrer. Aber das System der Pressung achtet weder die Person, noch kennt es Mitleid.

Sein Entschluß war bald gefaßt. Anders als seine Schiffskameraden, nahm er es unverzüglich und allein mit dem Zufall auf, statt ein gemeinsames und unabänderliches Schicksal abzuwarten. Noch in derselben Nacht ließ er sich geschickt über Bord fallen, und nachdem er mit knapper Not den Musketen der Wachen auf dem Kriegsschiff (an dessen Gangways er vorbei mußte) entgangen war, gelang es ihm, an Land zu schwimmen, wo er erschöpft niederfiel. Sobald er sich erholt hatte, floh er landeinwärts, doppelt gehetzt von dem Gedanken, daß er nun unter allen Umständen der Sklaverei verfallen war, ob man ihn nun als Engländer oder als Amerikaner verhaftete.

Bald nach Tagesanbruch, als er schon viele Meilen zurückgelegt hatte, fand er am Ufer eines stinkenden Teiches ein paar faulige Fetzen und konnte seine Seemannskleidung ausziehen. Das war in der Nähe eines baufälligen Gebäudes, das wie ein Armenhaus aussah, und er dachte, daß wahrscheinlich ein armer Selbstmörder die Sachen am Ufer zurückgelassen hatte. Es war kein Wunder, daß er die Lumpen gierig ergriff; denn was die Selbstmörder wegwerfen, nehmen die Lebenden gerne.

Abermals in der Kleidung des Bettlers, eilte der Flüchtling auf London zu, von demselben Instinkt geleitet, der den gejagten Fuchs in die Wildnis treibt: denn die Einsamkeit ist die Zuflucht des gehetzten Tieres, und die Massen der Großstadt schützen den verfolgten Menschen, denn dies ist die wahre Einsamkeit. In diesem Gewirr der Hauptstadt sollte Israel für mehr als vierzig Jahre untertauchen, wie einer in der Dämmerung im dichten Wald verschwindet. Weder der deutsche Wald noch der Zauberwald Tassos hielten in ihren Tiefen je mehr Grauen verborgen, als schließlich in den geheimen Klüften, Abgründen, Höhlen und Höllen Londons entdeckt wurde.

Aber wir greifen vor.

24

Israel in Ägypten

An einem grauen düsteren Nachmittag war Israel erschöpft, halbverhungert und abgerissen auf zehn bis fünfzehn Meilen an London herangekommen und sah viele, viele abgehärmte Männer in einer großen Ziegelei arbeiten.

Die Herstellung von Ziegeln ist in der Hauptsache eine Arbeit in Schmutz und Schlamm. Wo das Geschäft in großem Maßstab auf dem Lande durchgeführt wird, um den Londoner Markt zu versorgen, werden Herden der ärmsten Teufel beschäftigt, und ihre schmutzigen Lumpen passen zu einer Arbeit, bei der an Reinlichkeit ebensowenig zu denken ist wie bei einem Ertrunkenen in den Sümpfen des Schreckens.

Von der Not getrieben, entschloß sich Israel, Ziegelbrenner zu werden. Er war nicht besorgt, dort als Fremder anzukommen, denn er zweifelte nicht, daß seine Lumpen der beste Empfehlungsbrief für einen solchen Beruf waren.

Kurz und gut, er sprach einen der zahlreichen mürrischen Aufseher oder Fronvögte an; der tat sich nicht wenig wichtig und stellte ihn schließlich mit einem Wochenlohn von sechs Schillingen an, was fast anderthalb Dollar entsprach. Er wurde einer der Mühlen für das Zermahlen des Materials zugewiesen. Diese Mühle stand im Freien und bot einen rohen und orientalischen Anblick. Sie bestand aus einer Art Trichter, der in einen tonnenförmigen Behälter mündete. In dem Behälter war eine plumpe Vorrichtung, die mit einem großen, krummen Balken, ähnlich einem Pumpenschwengel, um ihre Achse gedreht wurde, nur lag er waagerecht, und am anderen Ende dieses Balkens war ein altes, spatiges Pferd angeschirrt. Die lehmige Mischung wurde von alten Männern spatigen Aussehens in den Trichter geschaufelt, während das alte, spatige Pferd sich müde rundum schleppte und alles zerschrotete, bis die Masse schließlich teigig und langsam am Boden der Tonne herausquoll und für die Formen fertig war. Wo der Teig herausquoll, war eine Grube angelegt, damit der Former auf einer Höhe stand mit dem Trog, in den die Masse fiel. In diese Grube wurde Israel hineingeschickt. Regelmäßig kamen Männer zu ihm und reichten ihm grobe Holzbretter herunter, die in Fächer von der Größe und der Form eines Ziegels eingeteilt waren. Israel klatschte die Masse mit einer großen flachen Kelle vom Trog in die Formen, dann schabte er mit einem glatten Holzstück die Oberfläche eben und reichte die Formen hinauf. Halb in der Grube versunken, unablässig mit den trostlosen Kästen hantierend, sah Israel aus wie ein Totengräber oder Friedhofswächter, der kleine unschuldige Tote in ihren Särgen auf der einen Seite wegsteckt und sie auf der anderen listig wieder für die Leichenräuber ausgräbt.

Zwanzig solcher traurigen alten Mühlen waren in Betrieb. Zwanzig jämmerliche alte Pferde, bedauernswürdig mit alten, ausgedienten Karrengeschirren aufgetakelt, zerrten unaufhörlich an zwanzig großen, plumpen Balken, während aus zwanzig halbgeborstenen Tonnen zwanzig Schlammströme wie Lava in zwanzig alte Tröge quollen, damit zwanzig alte Männer sie in zwanzig mal zwanzig abgenutzte Formen klatschten.

Als Israel zum erstenmal in seine Grube stieg, waren ihm die schrecklich gleichgültigen Bewegungen der Former aufgefallen. Aber er selbst war kaum drei Tage dabei, als seine frühere Gelassenheit gegen unglückliches

Geschick sich schon der achtlosen und halb spöttischen Verzweiflung, die die anderen zeigten, anzupassen begann. In der Tat brachte dies unaufhörliche, heftige, unaufmerksame Schlammklatschen den Former in eine entsprechende Verfassung, denn wer diesen trostlosen Teig gedankenlos hinschmeißt wie unnützes Zeug, kommt in seinen Gedanken darauf, sein eigenes schlimmes Geschick mit ähnlicher Achtlosigkeit laufen zu lassen, als etwas, was noch weniger lebenswert ist. Für diese schmutzigen Philosophen waren Menschen und Ziegelsteine gleichermaßen aus Lehm. ›Was macht es aus, ob wir Grafen sind oder Gräber?‹ dachten die Former. ›Alles ist eitel und Erde.‹ So klatschten diese traurigen Tröpfe sorglos und nachlässig – schwapp, schwapp, schwapp – ihren Teig mit bitterer Gleichgültigkeit hin. Mochte diese Fahrlässigkeit ihr Laster sein – aber ihr Laster war wie das Unkraut, das nur auf unfruchtbarem Boden wächst. Düngt man ihn, so verschwindet es.

Dreizehn leidige Wochen lang schuftete Israel unter der Aufsicht seines Fronvogts in der Grube. Obwohl er während der Arbeit in eine Art Kerker aus Erde oder in ein Totengräberloch verdammt war, erlebte er doch nichts Fröhliches, wenn er zu den Mahlzeiten freikam. Die Ziegelei mit all ihren Reihen zeltartiger Schuppen, Brennöfen und Mühlen lag in einem weiten öden Heidland und war von Moor und Schlamm umgeben. Der leere Horizont umschlang das Ganze wie ein Strick.

Manchmal war die Luft harsch und rauh, der zerfurchte und fleckige Himmel sah gegeißelt aus, oder drückender Nebel trieb von der See heran, spürte meilenweit jeden rheumatischen Knochen in der Runde auf und zwackte ihn. Die Ischiaslahmen zitterten, ihre kalten Lumpen sogen den Nebel auf. Kein Dach, selbst wenn es hagelte. Die Dächer waren für die Ziegel da; wenn nicht, wie die Redensart heißt, jeder Mann tatsächlich ein ›Baustein‹ war, wie die schlichte Bibelsprache sagt. ›Baustein‹ ist kein übler Name für jeden Adamssohn. Der Garten Eden war nur eine Ziegelei. Was ist ein Sterblicher mehr als ein paar Schaufeln unglücklichen Lehms, in eine Form gepreßt, auf einem Brett zum Trocknen ausgebreitet, und bald von der Sonne zu seinen wunderlichen Grillen erweckt? Ist der Mensch nicht in die Gemeinschaft eingemauert wie ein Ziegelstein in die Wand? Man denke an die Große Chinesische Mauer, an die ungeheure Bevölkerung von Peking. Wie der Mensch die Backsteine, so behandelt ihn Gott und schichtet ihn milliardenweise zu Bauwerken nach seinem Plan. Der Mensch besitzt nicht den Adel eines Ziegelsteins, nur in Massen. Und doch gibt es unterschiedliche Ziegelsteine, lebende und tote, was wir gleich noch als Letztes hören werden.

Die ganze Nacht lang saßen Männer vor den Feuerungen der Brennöfen und versorgten sie mit Brennstoff. Ein schwerer Qualm – der Qualm ihrer Qualen – stieg aus ihren Schloten. Es war merkwürdig, die Öfen unter der Wirkung des Feuers zu sehen, wie sie allmählich ihre Farbe wechselten wie gesottene Hummer. Wenn die Feuer endlich gelöscht wurden und die Ziegelsteine gehörig gebrannt waren, pflegte Israel oft einen Blick zu tun in die niedrigen, gewölbten Gänge am Boden, wo die flammenden Holzbündel geknistert hatten. Die Ziegel dicht an der Feuerung waren sämtlich zu unbrauchbaren Gebilden verbrannt, schwarz wie Holzkohle und zu den groteskesten Formen verzerrt. Die nächste Lage war schon weniger verschrumpft, aber auch kaum zu gebrauchen; und stufenweise, höher und höher mit den übereinander angebrachten Lagen des Ofens kam man zu den mittleren, gesunden, rechtwinkligen und untadeligen Backsteinen, die die höchsten Preise erzielten. Von hier an aufwärts verschlechterte der Inhalt des Ofens sich wieder. Aber die obersten Schichten, wenn sie auch minderen Wert hatten, waren doch nicht so verzerrt wie die überhitzten. Die untersten waren eingeschrumpft und voller Feuerblasen; die mittleren waren rötlich, von freundlicher und mäßiger Glut; die obersten waren bleich vor Entkräftung, da sie die Hitze zu sehr hatten entbehren müssen.

Diese Brennöfen waren so etwas wie zeitweilige Tempel in der Ziegelei, bei denen jeder Stein fast mit der Sorgfalt eines Maurers neben den anderen gesetzt war. Aber sobald das Feuer verloschen war, wurde der Ofen zu einem wüsten Haufen umgeworfen, nach London gebracht und dort abermals zu stolzen Gebäuden aufgetürmt, die für den echten Ziegelphilosophen kaum weniger vergänglich waren.

Manchmal konnte Israel beim Teigschöpfen nicht umhin, über die Rätselhaftigkeit seines Schicksals nachzugrübeln. Er war aus Vaterlandsliebe zum Hasser seiner Feinde geworden – und unter diese Feinde war er jetzt verschlagen; er hatte als Soldat und Seemann geholfen, diese Feinde und ihre Angehörigen zu töten, zu verbrennen und zu vernichten – nun war er hier und mußte gerade diesem Volk als Sklave dienen, und dabei verstand er es besser, ihnen Ziegel zu machen, als ihre Schiffe in Brand zu stecken. Der Gedanke, daß er mit all seiner Kraft nur mithalf, die Zwingmauern Thebens zu verlängern, machte ihn halb verrückt. Armer Israel, wie treffend war sein Name: Sklave im Ägypten Englands. Aber er drängte diesen Gedanken zurück und klatschte immer liederlicher mit seiner Kelle: Was bedeutet es schon, wer wir sind, oder wo wir sind, oder was wir tun? Klatsch! Platsch! Könige und Clowns sind doch nur Käuze – wer ist nicht was? Klatsch! Alles ist eitel und Erde.

25

In der Stadt des Dis

Als das Ziegelmachen für ihn vorbei war, hatte unser Abenteurer einen zwar geflickten, aber leidlichen Anzug auf dem Rücken, einige Blasen an den Händen und ein paar Kupfermünzen voll Grünspan in der Tasche. Unverzüglich machte er sich auf die Suche nach seinem Glück und ging zu Fuß zur Hauptstadt. Er betrat sie wie der König von Windsor, der Surreyseite, her.

Es war spät an einem Montagmorgen im November, einem blauen Montag, einem fünften November, also am Guy-Fawkes-Tag: sehr blau, neblig, in der Tat voller Trübseligkeit und Schießpulver, wie man bald sehen wird, als Israel sich im größten Alltagsgedränge eingekeilt fand, das das düstere rußige London dem neugierigen Fremden zu bieten hat: in jener altererbten Menge, dem Golfstrom der Menschheit, der durch Jahrhunderte ununterbrochen wie ein endloser Heringsschwarm über die Londoner Brücke quillt.

Zu der Zeit, von der wir hier erzählen, war die unter diesem Namen bekannte Brücke ein eigenartiges und düsteres Bauwerk, das ein Mönch in der Kutte, Peter von Colechurch, vor etwa fünfhundert Jahren errichtet hatte. Ihre Bögen waren seit langer Zeit dicht besetzt mit unheimlichen Häuschen von schwindelnder Höhe, die zur Brücke in keinem Verhältnis standen, so daß die

Brücke gleichzeitig zur bedrängtesten Torwache und zur am meisten verstopften Durchfahrt der Stadt wurde, und wie an den Torwegen Ochsenschädel als Kennzeichen der Schlachthäuser ausgehängt werden, so krönten die verdorrten Köpfe und geräucherten Vierteile von Verrätern, auf Piken gepflanzt, lange Zeit das Tor von Southwark.

Obwohl diese Krähennester mit ihren grausigen Wappen vor etwa zwanzig Jahren abgerissen worden waren, hing doch noch genug Groteskes und Altertümliches an der Brücke selbst, um sie am meisten hervorzuheben, besonders für jemand wie unseren Helden, der in einer jungfräulichen Gegend geboren war, wo der ewig junge Himmel und die Erde die einzigen Altertümer sind.

Israel war auf seiner Reise von Brentford nach Paris durch die Hauptstadt gekommen, aber nur als Kurier, so daß er jetzt zum erstenmal Zeit hatte, umherzustreifen, zu bummeln und zu lungern, um in Ruhe aufzunehmen, was er sah, und sich in ein grenzenloses Staunen zu verlieren. Vierzig Jahre machte ihm dies Staunen zu schaffen, bis er es schließlich im Tod überwand.

Mit ihren langen, düsteren Steinbögen sah die schwarze, berußte Brücke aus wie eine ungeheure Trauerschärpe, die in Girlanden über dem Fluß hing. Ähnliche Totenschleier überspannten ihn im Westen, während im Osten, zur See hin, Reihen über Reihen pechschwarzer Kohlenkähne Seite an Seite lagen wie Schwärme schwarzer Schwäne.

Die Themse, die weit draußen zwischen den grünen Feldern von Berkshire klar wie ein Bach dahinfloß, rann hier, durch die ständige Nachbarschaft des Menschen verunreinigt, als trübes Abwasser zwischen verrotteten Piers. Von den schlechtgebauten Kais eingeengt, bäumte sie sich einmal zischend auf, dann wieder schoß sie unheilvoll durch die Bögen der Unterwelt dahin, verzweifelt wie die verlorenen Seelen der Huren, die sich hier in jeder Nacht hineinstürzten. Inzwischen trieben hier und da die Kohlenkähne dahin wie wartende Leichenwagen, mit Stangen auf beiden Seiten notdürftig in der Strömung gehalten.

Und wie die Strömung im Wasser alle Schiffe trieb, so schien auf dem Land ein ähnlicher Strom alle Menschen, Pferde, Fahrzeuge zu treiben. Wie auf einem Ameisenhügel krochen über die Brückenbögen Züge von Karren, Kutschen, Rollwagen, alle Arten von rumpelnden Vehikeln auf Rädern, deren Pferde mit den Nüstern die Rückseite des voranfahrenden Wagens berührten, alles überspritzt mit ebenholzfarbigem Schlamm – Schlamm, der klebte wie Judenpech. Manchmal schien die Masse aus dem Hintergrund, wo die gewundenen Straßen verschwanden, einen geheimnisvollen Anstoß zu erhalten und wie in ruckweisen Krämpfen nach vorne zu drängen. Es war, als triebe eine Schar Zentauren auf dem jenseitigen Ufer des Phlegeton mit Angriff auf Angriff die gequälte Menschheit mit Sack und Pack hinüber.

Wohin auch das Auge blickte – kein Baum, kein Fleckchen Grün war zu sehen, nicht mehr als in einer Schmiede. Alle Arbeiter, welcher Art auch immer, waren geschwärzt wie in Gießereien. Die finsteren Straßenzüge sahen aus wie Stollen in Kohlenminen. Liegende Grabsteine schienen das Pflaster zu sein, nur ohne den Schmuck des Mooses und schwer ausgetreten von bekümmerten Schritten, wie die glasigen Felsen auf den verfluchten Galapagosinseln, auf denen die Sträflingsschildkröten dahinkriechen.

Die Sonne war unsichtbar wie bei einer Finsternis, das Licht dunkel; alles sah so öde und trüb aus, als stoße ein naher Vulkan seinen warnenden Qualm aus und werde die Stadt gleich verschütten wie Herkulaneum und Pompeji oder Sodom und Gomorra. Und als seien alle Hausfronten schreckensvoll zum Berg hinaufgekehrt, waren sie mehr oder minder mit Ruß befleckt. Weder Marmor noch der Körper noch die traurige Seele des Menschen vermögen in dieser schlackigen Stadt der Unterwelt weiß zu bleiben.

Als Israel sich endlich auf der Mitte der Brücke in eine Nische zurückzog, entsetzte er sich fast vor dem Anblick einzelner Gestalten. Ohne zu wissen, wer sie waren, ohne die Aussicht, sie wiederzusehen, sah er einen nach dem anderen vorbeitreiben, wie ungerufene Schatten im Hades. Manche Passanten hatten einen weniger finsteren Ausdruck, andere schienen von hysterischer Lustigkeit; aber die trauervollen Gesichter zeigten einen Ernst, der in den anderen nicht zu finden war, denn der Mensch, der ›schlechte Schauspieler‹, spielt die tragischen Rollen des Lebens besser als die komischen.

Als Israel schließlich auf der Middlesexseite angekommen war, machten Vorahnungen ihm das Herz schwer. Er fühlte, daß man nicht glücklich sein konnte, wenn man zu diesen Menschen gehörte.

Fünf Tage lang wanderte er umher. Er besuchte die vornehmeren Viertel und ging auch nicht vorbei an den ausgedehnteren Gegenden – den erblichen Burgen und Parks des Lasters und des Elends. Er war von Natur aus nicht schwermütig, und es war rätselhaft, was ihn diesmal so umherstreifen ließ. Es waren stoische Kräfte, die ihn auf einen nahen Tag vorbereiteten, an dem er in die tiefste Not geraten sollte, die es hier gab. Krankheit,

Entbehrung und alle scharfen Qualen der Verbannung bestimmten ihm ein Schicksal, das sogar inmitten der unglücklichen Menschheit unvergleichlich war, ein Schicksal, dessen größte Not das Ausbleiben jeder Hilfe und die unendliche Verlassenheit waren. London, das Unglück und das Meer – das waren die drei Dämonen der Apokalypse, die ihr Opfer zugleich erschlagen und verstecken.

26

Fünfundvierzig Jahre

Was Israel in den vierzig Jahren seiner Wanderungen durch die Einöden Londons erlebte, übertrifft großenteils die vierzig Jahre der verstoßenen Juden mit Moses in der wirklichen Wildnis.

Im Nebel Londons ging ihm bei Tag wohl die immer gegenwärtige Wolke voran, aber nicht die Feuersäule bei Nacht, außer der kalten Säule des Monuments, an dessen Fuß er sich oft um Mitternacht schlotternd niederlegte, zweihundert Fuß unter den höhnischen Goldflammen.

Aber diese Erlebnisse waren wegen ihrer Schärfe und seiner Verlassenheit notwendig gräßlich. Wir wollen uns lieber nicht dabei aufhalten. Denn so wie äußerste Leiden ohne jeden Schimmer von Hoffnung für das Opfer unerträglich sind, so ist es für andere die Schilderung, die nicht betrügerisch gemildert ist. Der schwermütigste und wahrhaftigste Dramatiker wählt selten das Unglück unbedeutender einsamer Menschen, sei es so außergewöhnlich wie immer auch, zum Thema, und das des Armen am wenigsten. Er fühlt sich angehalten durch die Tatsache, daß zum umflorten Palast des herrlich aufgebahrten Königs Tausende Gaffer drängen, aber nur wenige zieht die Hütte an, in der die ungeschmückte Leiche des Bettlers grinst wie ein zerbrochenes Knöchelspiel.

Warum überquert einer nach dem anderen die Straße bei einem bestimmten Stein im Pflaster? Was für ein plebejischer Lear und Ödipus, was für ein Israel Potter kauert dort an der Ecke, die sie meiden? So wollen auch wir diesen Punkt übergehen und die letzten Ereignisse nur eben streifen; übergehen wir die Einzelheiten, wie der Hungernde in den Abzugskanälen mit den Ratten um die Beute kämpfte oder wie er in ein verlassenes türloses Haus in St. Giles kroch, wo drei Tote, darunter ein Erhängter, seine Wirtsleute waren, oder in ein anderes in einer Gasse beim Houndsditch, und wie die elende Bude, phosphoreszierend vor Fäulnis, in einer pechschwarzen Mitternacht funkensprühend über ihm zusammenkrachte, so daß er sich eine Verletzung holte, die alle Arbeit lange Zeit verbot, seine Verbannung noch mehr in die Länge zog und überdies seine geistigen Fähigkeiten beeinträchtigte, da ihm einer der Dachsparren eine Gehirnerschütterung beigebracht hatte.

Aber dies waren Vorfälle, die nicht an den Beginn seiner Laufbahn gehören. Im Gegenteil, einmal genoß er sogar eine Art bescheidenen Wohlstand, so daß er sogar hoffen durfte, er werde die Heimfahrt bezahlen können, sobald der Krieg zu Ende war. Aber sein halsstarriges Geschick wollte, daß er eines Tages bei Holborn Bars überfahren und in eine nahe Bäckerei getragen wurde, wo die Verkäuferin, ein Mädchen aus Kent, ihn so freundlich pflegte, daß er am Ende glaubte, er könne seine Dankesschuld nur mit Liebe abtragen. Mit einem Wort, das für die Ozeanreise gesparte Geld wurde auf eine unüberlegte Fahrt in den Ehestand vergeudet.

Ursprünglich war er in die Hauptstadt geflohen, um dem Dilemma von Zwangsdienst und Gefängnis zu entgehen. Da ihn sonst nichts kümmerte, hätte die Angst vor einem solchen Schicksal ihn nur bis zum Friedensschluß dort festgehalten. Aber als die Feindseligkeiten aufhörten, war auch sein Geld am Ende. Es verging einige Zeit, bevor das Verhältnis der beiden Regierungen so weit gediehen war, daß sich ein amerikanischer Konsul in London niederlassen konnte. Aber als das eintrat, konnte er die gebotene Möglichkeit nur benutzen, wenn er Weib und Kind, geheiratet und gezeugt in Feindesland, zurücklassen wollte.

Unmittelbar nach dem Friedensschluß wurde England und insbesondere London von Horden entlassener Soldaten überschwemmt. Statt hungern oder zum Straßenräuber werden zu müssen (wozu sich nicht wenige ihrer Kameraden entschlossen, und manchmal hielten sie die Kutschen an den meistbefahrenen Straßen auf), wollten Tausende lieber für so wenig Geld arbeiten, daß die Löhne aller arbeitenden Schichten sanken. Unserm Abenteurer ging es noch nicht einmal am schlimmsten. Als der plötzliche Zustrom von Mitbewerbern, armen, ehrlichen Leuten wie er selbst, ihn aus seiner Stellung trieb – er war so etwas wie Lastträger in einem Lagerhaus am Fluß gewesen –, wandte er sich mit der Findigkeit seiner Rasse dem ländlichen Gewerbe des Stuhlflikkens zu. So zog er mit dem Ruf ›Alte Stühle zu flicken!‹ zu Fuß durch die Straßen und war so eine seltsame Verkörperung der Widersprüche im menschlichen Leben: Er, der fast immer unterwegs war, verschaffte der ganzen übrigen Welt bequeme Sitze. Inzwischen wuchs seine Familie, wie es einem anderen wohlbekannten malthusischen Rätsel im menschlichen Leben entsprach. Alles in allem wurden ihm elf Kinder in irgendwelchen Dachkammern zu Sixpence in Moorfields geboren; zehn davon starben eins nach dem anderen.

Wenn das Stuhlflicken schlecht ging, nahm er seine Zuflucht zum Herstellen von Streichhölzern. War auch dies Gewerbe erschöpft, sammelte er alte Lumpen, Papierfetzen, Nägel, Glasscherben. Dies war noch nicht die letzte Stufe. Aus der Gosse glitt er in den Abzugskanal. Die schiefe Ebene war glatt. Für den Armen gilt: ›Facilis descensus Averni‹. Aber in den sumpfigen Kanal des Avernus war mancher arme Soldat vor ihm hinuntergerutscht. Er hatte sogar drei Korporale und einen Sergeanten zu Gefährten.

Dennoch wurde sein Los durch zwei seltsame Dinge, von denen gleich die Rede sein soll, gelindert. Im Jahre 1793 brach der Krieg aus, der große französische Krieg. Das lichtete die überflüssigen Scharen in London ein wenig, und Israel verlor die unterirdische Gesellschaft seiner Freunde, der Korporale und des Sergeanten. Mit ihnen war er hungernd durch die schwarzen Königreiche des Schlamms gewandert, er hatte Geschichten erzählt von Seeleuten in Gefängnisschiffen und den Erzählungen von der Schwarzen Höhle von Kalkutta zugehört. Oft hatten sie andere arme Soldaten, die sie gar nicht kannten, paarweise an den belebteren Ecken und Abzweigungen der Kanäle getroffen, den unteren Charing-Cross-Plätzen; einer hielt den anderen an seinem letzten Knopf und besprach mit ihm ernsthaft die trübe Aussicht, daß der Brotpreis stieg oder die Flut, während durch die Gossengitter über ihnen, die rostigen Fenster der Unterwelt, das rauhe Rumpeln der Bäckerkarren herunterdrang, zugleich mit den Güssen der Flut, von der diese unbekannten Erdgeister der Stadt lebten.

Durch den Auszug der verlorenen Soldatenscharen ermuntert, kehrte Israel zum Stühleflicken zurück. Und oft erfuhr er auf dem Markt am Covent Garden, frühmorgens, wenn er sein Binsenstroh einkaufte, eine jener seltsamen Tröstungen, die ich eben erwähnt habe. Das Plaudern mit den rotbackigen Hökerfrauen in ihren Schürzen, auf deren feuchten Gesichtern noch der Morgentau der Wiesen lag; inmitten von Heuballen zu sein, wie der Schnitter zwischen Heuhaufen und Schobern; der Anblick von Gartenerzeugnissen, der roten Rüben, an deren Wurzeln noch die feuchte Erde hing; das bloße Anrühren seiner Binsen und der Gedanke, woher sie gekommen sein mochten und durch welche Hecken der Wagen mit ihnen gefahren war; und dann das Nachhausegehen mit ihnen wie ein Schnitter mit der Weizengarbe – all das war unaussprechlich angenehm. In Not und Bitternis, unabänderlich zwischen fleckige Wände gesperrt, kamen ihm unter diesen Menschen doch die schönen Tage seiner Kindheit auf dem Lande wieder, und sein einsames Herz (das nur das Leiden gehärtet hatte) fühlte zarte unauslöschliche Erinnerungen sich regen, wie das Gras noch in den schmalsten Ritzen eines längst nicht mehr betretenen Pflasters aufsprießt. Manchmal beim geringfügigsten Anlaß erfüllten die Gedanken an die Heimat seine Seele nach und nach so sehr, oder der plötzliche Ansturm der Erinnerung überfiel ihn, daß er lange Zeit in einer Art Sinnestäuschung verharrte.

Das war so: An einem schönen Nachmittag im Juli des Jahres 1800 stellte ihn zufällig ein Aufseher, halb aus Barmherzigkeit, zum Rasenschneiden in einer ovalen Einfriedigung im St.-James-Park an; das ist ein grüner Fleck, der mit einem Drei-Minuten-Spaziergang auf dem Kiesweg von der düsteren, rußigen alten Brauerei des Palastes zu erreichen ist, der dieser öffentlichen Anlage, an deren Rand er steht, den Namen gegeben hat. Es war ein kleines Oval, umgeben von einem Eisenzaun, hinter dessen Stäben das eingeschlossene Gras hervorlugte wie ein gefangenes wildes Tier aus dem Käfig. Und der Ausländer Israel starrte manchmal verträumt um sich und stand da wie ein erstaunter Stier, der sich verlaufen hat, oder wie ein verirrter Pequodindianer, der vor langer Zeit an den Ufern der Narraganset-Bay eingesperrt war. Und die Gedanken unseres Verbannten gingen zurück nach Neuengland. Während er arbeitete und an die Heimat dachte, mit den Gedanken zu Hause und mit der Arbeit in der Stille dieser kleinen grünen Oase, rief ein verlorener Gedanke den anderen, bis sein Geist schließlich eindringlich, wenn auch noch halb im Spaß, an dem Bild des alten Huckleberry festhielt, dem Lieblingspferd seiner Mutter, und als er plötzlich ein scharrendes Geräusch hörte (irgendein linkischer Fuß war draußen gegen das Eisengitter gekommen), glaubte er in seinem Wahn, es sei der alte Huckleberry in seinem Stall, der ihn mit dem Kratzen des beschlagenen Vorderhufes an den Planken herbeirufen wollte, was seine Gewohnheit war, wenn er Hunger hatte, und Israels Hacke fällt hin, er ergreift Hals über Kopf ein Büschel weißen Klees und läuft ein paar Schritte, um dem eingebildeten Anruf nachzukommen. Aber bald hielt er mitten im Lauf ein, blickte versunken über die Grünfläche hin und sagte sich, daß ein ganz anderes Oval, das große Oval des Ozeans, zu überqueren war, ehe er seinen närrischen Auftrag ausführen konnte, und sogar dann würde der alte Huckleberry des Klees längst müde geworden sein, denn zweifellos war er schon viele Jahre tot und begraben unter dem Klee.

Und viele Jahre später, in einem ganz anderen Teil

der Stadt, bei weit weniger schönem Wetter, kam er mit seinem Binsenbündel durch die Straße Red Cross nach Barbican, in einem so dichten Nebel, daß die dunklen, verschwommenen Hausumrisse in der Dämmerung aufragten wie viele schattenhafte Hügelketten um Mitternacht. Er vernahm ein Gemisch von irgendwie ländlichen Lauten – Trampeln, das Brüllen von Kühen, Hallorufe – und plötzlich eine Stimme, die ihm zurief, er solle irgendwelche Kühe aufhalten, die nach Smithfield sollten und die der Nebel unruhig und unlenksam gemacht hatte. Im nächsten Augenblick sah er weiß wie eine Orangenblüte die weiße Stirn eines schwarzen Stiers, der der Herde voranging und gespenstisch im Nebel schimmerte. Unversehens vergaß er seine Lahmheit und half mit Schreien und Winken, eifriger als die besorgten Bauern, die Eigentümer, das widerspenstige Vieh zurück nach Barbican zu treiben. Alte Erinnerungen ergriffen Gewalt über ihn, und er schrie: »Nach rechts, nach rechts!«, als die Bauern an der Straßenecke angekommen waren und das Vieh nach links trieben, nach Smithfield. »Nach rechts! Ihr treibt sie zurück auf die Weide! Nach rechts! Da geht es zum Scheunenhof!« – »Scheunenhof?« rief eine Stimme. »Du träumst, alter Mann.« So war Israel, der jetzt ein alter Mann war, von den Nebelbildern behext worden, er hatte sich heimgeträumt in die Nebel des Housatonicgebirges, war noch einmal der rotbackige Junge auf den Hochlandwiesen. Aber wie anders erschien ihm nun der schale, müde, tote Londoner Nebel als jene schnellen Wirbel, die wie Ziegen die purpurroten Gipfel erklommen oder wie verirrte Gespensterscharen sich verschlangen, abfielen und sich schnell über die Ebene ausbreiteten, so daß der Hütejunge hoch oben alleinblieb, scharf vom Himmel abgehoben wie ein Ballon.

Im Jahre 1817 ging es ihm wiederum übel. Auch dieser zweite Friedensschluß überschwemmte London mit entlassenen Soldaten, so daß alle Arbeitsstellen überlaufen waren, und auch Bettler ließen sich auf den Gehsteigen nieder wie die Heuschrecken. Krüppel mit Holzbeinen stelzten umher, zahllos wie französische Bauern in Holzschuhen. Und wie der Verbannte vor dreißig Jahren den bittenden Ruf gehört hatte, der nicht ihm galt: »Eine rühmliche Narbe, Euer Ehren, erworben bei Bunker Hill oder Saratoga oder Trenton, im Kampf für Seine Allergnädigste Majestät, den König Georg!« – so nahm jetzt eine neue Generation Unglücklicher vor den Ohren Israels, unseres ewigen Juden, den Ruf in verbesserter Form von neuem auf: »Eine rühmliche Narbe, Euer Ehren, erworben bei Coruña oder bei Waterloo oder bei Trafalgar!« Aber nicht wenige dieser Bittsteller waren nie aus dem Rauch von London herausgekommen. Es war in ihrer Art eine geschickte Aristokratie, die, ohne die eigene Person sonderlich der Gefahr ausgesetzt zu haben, doch keinen unbedeutenden Anteil an Ruhm und Gewinn der blutigen Schlachten einheimsten, die sie für sich in Anspruch nahmen, während manche von den wirklichen Helden, zum Betteln zu tapfer, zum Arbeiten zu verstümmelt, zum Leben zu arm, sich still in eine Ecke legten und starben. Und man darf hier als bezeichnend für Israels nationale Herkunft festhalten, daß er, der Amerikaner, so verzweifelt er abgesunken war, bis in die Kanalisation, doch niemals im Schlamm unterging und wirklich bettelte.

Und obwohl die hinzuströmenden Tausende, die wie er mit dem Hunger kämpften, ihn in der Zukunft aus mancher gelegentlichen Dreipencearbeit verdrängten, kam er irgendwie doch immer durch, wie die alten, zähen

Klippeneichen, an denen Sturm und Hagel hacken, die der vorüberziehende Holzfäller mutwillig verstümmelt, in der Bedrängung neidischer Nachbarbäume und in den Fesseln der Felsen dennoch gegen alle Übermacht den Lebensnerv der Pfahlwurzel gesunderhalten können. Und selbst gegen das Ende, in seinem finstersten Dezember, konnte unser alter Kämpfer von Zeit zu Zeit eine flüchtige Wärme in seinen höchsten Ästen spüren. In seiner Dachstube in Moorfields, bei einer Handvoll wieder angezündeter Kohlen, auf der Straße zusammengescharrt (die in der vorigen Nacht irgendeinen Lord gewärmt haben mochten), pflegte er seinen Jammer zu verscheuchen, indem er mit seinem einzig überlebenden und nun mutterlosen Kind, dem Benjamin seines Alters, von dem fernen Kanaan jenseits des Meeres sprach. Er erzählte dem Jungen die unvergessenen Abenteuer in den Bergen Neuenglands und schilderte eine glückliche Geborgenheit und Fülle, an der auch die Ärmsten teilhatten. Und dies, so schattenhaft er war, war ihm der zweite Trost, von dem vorhin gesprochen wurde.

Diesen Märchen von den glücklichen Inseln der Freien, die einer erzählte, der dort gewesen war, lauschte der arme, geknechtete Knabe von Moorfields Nacht für Nacht, wie den Geschichten von Sindbad dem Seefahrer. Wann würde der Vater ihn dorthin bringen? ›In irgendeiner Zukunft, mein Junge‹, war stets das hoffnungsvolle Versprechen eines hoffnungslosen Herzens. Und ›Wollte Gott, es wäre morgen!‹ war immer die leidenschaftliche Antwort.

Mit solchen Reden legte Israel, ohne es zu wissen, die Saat zu seiner Heimkehr. Denn mit zunehmendem Alter fühlte der Junge ein wachsendes Verlangen, dem ererbten Elend zu entkommen, indem er für seinen Vater und sich selbst die Reise in das Gelobte Land ermöglichte. Dank seiner ausdauernden Bemühungen gelang es ihm schließlich, alle Hindernisse zu überwinden und sich an der richtigen Stelle Gehör für sein ungewöhnliches Anliegen zu verschaffen. Kurz und gut, der amerikanische Konsul sah großzügig über die Vorschriften hinweg und sorgte dafür, daß Vater und Sohn sich auf der Themse nach Boston einschifften.

Es war das Jahr 1826. Ein halbes Jahrhundert war es her, daß Israel als junger Mann und Gefangener auf der Fregatte ›Tartar‹ denselben Hafen verlassen hatte, der jetzt sein Ziel war. Als er mit achtzig Jahren zurückfuhr über das Meer, waren seine Locken so schneeweiß wie der Schaum auf den Wellen. Es war, als sei der weißgekräuselte Ozean sein Bruder.

27

Requiescat in pace

Zufällig war es am vierten Juli, als das Schiff in den Hafen einlief und im Dock vor Anker ging. Und eine halbe Stunde nach der Landung wäre der alte Mann im Gedränge der lärmenden Menge an der Faneuil-Hall beinahe überfahren worden von einem Wagen des patriotischen Festzuges, auf dem eine bestickte Fahne mit der goldenen Inschrift wehte:

BUNKER HILL
1775
RUHM DEN HELDENHAFTEN
KÄMPFERN

Auf Coops' Hill, innerhalb der Stadtgrenze, einer der feindlichen Stellungen in der Schlacht, fand unser

Wanderer endlich Ruhe an diesem Tag. Er setzte sich auf einen Grabhügel und blickte in der Richtung des Charlesflusses über das Schlachtfeld, wo das damals eben erst begonnene Denkmal noch kaum zu sehen war, wie ein aufstrebender Kornhalm in einem frostigen Frühjahr. Auf diesen Hügeln hatten seine nun zitternden Hände die Muskete an beiden Enden geführt. Hier hatte er sich auch jene Wunde auf der Brust geholt, die später im Gefecht mit der ›Serapis‹ quer von einem Entermesser durchzogen wurde, so daß er jetzt ein Narbenkreuz trug.

Eine Weile saß er stumm da und blickte stumpf vor sich hin. Der schwüle Julitag senkte sich. Sein Sohn versuchte ihn ein wenig aufzuheitern, bevor sie aufstanden, um in das Quartier zurückzugehen, das der Kapitän des Schiffes ihnen fürs erste angeboten hatte. »Nein«, sagte der alte Mann, »ich werde doch keine bessere Ruhe finden als hier bei den Grabhügeln.«

Aber der Junge zog ihn schließlich hinweg von diesem Armenfriedhof, und am nächsten Morgen, durch eine freiwillige Sammlung unter allen Fahrgästen dazu ermutigt, fuhren Vater und Sohn mit der Postkutsche in das Land des Housatonic. Aber die Ankunft des Verbannten in diesen alten Bergstädten war weniger eine Rückkehr als eine Auferstehung. Vor allem kannte ihn niemand, und keiner erinnerte sich, von ihm gehört zu haben. Allmählich stellte sich heraus, daß der letzte bekannte Überlebende seiner Familie in der Gegend, ein Junggeselle, vor mehr als dreißig Jahren, dem Beispiel von drei Vierteln seiner Nachbarn folgend, seinen Besitz verkauft hatte und nach einem Land weit im Westen gezogen war; aber niemand konnte genau sagen, wohin.

Er wollte sein Vaterhaus noch einmal sehen. Aber es

war vor langer Zeit niedergebrannt. Mit einem Herzen, so trübe wie sein Augenlicht, ging er mit seinem Sohn auf die Suche nach der Stelle. Aber die Straßen lagen seit Jahren anders. Auf der alten Straße weideten jetzt die Schafe; die neue lief quer durch ehemalige Gärten. Neue Obstgärten, von anderen Schößlingen gezogen und zu ihrer Zeit gepfropft, gediehen auf den sonnigen Abhängen in der Nähe, wo man seinerzeit die Brombeeren hatte büschelweise pflücken können. Schließlich kam er an ein wogendes Buchweizenfeld. Es kam ihm vor wie eins von denen, die er selbst oft gemäht hatte. Aber durch Nachfragen stellte sich heraus, daß hier noch vor drei Jahren ein Wäldchen von Walnußbäumen gestanden hatte. Dann besann er sich ungefähr, daß sein Vater manchmal davon gesprochen hatte, einen solchen Hain anzupflanzen, um die angrenzenden Felder vor dem kalten Nordwind zu schützen; aber an welcher Stelle dieser Hain hätte stehen sollen, konnte sein zerrüttetes Gedächtnis nicht genau bestimmen. Es schien jedoch gut möglich, daß das Walnußwäldchen während seiner langen Verbannung gerade auf diesem Fleck angepflanzt und abgeerntet worden war, so gut wie die jährlichen Saaten vorher und nachher.

Kurz danach kam er an der Bergseite in einen alten Naturwald, der ihm irgendwie vertraut war, und als er ihn halb durchquert hatte, stand er still, um einen seltsamen moderigen Haufen zu betrachten, der sich an einer Seite an eine kräftige Buche lehnte. Obwohl dieser Haufen überall, wo man ihn noch so leise mit dem Stock anrührte, zerfiel, bewahrte er doch hier und da, selbst als Staub noch, das Aussehen und die unregelmäßigen Kanten dessen, was er ursprünglich gewesen war, nämlich ein halbes Klafter fester Schierlingstanne (eines der Hölzer, denen die Zeit am wenigsten ausmacht), das von einer vorhergegangenen Generation zerhackt und dann an Ort und Stelle aufgestapelt worden war bis zur Schlittenzeit. Wie es aber geht bei solchen Sachen, war es immer wieder vergessen und dem Verwesen überlassen worden. So wie es da lag, war es ein Symbol für immer aufgegebene Pläne, Symbol eines langen Lebens, das in längst vergangenem Mißgeschick dahinmodert.

›Träume ich?‹ grübelte der alte Mann verwirrt, ›oder warum denke ich an einen kalten verhangenen Morgen vor langer, langer Zeit, als ich den krummen Klotz da gegen die Buche lehnte, die damals ein Schößling war? Nein, nein, ich kann so alt nicht sein.‹

»Komm, Vater, weg aus diesem finsteren, feuchten Wald!« bat sein Sohn und führte ihn weiter.

Wie sie so ziellos umherstreiften, sahen sie einen Mann beim Pflügen. Der Wanderer ging langsam auf ihn zu und traf ihn bei einem kleinen Haufen verbrannten, zerfallenen Mauerwerks, das aussah wie ein eingestürzter Kamin mit den Pfosten der Feuerstelle; dünne schützende Flechten wanden sich kümmerlich darüber hin wie Siegel eines Testamentsvollstreckers. Gerade als der Mann die Ochsen anhielt, kippte sein Pflug seitwärts, weil er plötzlich an einem eingesunkenen Stein im Boden der Ruine hängengeblieben war.

»Na, das ist jetzt das zwanzigste Jahr, daß mein Pflug auf diesem alten Herdstein aufsetzt. Schwüler Tag heute, was, alter Mann?«

»Wessen Haus hat hier gestanden, Freund?« fragte der Wanderer und berührte den halbversunkenen Herd mit dem Stock, wo eine frische Furche ihn zudeckte.

»Weiß nicht, hab den Namen vergessen. Sind aber

wohl westwärts gegangen, glaub ich. Kennen Sie die Leute?«

Aber der Wanderer gab keine Antwort. Sein Blick haftete an einer eigentümlichen natürlichen Krümmung oder Wölbung in einem der bemoosten Steinpfosten.

»Was starrst du denn so, Vater?«

»*Vater!* – Hier«, und er stocherte mit seinem Stock, »hat *mein* Vater immer gesessen, und hier meine Mutter, und hier habe ich als kleines Kind meine unsicheren Schritte hin und her gemacht, wie ich sie jetzt tue, an derselben Stelle, nur unter freiem Himmel. Der Kreis schließt sich. Pflüge weiter, Freund.«

Wir tun am besten, diesem Leben so rasch zu seinem Abschluß zu folgen, wie es endete.

Es bleibt wenig zu sagen.

Seine Gesuche um ein Ruhegehalt scheiterten an gewissen gesetzlichen Umständen. Seine Narben blieben seine einzigen Orden. Er diktierte noch ein schmales Büchlein, den Bericht seiner Abenteuer, aber es ist längst vergriffen. Er selbst lebt nicht mehr, sein Name ist vergessen. Er starb am selben Tag, als der Sturm die älteste Eiche auf seinen heimatlichen Bergen entwurzelte.

NACHWORT

I

Herman Melville (1819–1891) widmet die Lebensgeschichte Israel Potters einem Schlachtendenkmal, so als hätte er keinen Freund und keinen Menschen in der Welt, der eine Zueignung mit Freude, Dank oder zumindest Wohlwollen aufgenommen hätte. Nichts spiegelt seine Lage, seine Einsamkeit und die bedrückende Gewißheit, mit fünfunddreißig Jahren als Schriftsteller gescheitert zu sein, deutlicher wider als diese Widmung an einen alten grauen Stein.

Als Melville im Jahre 1819 geboren wurde, gehörte seine Familie noch zu den alten, quasi-aristokratischen Familien New Yorks, zwölf Jahre später – nach dem unerwarteten Bankrott des Handlungshauses Melville und dem Tod ihres Gatten – blieb Melvilles Mutter die Sorge für sich und ihre acht Kinder: An die Stelle bürgerlicher Privilegien trat die bittere Not. Mit fünfzehn Jahren verließ Melville die Schule, mit achtzehn ging er zur See. Sieben Jahre befuhr er – mit kurzen Unterbrechungen – auf Segelschiffen die Ozeane der Welt. Er war Schiffsjunge, Seemann auf einem Kriegsschiff und Walfänger. Mit Stolz sagte er später, seine Universität sei ein Walfangschiff gewesen. Nach seiner endgültigen Rückkehr aufs Festland erschienen in schneller Folge fünf Bände*, in denen er den reichen und, im Vergleich zu seinen Zeitgenossen, so seltenen und exotischen Schatz seiner Erfahrungen literarisch nutzen konnte.

In jenen vierziger Jahren des 19. Jahrhunderts bewiesen die Autoren der jungen selbständigen amerikanischen Republik, daß sie dem literarischen Gängelband des ehemaligen englischen Mutterlandes entwachsen waren. Namen wie Cooper und Irving, Hawthorne und Poe, Longfellow und Whittier wurden nicht nur in der neuen Welt bekannt. Englische Verleger druckten ihre Werke; in Übersetzungen wurden sie als ernstzunehmende neue literarische Stimmen auch in anderen europäischen Ländern willkommen geheißen. Leider war die Anerkennung, die der schreibende Matrose und Walfänger im Kreise der amerikanischen ›Klassiker‹ fand, nicht von Dauer. Als 1851 sein Hauptwerk ›Moby Dick‹ erschien, wandte sich das Publikum von ihm ab, weil es in dem philosophischen Roman über die See und den Walfang, über den Menschen und seinen Kampf mit der Natur einen unverzeihlichen Bruch mit der liebgewordenen Südseetradition seiner ersten Werke sah. Fast einstimmig verurteilte ihn die zeitgenössische Kritik, weil sie es als unbequem empfand, seinen komplizierten Gedankengängen und oft unorthodoxen Schlüssen zu folgen. Das Erscheinen von ›Pierre‹ (1852), in dem Melville die für das Bürgertum gültigen ethischen Maßstäbe in Frage stellte und überdies erkennen ließ, daß ihn der oberflächliche Zweckoptimismus der Jahrhundertmitte nicht beeindruckte, wurde von seinen Kritikern als Herausforderung empfunden und

* ›Typee‹ (1846), ›Omoo‹ (1847), ›Mardi‹ (1849), ›Redburn‹ (1849), ›White-Jacket‹ (1850)

entsprechend gewürdigt. Manuskripte wurden ihm zurückgeschickt, sein Mühen um eine diplomatische Sinekure blieb erfolglos, und Verleger, die ihm vielleicht hätten helfen können, erlitten schwere Rückschläge.

In dieser Zwangslage – er mußte die Existenz seiner großen Familie sichern – wandte sich Melville dem Israel-Potter-Thema zu, das schon einmal (noch vor der Arbeit am ›Moby Dick‹) seine Aufmerksamkeit erregt hatte. Nur, daß es ihn nun, in der tristen Isolierung seines ländlichen Wohnsitzes in den Berkshire Mountains (im Neuengland-Staate Massachusetts) noch stärker anzog als früher. Es kann ihm wahrlich nicht schwergefallen sein, in der ausweglosen Not Potters und in dessen spurlosem Versinken in der Anonymität sein eigenes Schicksal wiederzuerkennen.

Als Quelle diente Melville jenes kleine Heftchen, von dem er im Vorwort spricht*; außerdem stützte er sich auf sorgfältige Lokalstudien, die er 1849/50 in London und Paris hatte machen können, sowie auf die Lektüre einiger Werke über die amerikanischen Seekriegsunternehmungen während des Unabhängigkeitskrieges und auf Bücher über John Paul Jones, Ethan Allen und die Berkshire Mountains. Der Versuch, durch eine gewisse Selbstverleumdung bei der Behandlung des Themas die Gunst der Leser wiederzuerringen, ist sogar teilweise gelungen. Als nämlich nach der Erstveröffentlichung in Fortsetzungen** eine Buchausgabe (1855) erschien, wurden immerhin während des ersten Jahres drei, wenn auch kleine Auflagen (von insgesamt 2500 Bänden) gedruckt und verkauft. Den kurz danach publizierten

* ›The Life and Remarkable Adventures of Israel R. Potter‹; Providence, 1824

** In: ›Putnam's Monthly Magazine‹, Juli 1854 bis März 1855

›Piazza Tales‹ (1856) war ein solcher Erfolg bei weitem nicht mehr beschieden.

II

Melville folgt seiner Vorlage nur zu Anfang der Erzählung, um Israel Potter auf die Bahn des Abenteuers zu bringen. Aber selbst in der Eröffnung erweitert er den dürren Bericht bereits durch die herrliche Schilderung der Berkshire Mountains. Hier setzt er die herbe Schönheit der Landschaft in direkte Beziehung zur revolutionären Hartnäckigkeit der Neuengländer: ein Motiv, das er kaum im Dreigroschenheft mit der Lebensbeschreibung Potters gefunden haben dürfte. Wie denn überhaupt die – allerdings oft nur zögernd vorgestreckte – Klaue des Löwen überall dort sichtbar wird, wo Melville seine Quelle verläßt, um frei zu fabulieren. Das Paradestück (neben den eingesprengten Porträts) ist ohne Zweifel die Schilderung der historisch bedeutenden Seeschlacht zwischen der ›Bon Homme Richard‹ und der britischen ›Serapis‹ (am 25. September 1779 vor der englischen Ostküste). Selbst die Kritiker, die sonst an Melvilles Schalten mit seiner Quelle so manches auszusetzen haben, sind sich einig, daß ihm mit diesem Seekriegsgemälde der große Wurf gelungen ist.

Fast alle zeitgenössischen Kritiker haben den ›Israel Potter‹ mit Wohlwollen aufgenommen. Sie sahen in erster Linie die Abenteuergeschichte und waren überdies zufrieden, daß der Autor sich offener Angriffe gegen die Religion und die bürgerliche Moral enthalten hatte. Nur ein Zeitgenosse war mit der flüchtigen Bemerkung, das Buch sei eigentlich von einem verborgenen Sarkasmus durchdrungen, zum Kern des Werkes gelangt. In der Tat wird Melvilles bittere Ironie im ›Israel Potter‹ nirgendwo so deutlich wie in der Zueignung und in dem kurzen Vorwort, in dem er mit Hohn vom Dank des Vaterlandes für seine treuesten Söhne spricht und davon, daß er gar nicht daran denke, die für Amerika so beschämenden Fakten durch den Kunstkniff poetischer Gerechtigkeit auszugleichen. Diese Einstellung des Autors zu seinem Thema mag zuweilen durch die Vordergründigkeit der aneinandergereihten Episoden überdeckt sein; von Melville aufgegeben wird sie nie. So kann er an den Schluß seiner Darstellung der mit äußerster Verbissenheit durchgekämpften Schlacht, bei der sich die Matrosen umbrachten, ohne zu wissen warum, auch die beklommene Frage stellen, ob denn die Zivilisation wirklich etwas Besonderes oder nur ein fortgeschrittenes Stadium der Barbarei sei.

Überhaupt wendet sich Melville, obwohl er die Notwendigkeit des Befreiungskampfes der amerikanischen Kolonien gegen das ehemalige britische Mutterland einsieht, gegen die Leiden, die ein Krieg über die Völker bringt. Mit erstaunlichem Scharfblick für die ökonomische Seite der Frage erkennt er, wie gerade das Schicksal der einfachen Menschen vom Kriege abhängt, wie heimkehrende Soldaten vom Konjunkturrückgang zu Arbeitslosen degradiert werden und wie die Helden von gestern bedrückt zusehen müssen, wie verkommene Bettler ihre körperlichen Mißbildungen als angebliche ehrenhafte Narben vorweisen.

Eine solch intime Kenntnis der Leiden der Menschheit stand im Grunde in einem fast unversöhnlichen Gegensatz zum Optimismus der amerikanischen fünfziger Jahre und ist Melville wohl auch nur nachgesehen worden, weil er sie am Beispiel der englischen und nicht der amerikanischen Slumbewohner exemplifiziert. Was die Darstellung amerikanischer Verhältnisse angeht, so schätzt man offenbar den ungekünstelten patriotischen Hauch, der die Geschichte durchweht, höher ein als die sarkastischen Bemerkungen darüber, daß die junge Republik für ihren ehemaligen Soldaten keine Pension übrig hatte und der Lohn für seine Dienste und Leiden in frischem Frühlingsrasen auf seinem Heldengrab bestand.

Der Antrieb, der Israel Potter bewegt und ihm die Kraft gibt, wilde Abenteuer und empfindliche Schicksalsschläge zu überstehen, ist sein Haß auf die britischen Tyrannen und seine Ergebenheit für die Sache der nationalen Unabhängigkeit. Erst im Alter, als Potter für Jahrzehnte im schlammigen Strudel der Londoner Schattenwelt versinkt, verglimmt das patriotische Feuer und weicht einem zuweilen schmerzlich ins Bewußtsein dringenden Heimweh nach den Berkshire Mountains.

III

Großen Raum im ›Israel Potter‹ nehmen die nicht in der Quelle vorgezeichneten Porträtstudien und die daran gebundenen Episoden ein. In sich sind es kleine Meisterstücke literarischer Charakterisierungskunst; der Wirkung des gesamten Werkes sind sie jedoch formal abträglich, da die Porträtierten nach Erschöpfung des Episodenstoffes aus dem Geschehen verschwinden, ohne auch nur eine Spur – und sei es im Charakter des Helden – zu hinterlassen.

Nach Georg III., der mit amerikanischer Respektlosigkeit als leicht vertrottelter Stotterer persifliert wird, treffen wir Benjamin Franklin, dessen Bild von Melville mit Bewunderung für die großen Leistungen und Verdienste des ›Plato für jedermann‹ gezeichnet wird. Allerdings können Bewunderung und Anerkennung nicht über den leicht säuerlichen Spott hinwegtäuschen, mit dem Franklins verschlagene Biederkeit und sein Spartrieb bedacht werden. Vor allem jedoch kann sich Melville – bei aller Reverenz für den greisen Philosophen – nicht des Vorwurfs enthalten, er (Franklin) sei wahrlich alles, nur eben kein Poet.

Was Melville unter poetischen Qualitäten versteht, wird am Porträt des Seehelden Paul Jones deutlich, das mit seiner Prägnanz an die Gestalt eines Ahab erinnert. Hier gibt der Autor seine zum Teil deutlich spürbare Zurückhaltung auf und zeichnet – schon fast an der Grenze stilistischer Exaltiertheit – einen Draufgänger reinsten Wassers, der sich seines Wertes wohl bewußt ist, einen Coriolan der See, eine Mischung von einem Gentleman und einem Wolf, einen Mann, der ein französisches Zimmermädchen mit der gleichen Bravour und Eleganz tätschelt, mit der er Schiffe in einer Seeschlacht lenkt.

Hatte Melville die Vereinigten Staaten den Paul Jones unter den Nationen genannt, so enthüllt die episodische Darstellung Ethan Allens, des Helden von Ticonderoga, vollends, welche Eigenschaften des jungen, selbständigen Amerika er für die wertvollsten hielt: den unbezähmbaren, zutiefst demokratischen Geist der westwärts gegen die Wildnis sich vorschiebenden Grenze, der in so krassem Gegensatz zum Philistertum Englands und wohl auch der bereits schal werdenden alten Siedlungen des amerikanischen Ostens stand. In Ethan Allen sieht Melville, ohne daß er Abstriche machen müßte, die herausragende Gestalt, in der sich die positivsten Züge des amerikanischen Volkes verkörpern; in Allens Darstellung erreicht der Autor die äußerste Grenze seines sonst oft durch bittere Erfahrungen und negative Erkenntnisse verschütteten Optimismus.

Israel Potter hingegen ist nicht durch überragende Eigenschaften ausgezeichnet. Er steht stellvertretend für Tausende Soldaten der Revolution, die unter Entbehrungen in einem ungleichen Kampf gegen reguläre britische Truppen siegreich blieben; er ist einer aus der Armee der namenlosen Bauern und Seeleute, Handwerker und Waldläufer, die ihr Leben in die Schanze schlugen und ihre Existenz aufs Spiel setzten, um die Unabhängigkeit ihrer Heimat zu erkämpfen. Potter ist kein Übermensch, auch auf der Höhe seiner physischen Kraft weiß er, was Angst ist. Nach England verschlagen, ist er ständig auf der Flucht; aber im entscheidenden Augenblick weiß er tapfer zu kämpfen und sich zu behaupten. Allerdings bleibt es zweifelhaft, ob Israel Potter aus seinen Abenteuern und von den Menschen, mit denen ihn sein Schicksal in Berührung brachte, etwas gelernt hat. Im Alter jedenfalls bewahrt ihn nur noch sein Selbsterhaltungstrieb und das periodische Heimweh vor dem endgültigen Untergang.

Ohnehin lehnt sich Melville gegen Schluß des Buches wieder enger an seine Quelle an, und es scheint, als könne er die Vision der Abgründe Londons, die er heraufbeschworen hat, selbst nicht ertragen. Nachgerade hastig vollendet er die Lebensgeschichte seines Helden, der ausgezogen war, um für Amerikas Zukunft zu kämpfen, und der nun heimkehrt in ein Land, wo ihn niemand mehr kennt, wo Erinnerungen an die Schlacht von Bunker Hill und die Trümmer seines Vaterhauses auf ihn warten. Nur ein Groschenheft, in dem seine Memoiren festgehalten worden sind, kündet von Israel Potter.

Melville hat das Andenken dieses Bettlers, den die amerikanische Revolution betrog, vor der Vergessenheit bewahrt. Im Gegensatz zu den Zeitgenossen des Autors erschließt sich offenbar erst den Lesern unseres Jahrhunderts die zutiefst kritische Einstellung Melvilles zu seinem Thema. Trotz aller äußeren Zurückhaltung, die der Autor nur gelegentlich durchbricht, ist das Werk durchdrungen vom Geist der Auflehnung gegen die selbstgefälligen Erfolgsbürger der Jahrhundertmitte, die nichts von den Büchern wissen wollten, die Melville so gerne geschrieben hätte. Sein ›Israel Potter‹ verdient wirklich, nicht nur von Literaturhistorikern gelesen zu werden.

Karl-Heinz Wirzberger

ERLÄUTERUNGEN

Adullam-Höhle: Vgl. 1. Samuel 22, 1.

Albe Bellgarde: besonders vornehme französische Studentenverbindung.

Allen, Ethan Ticonderoga (1739–1789): Führer der ›Green Mountain Boys‹ von Vermont im amerikanischen Befreiungskrieg. Am 25. September 1775 von den Briten gefangengenommen und nach England gebracht. Am 6. Mai 1778 an die Vereinigten Staaten ausgeliefert.

Allmende: Gemeinbesitz eines Dorfes an Wasser, Wald und Wiese.

Apollyon: Apokalypse 9, 11. Oberster Engel (König) der Unterwelt.

Atropos: diejenige von den drei Parzen, die den Lebensfaden abschnitt (griechische Mythologie).

Bacon, Roger (1214–1294), genannt ›Doctor mirabilis‹: englischer Franziskanermönch, der eine materialistische Philosophie gegen die Scholastik vertrat und die Entwicklung der experimentellen Naturwissenschaft im Mittelalter einleitete.

Bayard, Pierre Terrail, Seigneur de (1473–1524): berühmter französischer Heerführer unter Karl VIII.,

Ludwig XII. und Franz I.; wegen seiner Tapferkeit der ›Ritter ohne Furcht und Tadel‹ genannt.

Berkshire: Hügelland im Staate Massachusetts.

Bewunderer Rabelais': Jonathan Swift (1667–1745), Verfasser von ›Gullivers Reisen‹, übersetzte den Roman ›Gargantua und Pantagruel‹ von Rabelais ins Englische. Swift war Dekan von St. Patrick in Dublin.

Böotes: Sternbild am nördlichen Himmel, in der Nähe des Großen Bären (Bärenhüter).

Botany-Bay: bei Sidney (Australien), ehemals Verbannungsort.

Bridges, James: scheint keine historische Gestalt.

Bunker Hill: Anhöhe bei Boston. Am 17. Juni 1775 Schauplatz des ersten größeren Gefechts zwischen den englischen und amerikanischen Truppen, das trotz der Niederlage entscheidend war für den Kampfgeist der Amerikaner, da der Kampf gegen die englische Übermacht sich hier als durchaus nicht aussichtslos erwiesen hatte.

Cäsar in Sandwich: Cäsar landete im Jahre 54 v. u. Z. bei Sandwich mit 15 000 Soldaten und eroberte von hier aus die ganze englische Insel.

Charing Cross: Londoner Verkehrsknotenpunkt in der Nähe des Trafalgar Square.

Chesterfield, Lord Philipp (1694–1773): englischer Politiker und Schriftsteller. Lehrte in den ›Briefen an meinen Sohn‹ die Prinzipien weltmännischer Lebenskunst.

Coriolan: berühmter römischer Feldherr im 5. Jh. v. u. Z., ging aus gekränktem Ehrgeiz zu den Feinden über. Hauptgestalt eines Stückes von Shakespeare.

Coruña, Waterloo, Trafalgar: Orte von Schlachten in den Napoleonischen Kriegen.

Dajaken: Urbevölkerung Borneos.

Damon ... Pythias: ein Freundespaar griechischer Philosophen, deren Treue u. a. in einem Gedicht von Schiller besungen wird.

Der Gerechte wird sich freuen ...: Psalm 58, 11.

Dis: oder Pluto; der Gott der Unterwelt.

Facilis descensus Averni: Zitat aus Vergils ›Aeneis‹ VI, 126 (›Leicht geht es hinab zum Avernus‹). Es müßte aber Averno heißen. Der Avernus ist ein See bei Cumae in Kampanien (Italien), den man sich als den Eingang der Unterwelt vorstellte.

Faneuil-Hall: Haus des Kaufmanns Peter Faneuil (1700–1743). In diesem Gebäude sollen sich die Amerikaner zum erstenmal gegen die englische Kolonialpolitik zusammengefunden haben; es trägt deshalb den Namen ›Wiege der Freiheit‹.

Feuer von London ... der Pest auf den Fersen: Im Jahre 1665 starben in London etwa 70 000 Menschen an der Pest. Als die Epidemie nachließ, im September 1666, brach ein Brand aus, der die Stadt zur Hälfte vernichtete.

Fontenoy (Belgien): am 11. Mai 1745 Schlacht im Österreichischen Erbfolgekrieg, in der die vereinigten Engländer und Österreicher von den Franzosen besiegt wurden.

Franklin, Benjamin (1706–1790): stammt aus ärmlichen Verhältnissen, erwarb seine Bildung autodidaktisch. 1726 Buchdrucker in Philadelphia. Wurde durch Herausgabe einer Zeitung und durch den moralphilosophischen ›Almanach des Armen Richard‹ bekannt. Arbeiten auf dem Gebiet der Physik, insbesondere der Elektrizität; Erfinder des Blitzableiters. Postmeister von Philadelphia und aller britischen Kolonien in Amerika. Von 1764–1775 Vertreter der amerikanischen Kolonien in London. Mitunterzeichnung der Unabhängigkeitserklärung vom 4. Juli 1776; danach Gesandter der Vereinigten Staaten in Paris. Brachte durch Verhandlungen mit Ludwig XVI. ein Bündnis Frankreichs mit Amerika gegen England zustande. Sehr verdient um die Friedensverträge von 1782 und 1783. Die bedeutendste Gestalt der Aufklärung in Amerika.

Französischer Krieg: der zweite König-Georgs-Krieg (1755 bis 1763), durch den Frankreich seine letzten amerikanischen Besitzungen an England verlor.

Georg III.: englischer König von 1760–1820, der den Abfall der nordamerikanischen Kolonien durch Selbstherrlichkeit und Starrsinn selbst herausforderte.

Gespenst von Morven: Gestalt der schottischen Volksmythologie, kommt vor in den ›Liedern Ossians‹ (Macpherson).

Guy-Fawkes-Tag: Am 5. November wird bei Londoner Volksfesten eine Strohpuppe verbrannt, Guy Fawkes. Das war ein Verschwörer, der am 5. November 1605 das englische Parlament samt König Jakob I. in die Luft sprengen wollte (›Gunpowder Plot‹).

Hobbes von Malmsbury, Thomas (1588–1679): Philosoph, Verfasser von ›Leviathan‹, einer Verteidigung des autoritären Staatsgedankens; Briefwechsel mit Descartes.

Howe, Lord William (1729–1814), britischer Oberbefehlshaber im amerikanischen Befreiungskrieg.

Hyer, Tom: nicht zu ermitteln.

Johnson, Guy: Sir William Johnson (1715–1774), britischer Offizier, der die Amerikaner besonders erbittert bekämpfte; gründete das Fort Johnson.

Jones, Paul (1747–1792): schottischer Abenteurer; ging mit zwölf Jahren zur See. Als Kapitän tötete er bei einer Meuterei auf seinem Schiff den Rädelsführer, Mungo Maxwell; floh vor der gerichtlichen Verfolgung. 1775 trat er in amerikanischen Dienst, wurde berühmt durch seine Kreuzfahrten auf der ›Providence‹ zwischen Neuschottland und den Bermudas. Die hier von Melville berichteten Gefechte sind sämtlich historisch.

Knyphausen, Wilhelm (1716–1800): hessen-kasselscher Generalleutnant, der mit 6000 vom Landgrafen Friedrich II. an Großbritannien verkauften Soldaten nach Amerika zog und dort als einer der Hauptbefehlshaber die Interessen der englischen Krone gegen die um ihre Unabhängigkeit kämpfenden Kolonien vertrat.

Lexington: Ort des ersten Gefechts im amerikanischen Befreiungskrieg. Eine englische Truppe, die ein Waffenlager der Aufständischen beschlagnahmen sollte, wurde bei L. angegriffen und zurückgeschlagen.

Lowell-Mädchen: Lowell ist eine Stadt in Massachusetts, die durch ihre Textilfabriken bekannt ist.

Lukian (um 120–nach 180): griech. Satiriker, Verfasser kritisch-witziger Dialoge. Eine der vielen Lukian-Übersetzungen gab William Tooke (1744–1820) heraus, ein englischer Geistlicher am Hofe von Katharina II. (vgl. die ›Auszüge‹ in ›Moby Dick‹ von Melville, in denen er zitiert ist).

Malthus, Thomas Robert (1766–1834): englischer Sozialtheoretiker. In seinem ›Essay on the Principle of Population‹ (1798) sucht er zu beweisen, daß das Anwachsen der Erdbevölkerung die Rohstoffe und Nahrungsmittel gefährlich verknappen werde, und schlägt eine Beschränkung der Geburten vor.

Miller, Joe (1684–1738): englischer Komiker, der durch seine Einfälle sprichwörtlich wurde.

Miltonische Kämpfe: Anspielung auf den Kampf der luziferischen und der michaelischen Scharen in John Miltons Epos ›Das verlorene Paradies‹.

Otard: Likörart, die heute noch in Cognac hergestellt und in Flaschen der von Melville beschriebenen Form verkauft wird.

Paracelsus (1493–1541): Naturforscher, Arzt, Philosoph.

Pequodindianer: oder Pequot; ein gegen Ende des 17. Jh. ausgestorbener Stamm in Nordamerika.

Phlegeton: Feuerfluß in der griechischen Unterwelt.

›Purleys Unterhaltungen‹: ›Diversions of Purley‹ von Horne Tooke.

Putnam, Israel (1718–1790): General im amerikanischen Befreiungskrieg.

Ravaillac, François: ermordete am 14. Mai 1610, von den Jesuiten aufgestachelt, Heinrich IV. von Frankreich.

Requiescat in pace: lateinische Grabinschrift (›Er ruhe in Frieden‹).

Riese von Gath: der Goliath der Bibel.

Sagathy: Baumwollstoff aus der unterägyptischen Handelsstadt Zagazig.

Saratoga: Ort am Hudson im Staat New York; dort wurden die Engländer am 17. Oktober 1777 besiegt.

Säule des Monuments: hohe dorische Säule in der Nähe des Towers, errichtet zur Erinnerung an das große Feuer von London im September 1666.

Schwarze Höhle von Kalkutta: ›Black Hole of Calcutta‹. Während der Herrschaft von Robert Clive in Indien nahm 1756 ein bengalischer Herrscher die 146 Mann starke Besatzung des Forts St. William bei Kalkutta gefangen und sperrte sie in eine enge, niedrige Zelle, fast ohne frische Luft. Nur 23 Engländer blieben am Leben.

Seeschlange Remora: Tiefseefisch, der sich mit der vorderen Rückenflosse an anderen Fischen oder an Schiffen festsaugen kann.

Sicinius Dentatus: Siccius Dentatus; ›der mit Narben Bedeckte‹; römischer Volksheld.

Sparks, Jared (1789–1866): amerikanischer Geschichtsschreiber, Herausgeber einer Sammlung amerikanischer Biographien in 25 Bänden (›The Library of American Biography‹).

Squire: Titel eines adligen Gutsbesitzers, der zugleich Friedensrichter ist.

Sümpfe des Schreckens: Dismal Swamps, Name für mehrere Sumpfgebiete in Nordamerika.

Tadmor: Ruinenfeld der syrischen Stadt Palmyra, die von den Römern zerstört wurde.

Ticonderoga: französisches Fort im Staat New York (am Champlain-See); 1759 von den Engländern eingenommen und am 10. Mai 1775 von Ethan Allen erobert.

Tooke, Horne (1736–1812): englischer Politiker; 1760 Pfarrer in New Brentford. Verbreitete Pamphlete zugunsten der aufständischen Amerikaner; Gefängnishaft. 1794 im Zusammenhang mit der Französischen

Revolution des Hochverrats angeklagt, jedoch freigesprochen.

Trenton: Hauptstadt des Staates New Jersey. Dort schlug General Washington (s. dort) 1776 die hessischen Truppen in die Flucht; es ist einer der ersten amerikanischen Siege.

›*Tristram Shandy*‹: Roman von Lawrence Sterne (1713–1768), Geistlicher in York.

Tyburn: Richtstätte in London.

Wampum: indianische Perlenschnur, Schmuck und Zahlungsmittel.

Washington, George (1732–1799): Heerführer im amerikanischen Befreiungskrieg, erster Präsident der Vereinigten Staaten.

Welfen und Gibellinen: Anhänger des Papstes bzw. des deutschen Kaisers; italienische Adelsparteien, die einander vom 12. bis zum 15. Jh. bekämpften.

Woodcock, John: scheint keine historische Gestalt.

Zwingmauern Thebens: Vergleich mit der ägyptischen Knechtschaft des Volkes Israel, das für seine Unterdrücker ›schweren Dienst in Ton und Ziegeln‹ verrichten mußte.

INHALT

Romane und Erzählungen von

HERMAN MELVILLE

in der Sammlung Dieterich

MASKERADEN
oder
Vertrauen gegen Vertrauen
Roman

Aus dem Amerikanischen von Christa Schuenke. Mit einem Nachwort und Anmerkungen von Heinz Förster.
480 Seiten. Leinen. DM 36,00. ISBN 3-7350-0143-2
SD Band 419

Der Mississippidampfer ›Fidele‹ vereint auf einer Fahrt von St. Louis nach New Orleans eine zufällige Gemeinschaft närrischer Menschen, menschlicher Narren. Unter diese Reisenden mischt sich ein Unbekannter, der sie auf verblüffende Weise provoziert und entlarvt. Zweifellos ist ›Maskeraden‹ Melvilles ›amerikanischstes‹ Buch. Im glasklaren Licht des amerikanischen Südens begegnen sich allegorische Jedermann-Figuren, die alle ihre Rolle spielen. Es ist nicht schlechthin ein Narrenspiel um individuelle Torheiten, sondern eine philosophische Auseinandersetzung mit der moralischen Welt der Epoche.